雲笈七籤
（一）

〔宋〕張君房 編
李永晟 點校

荊楚文庫編纂出版委員會
湖北人民出版社

雲笈七籤
YUNJI QIQIAN

圖書在版編目（CIP）數據

雲笈七籤 /〔宋〕張君房編；李永晟點校．
—武漢：湖北人民出版社，2017.6
ISBN 978-7-216-09231-9

Ⅰ．雲…
Ⅱ．①張… ②李…
Ⅲ．道藏
Ⅳ．B951

中國版本圖書館CIP數據核字（2017）第164438號

責任編輯：章雪峰　楊　猛　高承秀
整體設計：范漢成　曾顯惠　思　蒙
美術編輯：董　昀
責任校對：范承勇
責任印製：王鐵兵
出版發行：湖北人民出版社（中國·武漢）
地　　址：武漢市雄楚大道268號
電　　話：(027)87679656　郵政編碼：430070
錄　　排：武漢偉創偉業廣告有限公司
印　　刷：湖北新華印務有限公司
開　　本：720mm×1000mm　　1/16
印　　張：114　插頁：40
字　　數：1575千字
版　　次：2017年6月第1版　2017年6月第1次印刷
定　　價：580.00元（全五册）

ISBN 978-7-216-09231-9　　本書經中華書局授權使用

《荆楚文庫》工作委員會

主　　　任：蔣超良

第一副主任：王曉東

副　主　任：王艷玲　梁偉年　尹漢寧　郭生練

成　　　員：韓　進　肖伏清　姚中凱　劉仲初　喻立平
　　　　　　王文童　雷文潔　張良成　馬　敏　尚　鋼
　　　　　　劉建凡　黃國雄　潘啓勝　文坤斗

辦公室

主　　　任：張良成

副　主　任：胡　偉　馬　莉　何大春　李耀華　周百義

《荆楚文庫》編纂出版委員會

顧　　　問：羅清泉

主　　　任：蔣超良

第一副主任：王曉東

副　主　任：王艷玲　梁偉年　尹漢寧　郭生練

總　編　輯：章開沅　馮天瑜

副總編輯：熊召政　張良成

編委（以姓氏筆畫爲序）：　朱　英　邱久欽　何曉明
　　　　　　周百義　周國林　周積明　宗福邦　郭齊勇
　　　　　　陳　偉　陳　鋒　張建民　陽海清　彭南生
　　　　　　湯旭巖　趙德馨　劉玉堂

《荆楚文庫》編輯部

主　　　任：周百義

副　主　任：周鳳榮　胡　磊　馮芳華　周國林　胡國祥

成　　　員：李爾鋼　鄒華清　蔡夏初　鄒典佐　梁瑩雪
　　　　　　胡　瑾　朱金波

美術總監：王開元

出版説明

湖北乃九省通衢，北學南學交會融通之地，文明昌盛，歷代文獻豐厚。守望傳統，編纂荆楚文獻，湖北淵源有自。清同治年間設立官書局，以整理鄉邦文獻爲旨趣。光緒年間張之洞督鄂後，以崇文書局推進典籍集成，湖北鄉賢身體力行之，編纂《湖北文徵》，集元明清三代湖北先哲遺作，收兩千七百餘作者文八千餘篇，洋洋六百萬言。盧氏兄弟輯録湖北先賢之作而成《湖北先正遺書》。至當代，武漢多所大學、圖書館在鄉邦典籍整理方面亦多所用力。爲傳承和弘揚優秀傳統文化，湖北省委、省政府决定編纂大型歷史文獻叢書《荆楚文庫》。

《荆楚文庫》以"搶救、保護、整理、出版"湖北文獻爲宗旨，分三編集藏。

甲、文獻編。收録歷代鄂籍人士著述，長期寓居湖北人士著述，省外人士探究湖北著述。包括傳世文獻、出土文獻和民間文獻。

乙、方志編。收録歷代省志、府縣志等。

丙、研究編。收録今人研究評述荆楚人物、史地、風物的學術著作和工具書及圖册。

文獻編、方志編録籍以 1949 年爲下限。

研究編簡體横排，文獻編繁體横排，方志編影印或點校出版。

《荆楚文庫》編纂出版委員會
2015 年 11 月

李永晟點校本序

中國三大宗教（儒、佛、道）是中國傳統文化的三大支柱。這三大宗教各有自己的來源，各有自己的社會基礎。漢末黃巾大起義，打出道教旗幟。黃巾失敗後，道教也受到牽連，統治階級對道教存有戒心，有很長時期對道教不敢信任。南北朝時期，北朝道教經過寇謙之的改造，南朝道教經過葛洪、陸修静、陶弘景的改造，取得上層統治者的支持，才有了較大的發展。佛、道二教在中國内地活動、發展、傳播差不多同時，只是道教因黄巾、張魯等領導人與農民起義關係密切，曾在下層擁有廣大群衆，但在上層社會，道教勢力遠遜佛教。錯過了大發展的時機，道教經典搜集、整理、集結工作也落後於佛教。正因爲道教經典起步較晚於佛教，很多方面借鑒於佛教。佛教最先把佛教全集稱爲"一切經"，道教全集也稱"一切經"。由於"一切經"這個名稱被佛教占用在先，或編輯的道教"一切經"要區别於佛教"一切經"，則稱爲"一切道經"。唐玄宗曾令編纂《一切道經音義》，就是仿照佛教玄應、慧琳分别編纂的兩部《一切經音義》。"一切經音義"相當於今天所説"詞典"之類的備查閲的工具書。唐武后時已出現過"道藏"一詞，但未通行，"道藏"一詞正式確立，當在北宋"大藏經"以後。

一種宗教的存在和發展，主要靠群衆，同時也要得到上層統治者的支持，東晉時，名僧道安説過，"不依國主，則法事難立"。道教的成長壯大，也離不開這一原則。既要拉攏上層，也要普及下層。有了上層的支持，就有了經濟來源，爲寺院經濟創造條件；有下層廣大群衆信奉，才能壯大聲勢，更可以引起上層的重視。只有上層而下層信徒不多，則缺少存在的基礎，難以發展；有下層群衆而没有上層的支持，也不能長久。唐朝的三階教，曾盛極一時，也有一定的財力，由於政府反對、限制，這一宗派幾經查禁，後來終於消滅了。在敦煌文書中還可以看到不少有關三階教的記錄。

佛教傳入中原地區，首先在上層，第一座寺院白馬寺建在當時首都洛陽東門外。首先接受佛教的信徒是漢桓帝，在宮中立黃老浮屠之祠，然後在皇族中傳布。道教源於農村下層。東漢的黃巾（內地道教）、張魯（巴蜀的道教）都以下層群衆爲對象。中國農村長期愚昧落後，缺醫少藥，以符水治病，驅妖捉鬼，祈福禳罪，與民間巫術、占卜、星相、圖讖迷信結合，在農村有廣泛的基礎。迄今《道藏》中還保存着這方面的部分資料。

道教爲了發展，向佛教學習傳教經驗，改造後的道教開始争取上層社會的支持，盡力滿足他們的要求。門閥士族長期統治，地位優越，生活富裕，他們希望長壽、延年、祛病，後來甚至妄圖長生不死。道教迎合這一部分人的精神生活和肉體生活的需求，向他們推銷養生、服食、煉丹、房中等方術。道教外丹教法在南北朝隋唐盛行不衰，完全得力於上層社會的信奉和支持。像煉丹（不論煉外丹或內丹），要耗費巨大財力、人力，不止一般平民無力參與，中産人家也不敢問津，只有特權階層、大貴族才對此有能力、有興趣。

道教在中國的發展大體可分爲四個時期：

第一期——晉南北朝時期；

第二期——隋唐；

第三期——北宋；

第四期——明朝中期。

《雲笈七籤》屬於第三期的經典結集。它的分類及取材是北宋道教的縮影。《道藏》這一部幾千卷的大書，讀者檢索不易。而且《道藏》這一部大書不像儒家經史子集那樣普及。佛教典籍，有一些還比較容易看到，道教典籍一般流行不廣。一方面由於書籍流通面不廣；另一方面，道教與儒、佛兩教不同，它除了理論外，還有宗教操作部分，如有關丹法（不論內丹外丹），光看書還未必看得懂，要經過師徒當面授受指點，才不致引起誤解。道教有時爲保持教內機密，修煉藥物名稱，操作過程，故意用一些隱語（等於密碼代號），關鍵處師徒相傳，避免泄露天機。這也是道教典籍不易看懂的原因之一。

道教典籍源出古代，發迹於民間。珠玉泥沙，紛然雜陳。我們研究者要善於利用今天的科學知識，用歷史唯物主義觀點，去粗取精，去僞存真，還它以本來面貌。今天廣大讀者對三大宗教，并不要求把它們當作宗教來信奉，實際上，儒教已隨着封建君主制的廢除，宗教組織已經消亡。佛教、道教都是政府承認的合法宗教組織，但總人數比起不信宗教的人數只占少數。

今天我們大家共同關心，需要研究、總結的是關於三大宗教的文化。我們是作爲一種社會文化現象來看待道教文化，它的影響并未局限於道教徒或道教宮觀以內，作爲道教文化，它影響到社會生活、家庭生活及文化生活的許多領域。

我們今天建設有中國特色的社會主義新文化，不能脫離了以前的舊文化。舊文化中，道教文化是不可缺少的組成部分。爲了建設社會主義新文化，必須對傳統文化中一切有用的東西全部吸收過來，爲我所用。所謂批判地吸收，就是把過去文化（包括古今中外）中一切有價值的東西榨乾、取净，爲構建新文化提供堅實基礎。

這個點校本，除了對全書正文做了一次徹底清理以外，還對《雲笈七籤》有關內容的缺誤，根據《道藏》和其它有關著作做了必要的補正。這類工作，看來平凡，若干年後，人們讀這部《雲笈七籤》時，也認爲本來如此。哪裏知道，如果點校者不是翻閱全部道藏，對道教典籍沒有相當深厚的基礎，是不能如此舉重若輕、得心應手的。

相識李永晟同志時，他正當青年。爲李永晟同志點校的《雲笈七籤》寫這篇序時，他已超過了中年。幾十年如白駒過隙。但可以相信，這部《雲笈七籤》點校本，將是今後若干年內學術界可以信賴的版本，它將爲今後海內外道教文化研究者提供一部可信的原始資料。一個人一生能做一件對社會有益的事，就不算是虛此一生。永晟同志爲人戆直，做事古板，人或以爲迂闊，所謂大智若愚，大巧若拙，愚與拙豈易言哉！我懷着欣慰喜悦的心情，爲此書作序。

任繼愈

一九九八年三月二十六日

前　　言

　　《雲笈七籤》乃宋代張君房所輯之大型道教類書，幾錄有宋以前之全部古道書。

　　書名《雲笈七籤》者，蓋因道教自神其教，謂其經文乃天空雲氣凝結而成，稱之爲雲篆天書，稱其書箱爲雲笈；道書分三洞（洞真、洞玄、洞神）四輔（太玄、太平、太清、正一），總爲七部，故謂七籤。

　　澶淵之盟後，王欽若嫉寇準之功，以城下之盟、孤注之説毀寇準，宋真宗常怏怏不樂，思有以振刷之，乃從王欽若神道設教以立大功業之言，欲藉神道立其威信，於是乃有天尊、天書屢降，東封、西祀頻行之事。復尊崇道教，興建宮觀，修校《道藏》。先是以祕閣道書、太清寶蘊出降餘杭，俾知郡戚綸、漕運使陳堯佐選道士朱益謙、馮德之等專其修校。適張君房謫掾寧海，戚綸等復薦張君房主其事，歷時數載，於天禧三年（公元一〇一九年）錄成《大宋天宮寶藏》以進。張君房復就編輯之機，"掇雲笈七部之英，略寶蘊諸子之奧，總爲百二十卷"，以成此書，於天聖五年（公元一〇二七年）左右進上。

　　張君房，宋安陸人，景德二年（公元一〇〇五年）進士。按王銍《默記》卷下云："君房同年白積者。"又釋文瑩《湘山野錄》卷下載："丁晉公釋褐授饒倅，同年白積爲判官。"如同年意爲同榜而二書所記不誤，則君房與丁謂、白積皆淳化三年（公元九九二年）進士。

　　張君房，《宋史》無傳，其修《道藏》事，除見於本書《序》外，還見於《續資治通鑑長編》及《咸淳臨安志》等書。《續資治通鑑長編》卷七四載其言五德終始之説云："大中祥符三年九月戊戌，開封府功曹參軍張君房上疏言：'唐土德，五運相承，國家當承唐室正統，用金德王。'……并獻所著論四卷。"可見其陰陽五行思想。

其事迹散見於筆記稗史頗多，兹錄與其有關之宋人筆記數則，以供參考。

釋文瑩《湘山野錄》卷上載："祥符中，日本國忽梯航稱貢，非常貢也。蓋因其國之東有祥光現，其國素傳，中原天子聖明則祥光現。真宗喜，勅本國建一佛寺以鎮之，賜額曰神光。朝辭日，上親臨遣，夷使回乞令詞臣撰一寺記。時當值者雖偶中魁選，詞學不甚優贍，居常止以張學士君房代之，蓋假其稽古才雅也。既傳宣令急撰寺記，時張尚爲小官，醉飲於樊樓，遣人徧京城尋之不得，而夷人在閤門翹足而待，又中人三促之，紫微大窘。後錢、楊二公玉堂暇日改《閑忙令》，大年曰：'世上何人最得閑，司諫拂衣歸華山。'蓋种放得告還山養藥之時也。錢希白曰：'世上何人號最忙，紫微失却張君房。'時傳此事爲雅笑。"

王得臣《麈史》中《學術》載："集賢張君房字尹才，方壯始從學，逮遊場屋，甚有時名，登第時年已四十餘。以校道書得館職，後知隨、郢、信陽三郡，年六十三分司歸安陸，年六十九致仕。嘗撰《乘異記》三編、《科名定分錄》（"定分"疑作"分定"）七卷、《儆戒薈蕞》五十事、《麗情集》十二卷，又《朝説》（"朝"疑當作"潮"）、《野語》各三篇。洎退居，又撰《脞説》三十卷。年七十六仍著詩賦雜文，其子百藥嘗纂爲《慶曆集》三十卷。予惟《薈蕞》《麗情》外，昔嘗見之，富哉聞也。"

王銍《默記》卷下云："張君房字允方，安陸人，仕至祠部郎中、集賢校理，年八十餘卒。平生喜著書，如《雲笈七籤》《乘異記》《麗情集》《科名分定錄》《潮説》《脞説》之類甚衆，知杭州錢塘，多刊作大字版攜歸，印行於世。君房同年白積者，有俊聲，亦以文名世，蚤卒，有文集行於世，常輕君房爲人，君房心銜之。及作《乘異記》，載白積死，其友行舟夢積曰：'我死罰爲黿，汝來日再過，當見我矣。'如其言行舟，見人聚視而烏鵲噪於岸，倚舟問之，乃漁人網得大黿，其友買而放之於江中。《乘異記》既行，君房一日退朝出東華門外，忽有少年拽君房下馬奮擊，冠巾毀裂，流血被體，幾至委頓，乃白積之子也。問：'吾父安有是事！必死而後已。'觀者爲釋解。且令君房毀其版。君房哀祈如約，乃得去。"

二王於張君房之評介有所不同，然《四庫全書總目》謂《默記》"近小說家言"，"不能無誤"，而稱王得臣"耿介特立"，"卓然不染"，則《塵史》謂張君房才學富贍，勤於著述，當較可信。

《道藏》古稱雜而多端，《雲笈七籤》之內容亦頗龐雜，舉凡道教之經教源流、仙真位籍、存思守一、咽液服氣、導引按摩、內丹外丹、方藥符圖、房中尸解、詩歌傳記等，幾無所不包。全書凡一百二十二卷，內容略如目錄所標，如按道教十二類分，大致可分爲：卷一至二八屬本文玉訣，卷二九至三六、卷五六至六二、卷七四至七八屬方法，卷三七至四〇屬戒律，卷四一至五五、卷八一至八六屬衆術，卷七九至八〇屬靈圖，卷九六至九九屬讚頌，卷一百至一二二屬記傳，其餘神符、譜錄、威儀、章奏四類，則散見書中。其中固不乏有裨於養生及科技之內容，如咽液服氣之有益於養生治病，方藥煉丹之有助於實驗科技，然亦多神祕怪誕、宣揚迷信之成分。作爲道教類書，其編選可謂全面精當，誠如《四庫全書總目》所評："然其類例既明，指歸略備，綱條科格，無不兼該，《道藏》菁華，亦大略具於是矣。"其於《道藏》三洞四輔十二類均有所涉，殆可謂之小《道藏》。

本書收有《大宋天宮寶藏》之道書上千種，大抵皆摘錄原文，分類纂載，不加評說，或偶有刪削。其中絕大部分均已收入《正統道藏》中，小部分則爲闕經、佚文。闕經有《元氣論》《道生旨》《還丹內象金鑰匙》《大還丹契祕圖》《太清神仙衆經要略》《三品頤神保命神丹方》等十餘種，其中不少有學術研究價值者，如論述道教哲學之《元氣論》，乃至專講房中術之《陰丹祕訣靈方》等。摘錄闕經之片段佚文達數十種，如所引之《太始經》《三皇經》《太乙混洞東蒙錄》《入室思赤子經》《穎陽經》《節解經》《老子想爾》等皆是。此類闕經，賴此片段佚文，得以窺其一斑，於研究道教文化不無小補。

本書集《大宋天宮寶藏》之菁華，資料豐富，取材精當，頗爲後人引用。如中華書局版《太平廣記》卷五八《魏夫人傳》中"並降於小有清虛上"句下有夾註云："《雲笈七籤》九六有'宮絳房之中，時夫人與王君爲賓主焉，設瓊酥玉酒金漿'二十二字"，今見於本書，唯"玉酒"作"渌酒"。陳國符《道藏源流考》及王明《太平經合校》等均多所引用。

本書內容重複頗多，編排偶誤。如卷八九、卷九二相同，卷六〇之《中山玉樞服氣經錄神誡戒序》與卷八三之《中山玉櫃經服氣消三蟲訣》、卷七四之《太上巨勝脾煮五石英法》與卷八六之《洞生太帝君鎮生五藏訣》、卷三〇之《帝一混合三五立成法》與卷四四之《太一帝君太丹隱書》、卷四三之《思修九宮法》與卷五〇之《三一九宮法》等，均有重複。又本書卷六三至卷六九爲《金丹》，卷七二、卷七三爲《內丹》，卷七〇之《內丹》與卷七一之《金丹》顯係誤置，宜予換位。

本書之點校，係以涵芬樓本《正統道藏》之《雲笈七籤》爲底本，以《四部叢刊》影印明張萱所訂清真館本《雲笈七籤》及清彭定求所輯《道藏輯要》本《雲笈七籤》爲校本。實際校對中，還有以下幾種方法：

一、以所引之《道藏》原書爲校本，因本書所引之《大宋天宮寶藏》中道書多已收入《正統道藏》，故可以《正統道藏》原書校對。

二、以其他書校對，如本書卷七載："八會本文凡一千一百九字，五篇真文合六百六十八字，……其諸天內音一天有八字，三十二天合二百五十六字，……其十三字是五方元精名號，服御求仙、鍊神化形、白日騰空之法。餘一百二十二字闕无音解。"但以上四數之和爲一千五十九字，較"八會本文凡一千一百九字"少五十字。據日本人大淵忍爾所編《敦煌道經圖錄編》七二七頁《通門論》卷下載："其六十三字是五方元精名號，服御求仙、鍊神化形、白日騰空之法。"知"十三字"爲"六十三字"之誤，乃據以改正。又如卷七一《太清丹經要訣序》中"比來"原作"此來"，乃據《全唐文》中孫思邈之《大清丹經序》改正。

三、利用本書不同卷中所引之相同引文以進行互校，如卷三二引《老君尹氏内解》云："唾者，漱爲醴泉，聚爲玉漿，流爲華池，散爲精汋，降爲甘露。"而卷五六引《老子節解》云："唾者，溢爲醴泉，聚流爲華池府，散爲精液，降爲甘露。"按文體義，"聚流爲華池府"當爲"聚爲玉漿，流爲華池"之誤。

本書既引用多種《道藏》原書，故亦可用其所引之文以校《道藏》原書。如本書卷一所引《老君指歸略例》中"欲辯而詰者則失其旨也"，《道藏》本《老子微旨例略》（即《老君指歸略例》）"詰"誤作"誥"。同卷又引《韓非子·主道篇》，中有"去賢去智"一語，今本《韓非子》誤爲"去舊去智"，清嘉慶中顧廣圻《韓非子識誤》注云"句失韻有誤"，而不知誤在何處，據此引文可以正之。張君房序謂"禆文館校讎之職"，良有以也。又如卷九末《釋七經》中之"仁經恩多"，《道藏》本《洞真太上太霄琅書》卷九脱"仁"字。如此之例，不勝枚舉。

《道藏》本原書有遺闕者，亦可藉本書補其不足，如《道教靈驗記》原本二十卷，而《道藏》本所收僅十五卷，脱後五卷，即可以本書之《道教靈驗記》補之。又如本書卷五七《服氣精義論》凡九篇，而《道藏》本之《服氣精義論》只收其前二篇，而將後七篇另成一書《修真精義雜論》，有失原貌，可據以訂正。

筆者自一九八四年至一九八七年點校此書，之後復斷續補校，以期提供一較正確且較易讀之《雲笈七籤》版本。本書雖非經濟之作，然保存部分中華優秀文化。希望本書所傳恬澹虛無之旨，修身養生之方，有益於健康長壽，有補於世道人心。書之内容龐雜，有些目前尚難理解，缺點錯誤，在所難免，望讀者指正。

點校者

目　　錄

（一冊）

雲笈七籤序 · 1
雲笈七籤卷之一 · 3
　道德部 · 3
　　總叙道德 · 3
雲笈七籤卷之二 · 13
　混元混洞開闢劫運部 · 13
　　混元 · 13
　　空洞 · 14
　　混沌 · 14
　　混洞 · 15
　　劫運 · 15
　　太上老君開天經 · 17
雲笈七籤卷之三 · 23
　道教本始部 · 23
　　道教序 · 23
　　道教所起 · 24
　　道教三洞宗元 · 25
　　左乙混洞東蒙錄 · 27
　　靈寶略紀 · 27
　　三寶雜經出化序 · 29

天尊老君名號歷劫經略 …………………………………… 30
雲笈七籤卷之四 ………………………………………………… 35
　　道教經法傳授部 ………………………………………………… 35
　　　上清源統經目註序 …………………………………………… 35
　　　靈寶經目序 …………………………………………………… 37
　　　上清經述 ……………………………………………………… 38
　　　三皇經說 ……………………………………………………… 40
　　　道教相承次第錄 ……………………………………………… 41
　　　玄都九真盟科上品傳經篇 …………………………………… 43
雲笈七籤卷之五 ………………………………………………… 48
　　經教相承部 ……………………………………………………… 48
　　　真系隴西李渤述 ……………………………………………… 48
　　　晉茅山真人楊君 ……………………………………………… 49
　　　雷平山真人許君 ……………………………………………… 49
　　　仙人臨沮令許君 ……………………………………………… 50
　　　宋廬山簡寂陸先生 …………………………………………… 51
　　　齊興世館主孫先生 …………………………………………… 52
　　　梁茅山貞白陶先生 …………………………………………… 52
　　　唐茅山昇真王先生 …………………………………………… 53
　　　中嶽體玄潘先生 ……………………………………………… 55
　　　王屋山貞一司馬先生 ………………………………………… 55
　　　茅山玄靜李先生 ……………………………………………… 56
雲笈七籤卷之六 ………………………………………………… 59
　　三洞經教部 ……………………………………………………… 59
　　　三洞并序 ……………………………………………………… 59
　　　三洞品格 ……………………………………………………… 62
　　　七部并序 ……………………………………………………… 65
　　　四輔 …………………………………………………………… 66

| 十二部 | 69 |
| 三十六部 | 71 |

雲笈七籤卷之七
三洞經教部
本文
說三元八會六書之法 …… 75
雲篆 …… 76
八體六書六文 …… 76
符字 …… 77
八顯 …… 77
玉字訣 …… 78
皇文帝書 …… 78
天書 …… 78
龍章 …… 78
鳳文 …… 78
玉牒金書 …… 79
石字 …… 79
題素 …… 79
玉字 …… 79
文生東 …… 80
玉錄 …… 80
玉篇 …… 80
玉札 …… 80
丹書墨籙 …… 81
玉策 …… 81
福連之書 …… 81
琅虯瓊文 …… 81
白銀之編 …… 81

赤書 …………………………………………… 81
　　　火鍊真文 ………………………………………… 81
　　　金壺墨汁字 ……………………………………… 82
　　　瓊札 ……………………………………………… 82
　　　紫字 ……………………………………………… 82
　　　自然之字 ………………………………………… 82
　　　四會成字 ………………………………………… 83
　　　琅簡蘂書 ………………………………………… 83
　　　石碩 ……………………………………………… 83
雲笈七籤卷之八 ……………………………………………… 86
　三洞經教部 ………………………………………………… 86
　　經釋 ……………………………………………………… 86
　　　釋三十九章經 …………………………………… 86
　　　釋太上大道君洞真金玄八景玉籙 ……………… 93
　　　釋太上神州七轉七變儛天經 …………………… 95
　　　釋神虎上符消魔智慧經 ………………………… 95
　　　釋太上素靈洞玄大有妙經 ……………………… 96
　　　釋廻元九道飛行羽經 …………………………… 96
　　　釋九靈太妙龜山元錄 …………………………… 96
　　　釋大有八稟太丹隱書 …………………………… 96
　　　釋七聖玄記廻天九霄經 ………………………… 97
　　　釋曲素訣辭五行祕符 …………………………… 97
　　　釋天關三圖七星移度經 ………………………… 97
　　　釋除六天玉文三天正法 ………………………… 98
　　　釋青要紫書金根衆經 …………………………… 98
　　　釋石精金光藏景錄形經 ………………………… 98
　　　釋太上九赤斑符五帝內真經 …………………… 98
雲笈七籤卷之九 ……………………………………………… 101

三洞經教部 …………………………………………… 101
　經釋 …………………………………………… 101
　　釋太霄琅書 …………………………………… 101
　　釋太微黄書 …………………………………… 101
　　釋太上金書祕字 ……………………………… 102
　　釋太上上皇民籍定真玉籙 …………………… 102
　　釋太上倉元上籙 ……………………………… 103
　　釋太上太素玉籙 ……………………………… 104
　　釋太上神虎玉符 ……………………………… 104
　　釋太上金虎符 ………………………………… 104
　　釋太上金篇虎符 ……………………………… 105
　　釋太上玉清神虎内真隱文 …………………… 105
　　釋太上三元玉檢布經 ………………………… 105
　　釋洞真太上九真中經 ………………………… 105
　　釋洞真玉晨明鏡金華洞房雌一五老寶經 …… 106
　　釋洞真中黄老君八道祕言經 ………………… 106
　　釋洞神祕籙 …………………………………… 106
　　釋玄真文赤書玉訣 …………………………… 106
　　釋紫度炎光神玄經 …………………………… 106
　　釋胎精中記 …………………………………… 107
　　釋隱地八術 …………………………………… 107
　　釋外國放品經 ………………………………… 107
　　釋四十四方經 ………………………………… 107
　　釋八素真經 …………………………………… 107
　　釋三九素語 …………………………………… 108
　　釋紫鳳赤書 …………………………………… 108
　　釋靈飛六甲 …………………………………… 108
　　釋元始洞玄靈寶赤書五篇真文 ……………… 108

釋洞玄智慧大誡經 …………………………… 108
　　　釋洞玄通微定志經 …………………………… 108
　　　釋洞真黃氣陽精三道順行經一名藏天偃月經 …… 109
　　　釋洞真玉珮金璫太極金書上經 ……………… 109
　　　釋洞玄太極隱注經 …………………………… 109
　　　釋七經并序 …………………………………… 109

雲笈七籤卷之十 ………………………………… 114
　三洞經教部 ………………………………………… 114
　　經 ………………………………………………… 114
　　　老君太上虛無自然本起經 …………………… 114

雲笈七籤卷之十一 ……………………………… 123
　三洞經教部 ………………………………………… 123
　　經 ………………………………………………… 123
　　　上清黃庭内景經梁丘子注釋叙　務成子注叙 …… 123
　　　　上清章第一 ………………………………… 128
　　　　上有章第二 ………………………………… 129
　　　　口爲章第三 ………………………………… 130
　　　　黄庭章第四 ………………………………… 131
　　　　中池章第五 ………………………………… 132
　　　　天中章第六 ………………………………… 133
　　　　至道章第七 ………………………………… 134
　　　　心神章第八 ………………………………… 135
　　　　肺部章第九 ………………………………… 137
　　　　心部章第十 ………………………………… 137
　　　　肝部章第十一 ……………………………… 138
　　　　腎部章第十二 ……………………………… 140
　　　　脾部章第十三 ……………………………… 140
　　　　膽部章第十四 ……………………………… 141

脾長章第十五························142
　　上覩章第十六························145
　　靈臺章第十七························146
　　三關章第十八························148
　　若得章第十九························148
　　呼吸章第二十························150
　　瓊室章第二十一······················151
　　常念章第二十二······················153
雲笈七籤卷之十二····························159
　三洞經教部································159
　　經····································159
　　　上清黃庭內景經······················159
　　　治生章第二十三······················159
　　　隱影章第二十四······················160
　　　五行章第二十五······················161
　　　高奔章第二十六······················163
　　　玄元章第二十七······················164
　　　仙人章第二十八······················165
　　　紫清章第二十九······················166
　　　百穀章第三十························167
　　　心典章第三十一······················167
　　　經歷章第三十二······················168
　　　肝氣章第三十三······················169
　　　肺之章第三十四······················170
　　　隱藏章第三十五······················171
　　　沐浴章第三十六······················174
　　太上黃庭外景經務成子註··················176
　　　上部經第一··························176

中部經第二 …… 183
　　　下部經第三 …… 188
　　推誦黃庭內景經法 …… 194
雲笈七籤卷之十三 …… 201
　三洞經教部 …… 201
　　經 …… 201
　　　太清中黃真經并釋題 …… 201
　　　　內養形神章第一 …… 204
　　　　食氣玄微章第二 …… 206
　　　　五牙咸惡章第三 …… 208
　　　　煙霞淨志章第四 …… 209
　　　　百竅關連章第五 …… 209
　　　　長存之道章第六 …… 210
　　　　鹹美辛酸章第七 …… 210
　　　　穀實精華章第八 …… 211
　　　　三蟲宅居章第九 …… 211
　　　　九仙真氣章第十 …… 212
　　　　胎息真仙章第十一 …… 212
　　　　五藏真氣章第十二 …… 213
　　　　太極真宮章第十三 …… 216
　　　　九氣真仙章第十四 …… 217
　　　　太微玄宮章第十五 …… 217
　　　　九行空門章第十六 …… 218
　　　　六府萬神章第十七 …… 218
　　　　勿泄天神章第十八 …… 219
雲笈七籤卷之十四 …… 224
　三洞經教部 …… 224
　　經 …… 224

  黃庭遁甲緣身經附肺、心、肝、脾、腎、膽六藏圖 ………… 224
雲笈七籤卷之十五 …………………………………………………… 233
 三洞經教部 ………………………………………………………… 233
  經 …………………………………………………………………… 233
   黃帝陰符經叙 …………………………………………………… 233
   黃帝陰符經張果註解 …………………………………………… 233
   天機經解《陰符》也 …………………………………………… 238
雲笈七籤卷之十六 …………………………………………………… 245
 三洞經教部 ………………………………………………………… 245
  經 …………………………………………………………………… 245
   靈寶洞玄自然九天生神章經一名《三寶大有金書》 ………… 245
    鬱單無量天生神章第一 …………………………………… 249
    上上禪善無量壽天生神章第二 …………………………… 249
    梵監須延天生神章第三 …………………………………… 249
    寂然兜術天生神章第四 …………………………………… 249
    波羅尼密不驕樂天生神章第五 …………………………… 250
    洞元化應聲天生神章第六 ………………………………… 250
    靈化梵輔天生神章第七 …………………………………… 250
    高虛清明天生神章第八 …………………………………… 250
    無想無結無愛天生神章第九 ……………………………… 251
    太極真人頌二首 …………………………………………… 251
雲笈七籤卷之十七 …………………………………………………… 253
 三洞經教部 ………………………………………………………… 253
  經 …………………………………………………………………… 253
   太上老君內觀經 ………………………………………………… 253
   洞玄靈寶定觀經 ………………………………………………… 256
   老君清淨心經 …………………………………………………… 260
雲笈七籤卷之十八 …………………………………………………… 262

三洞經教部 …………………………………… 262
　　　經 ………………………………………… 262
　　　　老子中經上—名《珠官玉曆》 ………… 262
　　　　　第一至第二十七神仙 ………………… 262
雲笈七籤卷之十九 ……………………………… 275
　　三洞經教部 …………………………………… 275
　　　經 ………………………………………… 275
　　　　老子中經下—名《珠官玉曆》 ………… 275
　　　　　第二十八神仙至第五十五神仙 ……… 275
雲笈七籤卷之二十 ……………………………… 288
　　三洞經教部 …………………………………… 288
　　　經 ………………………………………… 288
　　　　太上飛行九神玉經—名《金簡内文》 … 288
　　　　　羽章 …………………………………… 293
　　　　　步天綱 ………………………………… 300
　　　　　倒行法 ………………………………… 301
　　　　　反行法 ………………………………… 301

（二册）

雲笈七籤卷之二十一 …………………………… 307
　　天地部 ………………………………………… 307
　　　總序天 …………………………………… 307
　　　　三界寶錄 ……………………………… 308
　　　　中四天 ………………………………… 309
　　　　後四天 ………………………………… 312
　　　　四梵三界三十二天 …………………… 315
雲笈七籤卷之二十二 …………………………… 318

天地部 ·············· 318
　總説天地五方 ·············· 318
　　九地三十六音 ·············· 320
　　朝禮訣法 ·············· 320
　　高上九玄三十六天内音 ·············· 321
　　洞淵九地三十六音内銘 ·············· 323
　　登山住止安居審地吉凶法 ·············· 325
　　東方呵羅提國 ·············· 325
　　南方伊沙陁國 ·············· 326
　　西方尼維羅緑那國 ·············· 327
　　北方旬他羅國 ·············· 327
　　上方元精青沌自然國 ·············· 328
　　中央太和寶真無量國 ·············· 328

雲笈七籤卷之二十三 ·············· 331
　日月星辰部 ·············· 331
　　總叙日月 ·············· 331
　　　三奔録（奔日　奔月　奔辰） ·············· 332
　　　太上玉晨鬱儀結璘奔日月圖 ·············· 332
　　　太上玉晨鬱儀奔日赤景玉文結璘奔月黄景玉章 ·············· 333
　　　峨嵋山北洞中石室户樞刻石書字 ·············· 333
　　　太上鬱儀日中五帝諱字服色 ·············· 334
　　　太上結璘月中五帝夫人諱字服色 ·············· 334
　　　太素真人受太帝君日月訣法 ·············· 335
　　　大方諸宫服日月芒法 ·············· 336
　　　太上玄真訣服日月法 ·············· 336
　　　服日子三五七九玄根氣法 ·············· 336
　　　服日月氣法（凡三法） ·············· 337
　　　太一遊日服日月法 ·············· 338

求月中丹光夫人法 …………………… 338
　　　服日月六氣法 ………………………… 339
　　　金仙内法 ……………………………… 339
　　　存思日月法 …………………………… 340
　　　向日取嚱法 …………………………… 340
　　　雙景翼形隱道 ………………………… 340
　　　食竹筍鴻脯附 ………………………… 340

雲笈七籤卷之二十四 …………………… 344
　日月星辰部 ……………………………… 344
　　總說星 ………………………………… 344
　　　二十八宿 …………………………… 346
　　　北斗九星職位總主 ………………… 348
　　　太上空常飛步錄 …………………… 350

雲笈七籤卷之二十五 …………………… 354
　日月星辰部 ……………………………… 354
　　北極七元紫庭祕訣一名北帝七元延生真經 …… 354
　　七童臥斗法 …………………………… 361
　　太上招五辰於洞房飛仙祕道 ………… 362
　　昇斗法 ………………………………… 362
　　臥斗 …………………………………… 364
　　存二十四星法 ………………………… 365
　　奔辰飛登五星法 ……………………… 366

雲笈七籤卷之二十六 …………………… 374
　十洲三島 ………………………………… 374
　　十洲并序　東方朔集 ………………… 374
　　　祖洲 ………………………………… 374
　　　瀛洲 ………………………………… 375
　　　玄洲 ………………………………… 375

　　　　炎洲 ················· 375
　　　　長洲 ················· 376
　　　　元洲 ················· 376
　　　　流洲 ················· 376
　　　　生洲 ················· 376
　　　　鳳麟洲 ··············· 376
　　　　聚窟洲滄海島附 ······· 377
　　三島 ··················· 379
　　　　方丈扶桑附 ··········· 379
　　　　蓬丘 ················· 380
　　　　崐崙 ················· 380

雲笈七籤卷之二十七 ············ 385
　　洞天福地 ··············· 385
　　　天地宮府圖并序　司馬紫微集 ········ 385
　　　　十大洞天 ············· 385
　　　　三十六小洞天 ········· 386
　　　　七十二福地 ··········· 390

雲笈七籤卷之二十八 ············ 399
　　二十八治 ··············· 399
　　　二十四治并序 ··········· 399
　　　天師所立四治 ··········· 408

雲笈七籤卷之二十九 ············ 412
　　禀生受命 ··············· 412
　　　禀受章 ················· 412
　　　太上九丹上化胎精中記 ··· 413
　　　解胎十二結法 ··········· 415

雲笈七籤卷之三十 ·············· 423
　　禀生受命 ··············· 423

帝一混合三五立成法 ………………………… 423
　　　九真中經天上飛文 …………………………… 425
　　　大洞廻風混合帝一之法 ……………………… 428
雲笈七籤卷之三十一 …………………………… 438
　　稟生受命 ………………………………………… 438
　　　太微帝君太一造形紫元內二十四神回元經 … 438
　　　濟眾經 ………………………………………… 441
　　　說真父母 ……………………………………… 442
　　　九真帝君九陰混合縱景萬化隱天訣 ………… 442
雲笈七籤卷之三十二 …………………………… 447
　　雜修攝 …………………………………………… 447
　　　養性延命錄并序 ……………………………… 447
　　　　雜戒忌禳災祈善 …………………………… 453
　　　　服氣療病 …………………………………… 455
　　　　導引按摩 …………………………………… 457
雲笈七籤卷之三十三 …………………………… 463
　　雜修攝 …………………………………………… 463
　　　攝養枕中方太白山處士孫思邈撰 …………… 463
　　　　自慎 ………………………………………… 463
　　　　仙經禁忌 …………………………………… 465
　　　　仙道忌十敗 ………………………………… 466
　　　　仙道十戒 …………………………………… 466
　　　　學仙雜忌 …………………………………… 466
　　　　導引 ………………………………………… 467
　　　　行氣 ………………………………………… 467
　　　　守一 ………………………………………… 469
　　　　太清存神鍊氣五時七候訣 ………………… 469
　　　　　五時 ……………………………………… 470

七候 …………………………………………………… 470
雲笈七籤卷之三十四 …………………………………… 475
　雜修攝 ……………………………………………………… 475
　　太清導引養生經凡十二事 ……………………………… 475
　　　寧先生導引養生法蝦蟇龜鼈等氣法附 ……………… 476
　　　蝦蟇行氣法 …………………………………………… 476
　　　龜鼈等氣法 …………………………………………… 477
　　　噏月精法 ……………………………………………… 478
　　　彭祖導引法凡十事 …………………………………… 478
　　　王子喬導引法凡三十四事 …………………………… 479
　　　導引雜説 ……………………………………………… 482
　　　神宪養形説 …………………………………………… 483
　　　將攝保命篇 …………………………………………… 484
雲笈七籤卷之三十五 …………………………………… 488
　雜修攝 ……………………………………………………… 488
　　明補 ……………………………………………………… 488
　　禁忌 ……………………………………………………… 488
　　方便 ……………………………………………………… 489
　　化身坐忘法 ……………………………………………… 490
　　胎息法 …………………………………………………… 490
　　影人 ……………………………………………………… 490
　　服紫霄法 ………………………………………………… 491
　　至言總養生篇 …………………………………………… 491
　　禁忌篇 …………………………………………………… 493
雲笈七籤卷之三十六 …………………………………… 498
　雜修攝 ……………………………………………………… 498
　　玄鑑導引法 ……………………………………………… 498
　　按摩法 …………………………………………………… 499

食氣法 …………………………………… 500
　　食氣絕穀法 ………………………………… 500
　　攝生月令姚稱集 …………………………… 501

雲笈七籤卷之三十七 …………………………… 508
　齋戒 …………………………………………… 508
　　齋戒叙 ……………………………………… 508
　　洞玄靈寶六齋十直 ………………………… 509
　　　年六齋 …………………………………… 509
　　　月十齋 …………………………………… 509
　　六種齋 ……………………………………… 509
　　二種齋 ……………………………………… 510
　　十二齋 ……………………………………… 511
　　八節齋 ……………………………………… 511
　　心齋 ………………………………………… 511
　　齋直 ………………………………………… 512
　　釋齋有九食法 ……………………………… 512
　　說雜齋法 …………………………………… 513
　　齋科 ………………………………………… 515
　　持齋 ………………………………………… 516
　　陰陽雜齋日 ………………………………… 517

雲笈七籤卷之三十八 …………………………… 520
　說戒 …………………………………………… 520
　　說十戒 ……………………………………… 520
　　大戒上品并叙 ……………………………… 521
　　太霄琅書十善十惡 ………………………… 527
　　思微定志經十戒 …………………………… 527
　　妙林經二十七戒 …………………………… 529
　　老君二十七戒 ……………………………… 529

雲笈七籤卷之三十九 …… 533
説戒 …… 533
老君説一百八十戒并叙 …… 533
老君説五戒 …… 541
化胡經十二戒 …… 542
修齋求道當奉十戒 …… 543
説戒喻 …… 543

雲笈七籤卷之四十 …… 547
説戒 …… 547
説百病 …… 547
崇百藥 …… 549
初真十戒 …… 551
清戒 …… 552
太玄都中宮女青律戒 …… 553
太上黄素四十四方經戒 …… 553
金書仙誌戒 …… 554
上清大洞戒 …… 555
靈寶戒 …… 555
受持八戒齋文 …… 556

雲笈七籤卷之四十一 …… 559
七籤雜法 …… 559
沐浴 …… 559
沐浴七事獲七福 …… 561
沐浴吉日 …… 562
櫛沐浴 …… 564
解穢并叙 …… 565
朝禮 …… 566
太素真人隱朝禮願上仙法 …… 567

朝極 …………………………………………… 567
　　朝玉晨君 ………………………………………… 568
　　朝青童君 ………………………………………… 569
　　隱朝胎元法 ……………………………………… 569
　　朝禮九天魂魄帝君求仙上法 …………………… 570
　　朝太素三元君 …………………………………… 570

雲笈七籤卷之四十二 …………………………… 575
　存思 ……………………………………………… 575
　　存大洞真經三十九真法出三十九章經 ………… 575
　　　太微小童 ……………………………………… 575
　　　太一尊神 ……………………………………… 575
　　　帝君 …………………………………………… 576
　　　无英公子 ……………………………………… 576
　　　白元洞陽君 …………………………………… 577
　　　司命丈人 ……………………………………… 577
　　　桃孩君 ………………………………………… 577
　　　上一赤子 ……………………………………… 578
　　　中一丹皇君 …………………………………… 578
　　　黃庭元王 ……………………………………… 579
　　　九真帝昌君 …………………………………… 579
　　　八真含景君 …………………………………… 579
　　　七真玄陽君 …………………………………… 580
　　　六真元素君 …………………………………… 580
　　　五真養光君 …………………………………… 581
　　　四真清明君 …………………………………… 581
　　　三真元生君 …………………………………… 582
　　　二真堅玉君 …………………………………… 582
　　　一真天精君 …………………………………… 582

九元之真	583
皇一之魂	583
紫素左元君	584
黃素中元君	584
白素右元君	585
日中司命	585
月中桃君	585
左目童子	586
右目童子	586
肺部童子	587
胎中白氣君	587
結中青氣君	587
節中黑氣君	588
胎胞中黃氣君	588
血中赤氣君	589
上玄元父玄母	589
三素老君	590
中央玄一老子	590
帝卿	591
帝一真君	592
大洞消魔神慧內祝隱文存諸真法	592

雲笈七籤卷之四十三 598

存思 598

存思三洞法 598

老君存思圖十八篇 并叙 599

思修九宮法 607

思九宮五神法 610

存元成皇老法 611

存帝君法 …………………………………… 611
　　存玄一老子法 ……………………………… 612
　　存司命法 …………………………………… 612
雲笈七籤卷之四十四 ……………………… 618
　存思 …………………………………………… 618
　　太一帝君太丹隱書一名太一別訣 ………… 618
　　鎮神養生內思飛仙上法 …………………… 624
　　三九素語玉精真訣存思法 ………………… 627
　　紫書存思元父玄母訣 ……………………… 629
　　紫書存思九天真女法 ……………………… 630
雲笈七籤卷之四十五 ……………………… 635
　祕要訣法修真旨要 …………………………… 635
　　序事第一 …………………………………… 635
　　性情第二 …………………………………… 635
　　明正一籙第三 ……………………………… 636
　　避忌第四 …………………………………… 637
　　殗穢忌第五 ………………………………… 637
　　解穢湯方第六出真誥 ……………………… 638
　　旦夕燒香第七 ……………………………… 639
　　旦夕衛靈神呪第八 ………………………… 639
　　朝真儀第九 ………………………………… 639
　　入靖法第十 ………………………………… 641
　　燒香法第十一 ……………………………… 641
　　存思訣第十二 ……………………………… 641
　　叩齒訣第十三 ……………………………… 642
　　臨目訣第十四 ……………………………… 642
　　稽首訣第十五 ……………………………… 642
　　再拜訣第十六 ……………………………… 642

誠惶誠恐訣第十七 …………………………… 642
　　明二人同奉第十八 …………………………… 643
　　本命日第十九 ………………………………… 643
　　入室對席第二十 ……………………………… 643
　　制三尸日第二十一 …………………………… 644
　　常存識己形第二十二 ………………………… 644
　　寢臥時祝第二十三 …………………………… 644
　　服日月光芒第二十四 ………………………… 646
　　孟先生訣第二十五 …………………………… 646
　　惡夢吉夢祝第二十六 ………………………… 647
　　明耳目訣第二十七 …………………………… 647
　　青牛道士存日月訣第二十八 ………………… 648
　　欒巴口訣第二十九 …………………………… 648
　　服食忌第三十 ………………………………… 648

雲笈七籤卷之四十六 …………………………… 652
　祕要訣法修真旨要 …………………………… 652
　　黃素内法第一 ………………………………… 652
　　八朝三元内禮隱法第二 ……………………… 652
　　内除罪籍第三 ………………………………… 653
　　三元隱謝解穢内法第四 ……………………… 653
　　大帝開結經法第五 …………………………… 654
　　祝太一帝君法第六 …………………………… 654
　　慎忌法第七 …………………………………… 654
　　帝君捕神祝第八 ……………………………… 655
　　遏邪大祝第九 ………………………………… 655
　　三天正法祝魔神第十 ………………………… 656
　　思三台厭惡法第十一 ………………………… 656
　　帝一燒香祝第十二 …………………………… 657

魂胎受馨祝第十三	657
理髮祝第十四	657
大帝隱祝第十五	658
厭惡夢呪第十六	658
揮神內呪第十七	658
太帝寢神滅鬼除凶呪第十八	659
又滅鬼除惡呪第十九	659
澡穢除凶七房祝法第二十	659
除六天隱呪第二十一	659
太帝制魂伐尸神呪第二十二	660
太帝辟夢神呪第二十三	661
三元八節朝隱祝第二十四	661
雜法第二十五	662

（三冊）

雲笈七籤卷之四十七 …… 665
- 祕要訣法 …… 665
  - 安魂魄呪出《北帝經》 …… 665
  - 著衣呪 …… 665
  - 櫛髮呪 …… 665
  - 洗手面神呪 …… 667
  - 耳鳴祝 …… 667
  - 審耳鳴吉凶法 …… 667
  - 未食呪 …… 668
  - 道士三時食飯呪出《北帝經》 …… 668
  - 齋見不祥之物解法出《四十四方經》 …… 668
  - 行道見死屍法出《精要經》 …… 669

道士既見死屍上經解殗法出《四十四方經》 …… 669

　　練祝死屍法出《青要紫書金根衆經》 …… 669

　　修行呪詛訣 …… 670

　　道士被天魔所試即誦拂魔呪出《消魔經》 …… 671

　　玉帝衛靈呪鬼上法出《消魔經》 …… 671

　　治急病法 …… 672

　　反舌塞喉法 …… 672

　　金仙内法 …… 672

雲笈七籤卷之四十八 …… 675

　祕要訣法行持旨要 …… 675

　　老君明照法叙事誓法附 …… 675

　　明照法 …… 679

　　寶照法 …… 680

　　摩照法 …… 680

　　拂童法 …… 681

　　神枕法并叙 …… 681

　　神杖法 …… 682

　　帝君明燈内觀求仙上法 …… 682

　　按天庭法 …… 684

　　服霧法 …… 684

雲笈七籤卷之四十九 …… 687

　祕要訣法三一 …… 687

　　守一一在人心，鎮定三處。 …… 687

　　三一訣 …… 688

　　玄門大論三一訣并叙 …… 688

　　金闕帝君五斗三元真一經口訣 …… 692

　　守五斗真一經口訣 …… 694

雲笈七籤卷之五十 …… 699

|　　祕要訣法三一　　　　　　　　　　　　　699
|　　　三一九宮法　　　　　　　　　　　　　699
|　　　四宮雌真一内神寶名玉訣　　　　　　　702
|　　　金闕帝君三元真一經訣　　　　　　　　704

雲笈七籤卷之五十一　　　　　　　　　　　711
|　　祕要訣法行持事要　　　　　　　　　　　711
|　　　八道命籍　　　　　　　　　　　　　　711
|　　　八道祕言　　　　　　　　　　　　　　712
|　　　太上曲素五行祕符太極左仙公撰　　　　714
|　　　玉珮金璫黃衣童附　　　　　　　　　　716
|　　　黃衣童　　　　　　　　　　　　　　　719
|　　　流金火鈴振威大祝附　　　　　　　　　719
|　　　五鈴登空步虛保仙上符在本經　　　　　720
|　　　　流金火鈴内存振威大祝　　　　　　　720

雲笈七籤卷之五十二　　　　　　　　　　　725
|　　雜要圖訣法　　　　　　　　　　　　　　725
|　　　九真行事訣　　　　　　　　　　　　　725
|　　　昇玄行事訣　　　　　　　　　　　　　727
|　　　方諸洞房行事訣　　　　　　　　　　　729
|　　　五神行事訣　　　　　　　　　　　　　730
|　　　二十四神行事訣　　　　　　　　　　　731
|　　　五辰行事訣　　　　　　　　　　　　　732
|　　　廻元行事訣　　　　　　　　　　　　　733
|　　　五帝雜修行乘龍圖　　　　　　　　　　735

雲笈七籤卷之五十三　　　　　　　　　　　740
|　　雜祕要訣法　　　　　　　　　　　　　　740
|　　　太上隱書八景飛經八法并序　　　　　　740
|　　　太上丹景道精隱地八術一名《紫霄飛靈八變玉符》　744

上清玉霞紫映內觀上法 …………………… 746
　　存玄白法 …………………………………… 747
　　三素雲法 …………………………………… 747
雲笈七籤卷之五十四 ………………………… 751
　魂神 …………………………………………… 751
　　說魂魄 ……………………………………… 751
　　拘三魂法 …………………………………… 753
　　制七魄法 …………………………………… 754
　　對日存三魂法 ……………………………… 755
　　朝禮九天魂魄帝君求仙上法 ……………… 756
　　魂精法 ……………………………………… 756
　　上清飛步七星魂魄法 ……………………… 756
雲笈七籤卷之五十五 ………………………… 760
　魂神 …………………………………………… 760
　　思神訣 ……………………………………… 760
　　存身神法 …………………………………… 762
　　受生天魂法 ………………………………… 763
　　精神 ………………………………………… 764
　　入室思赤子法 ……………………………… 764
雲笈七籤卷之五十六 ………………………… 769
　諸家氣法 ……………………………………… 769
　　元氣論并序 ………………………………… 769
雲笈七籤卷之五十七 ………………………… 788
　諸家氣法 ……………………………………… 788
　　服氣精義論并序　天台白雲撰 …………… 788
　　　五牙論第一 ……………………………… 789
　　　服氣論第二 ……………………………… 790
　　　太清行氣符 ……………………………… 790

導引論第三	795
符水論第四	796
服藥論第五	796
慎忌論第六	797
五臟論第七	798
服氣療病論第八	799
病候論第九	801

雲笈七籤卷之五十八 … 812

諸家氣法 … 812

胎息精微論	812
蒙山賢者服內氣訣	813
胎息根旨要訣	814
胎息雜訣	815
尹真人服元氣術	816
服元氣法	817
胎息口訣并序	819

雲笈七籤卷之五十九 … 823

諸家氣法 … 823

延陵君修養大略	823
赤松子服氣經序	825
神仙絕穀食氣經	825
太无先生服氣法	827
墨子閉氣行氣法	828
太清王老口傳服氣法	829
曇鸞法師服氣法	829
達磨大師住世留形內真妙用訣	830
項子食氣法	832
張果先生服氣法	833

申天師服氣要訣 …………………………… 833
　　王真人氣訣 ……………………………………… 833
　　大威儀先生玄素真人要用氣訣 ……………… 834
　　王説山人服氣新訣 …………………………… 835
　　嵩山李奉時服氣法 …………………………… 836
雲笈七籤卷之六十 ………………………………… 841
　諸家氣法 …………………………………………… 841
　　中山玉櫃服氣經碧巖先生撰　黄元君註 ……… 841
　　　録神誡戒序第一 …………………………… 841
　　　服氣絶粒第二 ……………………………… 844
　　　胎息羽化功第三 …………………………… 845
　　　聖正規法第四 ……………………………… 846
　　幼真先生服内元氣訣法 ……………………… 847
　　　進取訣 ……………………………………… 847
　　　淘氣訣 ……………………………………… 848
　　　調氣法 ……………………………………… 848
　　　嚥氣訣 ……………………………………… 848
　　　行氣訣 ……………………………………… 849
　　　鍊氣訣 ……………………………………… 850
　　　委氣訣 ……………………………………… 850
　　　閉氣訣 ……………………………………… 850
　　　布氣訣 ……………………………………… 851
　　　六炁訣 ……………………………………… 851
　　　調氣液訣 …………………………………… 851
　　　飲食調護訣 ………………………………… 852
　　　休糧訣 ……………………………………… 853
　　　慎守訣 ……………………………………… 854
　　　服氣胎息訣 ………………………………… 854

胎息經 ……………………………………… 855
　雲笈七籤卷之六十一 ……………………………… 859
　　諸家氣法 ………………………………………… 859
　　　用氣集神訣 …………………………………… 859
　　　服五方靈氣法 ………………………………… 860
　　　五廚經氣法并敘 ……………………………… 861
　　　谷神妙氣訣 …………………………………… 864
　　　辨雜呼神名 …………………………………… 866
　　　中嶽郄儉食氣法 ……………………………… 867
　　　十二月服氣法 ………………………………… 867
　　　三一服氣法 …………………………………… 868
　　　服三氣法 ……………………………………… 868
　　　服氣雜法祕要口訣 …………………………… 869
　　　延陵君鍊氣法 ………………………………… 871
　雲笈七籤卷之六十二 ……………………………… 876
　　諸家氣法 ………………………………………… 876
　　　太清王老口傳法序 …………………………… 876
　　　說隔結 ………………………………………… 876
　　　初學訣法 ……………………………………… 876
　　　說覆仰法 ……………………………………… 877
　　　服氣雜法 ……………………………………… 878
　　　辨腸轉數法 …………………………………… 880
　　　服氣十事 ……………………………………… 880
　　　神息法 ………………………………………… 882
　　　服氣問答訣法 ………………………………… 883
　　　姑婆服氣親行要訣問答法此法傳自李液家，
　　　　言姑婆者，液之姑婆也。…………………… 884
　　　王老真人經後批 ……………………………… 887

雲笈七籤卷之六十三 ... 890

金丹訣 ... 890

玄辨元君辨金虎鉛汞造鼎入金祕真肘後方上篇 ... 890

旨教五行內用訣 ... 891

造金鼎銘 ... 893

正隱甲法象天符用火并合金造鼎肘後方下篇 ... 895

行符合天符法象 ... 895

雲笈七籤卷之六十四 ... 899

金丹訣 ... 899

金華玉女說丹經 ... 899

玄解錄 ... 901

辨金石藥并去毒訣 ... 902

王屋真人口授陰丹祕訣靈篇 ... 906

雲笈七籤卷之六十五 ... 910

金丹訣 ... 910

太清金液神丹經并序 ... 910

作六一泥法 ... 913

合丹法 ... 914

祭受法 ... 915

太清金液神丹陰君歌 ... 916

雲笈七籤卷之六十六 ... 922

金丹 ... 922

丹論訣旨心照五篇 南陽張玄德撰 ... 922

旨叙訣第一 ... 922

明辨章第二 ... 923

金丹論第三 ... 925

大還丹宗旨第四 ... 928

赤松子玄記第五 ... 928

梁朝四公訣 ……………………………… 929
雲笈七籤卷之六十七 …………………………… 932
金丹部 ……………………………………… 932
金丹序 …………………………………… 932
黃帝九鼎神丹序 ……………………… 934
九轉丹名 ……………………………… 935
太清神丹法 …………………………… 936
九轉丹遲速効驗 ……………………… 937
九光丹法 ……………………………… 937
五靈丹法 ……………………………… 938
岷山丹法 ……………………………… 938
五成丹法 ……………………………… 938
金液法咸喜巨勝法附 ……………………… 939
雲笈七籤卷之六十八 …………………………… 945
金丹部 ……………………………………… 945
太上八景四蘂紫漿五珠絳生神丹方一首一名三華飛綱丹并叙 … 945
九還金丹二章 ………………………………… 949
第一章六篇 …………………………… 949
上證品含元章叙 ……………………… 949
抽砂出汞品第一 ……………………… 950
鍊汞添金出砂品第二 ………………… 950
修金合藥品第三 ……………………… 951
中三品陳五石之金品第四 …………… 952
四黃制伏品第五 ……………………… 953
陽金變通品第六 ……………………… 953
第二章三篇 …………………………… 954
下三品丹砂叙 ………………………… 954
合和品第七 …………………………… 954

鑪鼎火候品第八 …………………………… 954
　　成丹歸真品第九 …………………………… 957

雲笈七籤卷之六十九 ……………………………… 964
　金丹部 …………………………………………… 964
　　七返靈砂論并序　衡嶽陳少微字子明撰
　　　　　　　　　　　　　　　　　　　…… 964
　　　第一返丹砂篇 ………………………… 966
　　　第二返寶砂篇 ………………………… 969
　　　第三返英砂篇 ………………………… 970
　　　第四返妙砂篇 ………………………… 971
　　　第五返靈砂篇 ………………………… 972
　　　第六返神砂篇 ………………………… 973
　　　第七返玄真絳霞砂篇 …………………… 974

雲笈七籤卷之七十 ………………………………… 981
　內丹訣法 ………………………………………… 981
　　還丹內象金鑰匙并序　一名黑鉛水虎論一名紅鉛火龍訣
　　　昌利化飛鶴山真一子撰 ………………… 981
　　　黑鉛水虎論 ……………………………… 981
　　　紅鉛火龍訣 ……………………………… 982
　　還金術三篇并序　陶植撰 ………………… 987
　　　術上篇 …………………………………… 988
　　　術中篇 …………………………………… 989
　　　術下篇 …………………………………… 990

雲笈七籤卷之七十一 ……………………………… 995
　金丹 ……………………………………………… 995
　　太清丹經要訣并序 ………………………… 995
　　　諸丹目錄三品 …………………………… 996
　　　造六一泥法 ……………………………… 996
　　　造上下釜法 ……………………………… 998

造竈法 …… 999
用六一泥固際上下釜法 …… 999
太一玉粉丹法 …… 999
太一三使丹法 …… 1000
造紫遊丹法 …… 1000
造小還丹法 凡二法 …… 1001
造艮雪丹法 …… 1002
造赤雪流朱丹法 …… 1002
鍊太陽粉法 …… 1003
造金丹法 …… 1003
造鉛丹法 …… 1004
鍊紫精丹法 …… 1004
造流珠丹法 …… 1005
七返丹砂法 …… 1005
造玉泉眼藥方 …… 1005
太山張和礜石法 …… 1005
添離用兌法 凡四法 …… 1006
伏汞要法 …… 1007
素真用錫去量法 …… 1007
素真用兌添白銅法 …… 1007
赤銅去量法 …… 1008
波斯用苦楝子添鍮法 …… 1008
素真用鍮要法 …… 1008
素真用雄黄要法 …… 1009
素真用鐵法 …… 1009
伏雄雌二黄用錫法 …… 1009
造硇砂漿池法 …… 1009
造梅漿法 …… 1010

鍊丹合殺鬼丸法 …………………………………… 1010
　　鍊礜石伏汞法 ……………………………………… 1010
　　造白玉法 …………………………………………… 1010
　　造真珠法二首 ……………………………………… 1011
　　造石碌法 …………………………………………… 1011
　　造石黛法 …………………………………………… 1011

（四册）

雲笈七籤卷之七十二 ………………………………… 1013
　內丹 ………………………………………………… 1013
　　大還丹契祕圖并序 ………………………………… 1013
　　　混沌華池第一 …………………………………… 1013
　　　白金黄牙第二 …………………………………… 1013
　　　五行第三 ………………………………………… 1014
　　　四象第四 ………………………………………… 1014
　　　明鉛汞真偽第五 ………………………………… 1016
　　　日月第六 ………………………………………… 1017
　　　明藥色第七 ……………………………………… 1017
　　　九還七返第八 …………………………………… 1019
　　　擇友第九 ………………………………………… 1019
　　　金鼎第十 ………………………………………… 1019
　　　造鑪第十一 ……………………………………… 1020
　　　火候第十二 ……………………………………… 1021
　真元妙道修丹歷驗抄草衣洞真子凝述 ……………… 1025
　　　三十輻共一轂圖第一 …………………………… 1026
　　　採真鉛汞圖第二 ………………………………… 1028
　　　六通圖第三 ……………………………………… 1028

  陰陽交映圖第四 …… 1030
  埏埴圖第五 …… 1030
  鑪郭圖第六 …… 1031
  神室圖第七 …… 1032
  周易七十二候圖第八 …… 1033
  胞胎證混元圖第九 …… 1036
  雞子石英證含光圖第十 …… 1037
  瑾瑜證神寶圖第十一 …… 1037
  還丹五行功論圖第十二 …… 1038

雲笈七籤卷之七十三 …… 1044
內丹 …… 1044
  古龍虎歌陰君真人註 …… 1044
  金丹金碧潛通訣 …… 1047
  陰丹慎守訣 …… 1049
  大還心鏡 …… 1049
  太清神丹中經叙 …… 1051

雲笈七籤卷之七十四 …… 1056
方藥 …… 1056
  太極真人青精乾石䭀飯上仙靈方王君注解 …… 1056
  太上巨勝腴賁五石英法一名太帝君鎮生五藏訣 …… 1059
  太上肘後玉經方八篇霞棲子盧道元 …… 1062
    ☰乾，天父地母七精散方第一 …… 1063
    ☷坤，風后四扇散方第二 …… 1063
    ☶艮，王君河車方第三 …… 1063
    ☴巽，龜臺王母四童散方第四 …… 1064
    ☲離，彭君麋角粉方第五 …… 1064
    ☱兌，夏姬杏金丹方第六 …… 1064
    ☵坎，南嶽真人赤松子苟杞煎丸第七 …… 1065

三震，青精先生飷米飯方第八 …… 1065
太一餌瑰葩雲屑神仙上方并引說 …… 1065
靈飛散方傳信錄雲母法附 …… 1066
　靈飛散方出《太清經》第一百五十三卷 …… 1067
　治雲母法 …… 1068

雲笈七籤卷之七十五 …… 1074
　方藥 …… 1074
　神仙鍊服雲母祕訣序 …… 1074
　鍊雲母法凡十方 …… 1075
　衆仙服雲母法二十六方 …… 1077
　　中山叔卿栢桂下玉匱素書雲母方 …… 1077
　　堯師方回自服雲母方 …… 1077
　　又韓衆服雲母方 …… 1078
　　赤松子服雲母方凡二方 …… 1078
　　炅先生服雲母方凡二方 …… 1079
　　玉清服雲母法 …… 1079
　　崔文子服雲母方 …… 1079
　　越法師服雲母方 …… 1079
　　越女元明服雲母方凡九方 …… 1079
　　老君餌雲母方凡六方 …… 1080
　　消玉石法 …… 1081
　　仙人鍊食雲母方 …… 1081
　　真人常服雲母方 …… 1082
　　劉鍊師服雲母方 …… 1082
　　化雲母為水法凡三方 …… 1083
　　李大夫化雲母粉法 …… 1083
　　道者鍊雲母法白雲明徹者為上 …… 1083
　　煮雲母法凡二方 …… 1084

真人服水雲母法凡三方 …… 1084
神仙服雲母方 …… 1085
真人食雲母方凡四方 …… 1085
雲漿法凡二方 …… 1086
赤松子見授雲母神散方 …… 1086
蒸雲母法 …… 1086
終南衛叔卿栢桂下玉匱中素書服雲母粉方 …… 1087
雲母長生斷穀丸方 …… 1087
雲漿法 …… 1087
服雲母畏忌法 …… 1087
韓藏法師療病法 …… 1088

雲笈七籤卷之七十六 …… 1090

方藥 …… 1090

靈寶還魂丹方并序 …… 1090

還魂丹歌 …… 1092

修金碧丹砂變金粟子方治一切風，延齡駐顔，治萬病，兼化寶。 …… 1093

修羽化河車法 …… 1094

神室河車方 …… 1095

九轉鍊鉛法 …… 1095

金丹法 …… 1095

伏火北亭法 …… 1096

化庚粉法 …… 1096

伏藥成制汞爲庚法 …… 1097

四壁櫃朱砂法 …… 1097

雲笈七籤卷之七十七 …… 1101

方藥 …… 1101

大洞西華玉堂仙母金丹法 …… 1101

鎮魂固魄飛騰七十四方靈丸 …………………………… 1101
　　南嶽真人鄭披雲傳授五行七味丸方 …………………… 1103
　　九真中經四鎮丸 ………………………………………… 1104
　　黃帝四扇散方大茅君以授中茅君 ……………………… 1106
　　王母四童散方 …………………………………………… 1106
　　帝女玄霜掌上錄 ………………………………………… 1107
　　螢火丸方 ………………………………………………… 1108
　　黃帝受黃輕四物仙方 …………………………………… 1108
　　真人駐年藕華方 ………………………………………… 1109
　　老君益壽散方 …………………………………………… 1109
　　驪山老母絕穀麥飯術 …………………………………… 1110
　　文始先生絕穀方 ………………………………………… 1110
　　太清飛仙法 ……………………………………………… 1110
　　太白星官洗眼方 ………………………………………… 1111
　　張少真鍊九轉鉛精法 …………………………………… 1112
　　茯苓麨方 ………………………………………………… 1112

雲笈七籤卷之七十八 …………………………………………… 1115
　方藥 ………………………………………………………… 1115
　　三品頤神保命神丹方叙 ………………………………… 1115
　　上品頤神保命篇第一 …………………………………… 1116
　　　論胤功能第一 ………………………………………… 1116
　　　造胤丹法第二 ………………………………………… 1118
　　　開性閉情方第三 ……………………………………… 1119
　　　四主保神守中安魂定魄可以去俗長服
　　　　神仙方以建王日爲始 ……………………………… 1120
　　　五主留年還白堅實骨髓通神延命長服方以六丁日爲始 …… 1120
　　　六主鎮精神補髓肉堅如鐵氣力壯勇一人
　　　　當百長服方以王日爲始 …………………………… 1121

七主開心益智 …………………………………………… 1121
　　八主無草藥和丹服者單餌防萬病方以甲子日爲始 ……… 1121
　　九延命澄神論 …………………………………………… 1122
中品和形養性篇第二 …………………………………………… 1123
　　十主頭面諸疾可以和形長服留顏還白方以立春日爲始 …… 1123
　　十一主心腹諸疾可以和形長服駐年還白方以立春日爲始 … 1123
　　十二主四肢諸疾可以和形長服反顏還白方以夏至日爲始 … 1123
　　十三主胸諸疾可以和形長服更還白方以立秋日爲始 ……… 1124
　　十四主人福薄少媚令人愛念好容色延年方以立春日爲始 … 1124
　　十五主利關節四肢九竅通百脈令人能食輕身
　　　　長生方以建日爲始 …………………………………… 1124
　　十六主安神强記方 ………………………………………… 1125
　　十七主心虛恐怖驚忪不定方以平定日合之 ………………… 1125
　　十八主辟邪鬼魅山精魍魎等方以五月五日臘日合之 ……… 1125
　　十九主荒年絶穀不飢去俗方以成滿日爲始 ………………… 1126
　　二十養性宜食論 …………………………………………… 1126
下品療疾蠲痾篇第三 …………………………………………… 1127
　　二十一主心風虛弱健忘心家諸病方以上戊巳日合 ………… 1127
　　二十二主脾風虛不能食脾家諸病方以庚子日合 …………… 1127
　　二十三主肺風虛兼嗽或氣上肺家諸疾方以壬癸日合 ……… 1127
　　二十四主腎風虛腰痛腎家諸疾方以定日合之 ……………… 1127
　　二十五主肝風虛目暗肝家諸病方以丙子日合之 …………… 1128
　　二十六主五勞七傷八風十二痺乏氣少
　　　　力弱房方以四時常服 ………………………………… 1128
　　二十七主房帷間衰弱方 …………………………………… 1128
　　二十八主宿食不消心腹冷痛脹滿虛鳴不能食方 …………… 1128
　　二十九主心腹積癥瘦腹大方 ……………………………… 1129
　　三十主五尸九注骨蒸傳屍復連滅門方 …………………… 1129

三十一主疥癩癰疽手足攣躄鼻柱斷壞者方 …… 1129

　　三十二主消渴中晝夜飲水乃至一石不能食方 …… 1129

　　三十三主痢下黃赤水若鮮血無時度方 …… 1130

　　三十四主冷痢下濃血下部疼痛小腹脹滿方 …… 1130

　　三十五主小兒驚癎壯熱發作有時方 …… 1130

　　三十六主目闇眼中三十六疾方以開日合之 …… 1130

　　三十七主耳聾耳中三十六疾方以開日合之 …… 1131

　　三十八主鼻塞鼻中三十六疾方以開日合之 …… 1131

　　三十九主口舌青黑口內三十六疾方 …… 1131

　　四十主身體麤皮膚甲錯多諸瘢疥身中三十六疾方 …… 1131

　　四十一主心虛悸戰慄多汗心中三十六疾方以定日合之 …… 1132

　　四十二主陰癩疝氣等方 …… 1132

　　四十三主少小脫肛或因虛冷者主之方 …… 1132

　　四十四主虛勞五痔方 …… 1132

　　四十五蠱痾禁忌論 …… 1132

　　古鐵胤粉方 …… 1133

　　後代名醫造鐵胤粉 …… 1134

雲笈七籤卷之七十九 …… 1136

　符圖 …… 1136

　　五嶽真形圖序 東方朔 …… 1136

　　五嶽真形神仙圖記 …… 1138

　　王母授漢武帝真形圖 …… 1140

　　五嶽真形圖法 并序 …… 1143

　　晉鮑靚施用法 …… 1147

雲笈七籤卷之八十 …… 1152

　符圖 …… 1152

　　洞玄靈寶三部八景二十四生圖 …… 1152

　　五稱符二十四真圖 …… 1166

元覽人鳥山形圖 ……………………………………… 1168
雲笈七籤卷之八十一 ……………………………………… 1174
　庚申部 ……………………………………………………… 1174
　　上清元始譜錄太真玉訣凡二門，又名解形遯變流景
　　玉光三惡門 …………………………………………… 1174
　　論庚申存童子去玄靈訣凡五法 …………………… 1176
　　　制六欲神法 ………………………………………… 1177
　　　六甲存童子去玄靈法 ……………………………… 1179
　　　潁陽書下篇略例 …………………………………… 1179
　　　　治脾腎舌術 ……………………………………… 1179
　　　　治鼻口喉嚨術 …………………………………… 1179
　　　　治肺心耳術 ……………………………………… 1180
　　　　治兩眉間腦舌中神術 …………………………… 1180
　　　　治肝目身中陽氣術 ……………………………… 1181
　　　　治兩手足術 ……………………………………… 1181
　　三尸中經一名去尸駐色得不死之道。 ……………… 1181
　　去三尸符法符並朱書。 ……………………………… 1182
雲笈七籤卷之八十二 ……………………………………… 1185
　庚申部 ……………………………………………………… 1185
　　三尸篇 ………………………………………………… 1185
　　神仙守庚申法 ………………………………………… 1185
　　庚申夜祝尸蟲法 ……………………………………… 1185
　　用甲子日除三尸法 …………………………………… 1186
　　六甲除三尸法 ………………………………………… 1186
　　除三尸法 ……………………………………………… 1186
　　祝去伏尸方 …………………………………………… 1186
　　厭尸蟲法二方 ………………………………………… 1186
　　上仙去三尸法 ………………………………………… 1187

下三尸方 …………………………………………… 1187
　　仙人下三蟲伏尸方 ………………………………… 1187
　　神仙去三尸法 ……………………………………… 1188
　　神仙去三蟲殺伏尸方凡二方 ……………………… 1189
　　除去三尸九蟲法并藥術 …………………………… 1189
　　劉根真人下三尸法此方與前方稍類，但別出耳。 ……… 1190
　　神仙古方傳授所來二首 …………………………… 1191
　　遊稚川記 …………………………………………… 1191
　　夢三尸説 …………………………………………… 1193
雲笈七籤卷之八十三 …………………………………… 1196
　庚申部 ………………………………………………… 1196
　　中山玉櫃經服氣消三蟲訣 ………………………… 1196
　　説三尸 ……………………………………………… 1199
　　説三尸所居法 ……………………………………… 1199
　　候三尸法 …………………………………………… 1199
　　趙先生口訣祝尸蟲法凡三法 ……………………… 1200
　　東方氏制三尸法 …………………………………… 1200
　　紫微宮降太上去三尸法 …………………………… 1201
　　太虛真人消三尸法 ………………………………… 1202
　　思念道誡去三尸法 ………………………………… 1202
　　五行紫文除尸蟲法凡三法 ………………………… 1202
　　存心中赤氣去三尸法 ……………………………… 1203
雲笈七籤卷之八十四 …………………………………… 1206
　尸解 …………………………………………………… 1206
　　太極真人石精金光藏景録形經説 ………………… 1206
　　釋石精金光藏景録形法 …………………………… 1206
　　尸解叙 ……………………………………………… 1207
　　又叙 ………………………………………………… 1207

造劍尸解法 …………………………………………… 1208

尸解次第事迹法度 …………………………………… 1209

太極真人誡 …………………………………………… 1210

尸解神杖法 …………………………………………… 1210

水解凡三人 …………………………………………… 1211

雲笈七籤卷之八十五 …………………………… 1214

尸解 …………………………………………………… 1214

太極真人飛仙寶劍上經叙 …………………………… 1214

戎胡授舜十轉紫金丹叙 ……………………………… 1214

太一守尸 ……………………………………………… 1215

景霄真人 ……………………………………………… 1215

太玄陰生符 …………………………………………… 1216

太極真人遺帶散 ……………………………………… 1216

軒轅黃帝 ……………………………………………… 1216

甯封火解 ……………………………………………… 1217

玉子 …………………………………………………… 1217

王子喬 ………………………………………………… 1218

清平吉 ………………………………………………… 1218

司馬季主 ……………………………………………… 1218

鮑叔陽 ………………………………………………… 1219

徐巒 …………………………………………………… 1219

董仲君 ………………………………………………… 1220

龍述 …………………………………………………… 1220

王方平 ………………………………………………… 1220

欒巴兵解 ……………………………………………… 1221

女真趙素臺 …………………………………………… 1221

女真程偉妻 …………………………………………… 1221

劉憑 …………………………………………………… 1222

張玄賓 ·· 1222
　　王嘉兵解 ·· 1222
　　陰君傳鮑靚尸解法 ································ 1223
　　折象 ·· 1224
　　吳猛 ·· 1224
　　左慈 ·· 1224
　　王延 ·· 1225
　　王叟 ·· 1226
雲笈七籤卷之八十六 ·································· 1229
　尸解 ··· 1229
　　洞生太帝君鎮生五藏訣 ························· 1229
　　太陰鍊形 ·· 1231
　　水火蕩鍊尸形 ······································ 1231
　　陰陽六甲鍊形質法 ······························· 1232
　　修九真中道 ··· 1233
　　化形濯景 ·· 1233
　　地下主者 ·· 1233
　　甯先生 ·· 1235
　　靈壽光 ·· 1235
　　趙成子 ·· 1235
　　許玉斧 ·· 1236
　　張魯 ·· 1236
　　許道育女真 ··· 1236
　　范豺 ·· 1236
　　喬順 ·· 1237
雲笈七籤卷之八十七 ·································· 1240
　諸真要略 ·· 1240
　　太清神仙眾經要略武當山隱士南陽翟煒撰 ··· 1240

雲笈七籤卷之八十八 …… 1251
仙籍旨訣 …… 1251
道生旨谷神子裴鉶述 …… 1251
養生辨疑訣栖真子施肩吾述 …… 1256
下元歌 …… 1257
後序 …… 1258

雲笈七籤卷之八十九 …… 1260
諸真語論 …… 1260
經告 …… 1260

雲笈七籤卷之九十 …… 1267
七部語要 …… 1267
連珠凡六十五首 …… 1267

雲笈七籤卷之九十一 …… 1276
七部名數要記 …… 1276
九守凡九篇 …… 1276
守和第一 …… 1276
守神第二 …… 1276
守氣第三 …… 1277
守仁第四 …… 1278
守簡第五 …… 1278
守易第六 …… 1278
守清第七 …… 1279
守盈第八 …… 1280
守弱第九 …… 1281
十三虛無 …… 1282
七報 …… 1282
七傷 …… 1283

雲笈七籤卷之九十二 …… 1288

仙籍語論要記 …………………………… 1288
　衆真語録 …………………………… 1288

雲笈七籤卷之九十三 ………………… 1296
仙籍理論要記 …………………………… 1296
　神仙可學論 ………………………… 1296
　道性論 ……………………………… 1299
　三相論 ……………………………… 1300
　真相論 ……………………………… 1302
　陰陽五行論 ………………………… 1302

雲笈七籤卷之九十四 ………………… 1305
仙籍語論要記 …………………………… 1305
　坐忘論并序凡七篇 ………………… 1305
　　信敬 ……………………………… 1305
　　斷緣 ……………………………… 1306
　　收心 ……………………………… 1306
　　簡事 ……………………………… 1309
　　真觀 ……………………………… 1309
　　泰定 ……………………………… 1311
　　得道 ……………………………… 1312

雲笈七籤卷之九十五 ………………… 1318
仙籍語論要記 …………………………… 1318
　法性虛妄 …………………………… 1318
　道性因緣 …………………………… 1318
　本性淳善 …………………………… 1319
　有爲無爲法 ………………………… 1320
　觀四大相 …………………………… 1320
　色身煩惱 …………………………… 1321
　栿喻 ………………………………… 1322

- 病說 …… 1323
- 求道二患 …… 1324
- 夢喻虛妄 …… 1325
- 散花喻 …… 1326
- 論種子 …… 1327
- 真假 …… 1328
- 空法 …… 1328

雲笈七籤卷之九十六 …… 1332
- 讚頌歌 …… 1332
  - 太微天帝君讚大有妙經頌一章 …… 1332
  - 天帝君讚大有妙經頌一章 …… 1332
  - 太帝君讚大有妙經頌一章 …… 1332
  - 老君本生經頌一章 …… 1332
  - 太上智慧佝玄經頌一章 …… 1333
  - 太上智慧經讚一章 …… 1333
  - 本願大戒經頌一章 …… 1333
  - 玉皇授欻生大洞三十九章與登龍臺歌二章 …… 1333
  - 西王母授紫度炎光神變經頌三篇 …… 1334
  - 靈寶真一自然太上玄一真人頌一章 …… 1334
  - 太上弘道頌一章 …… 1335
  - 方諸宮東華上房靈妃歌曲一章 …… 1335
  - 青童大君常吟詠一章 …… 1335
  - 太虛真人常吟詠一章 …… 1335
  - 西城真人王君常吟詠一章 …… 1335
  - 小有真人王君常吟詠一章 …… 1336
  - 郭四朝常乘小舡游戲塘中叩舡而歌四首 …… 1336
  - 保命仙君告許虎牙杜廣平常喜歌一章杜契字廣平，隱居華陽。 …… 1337

西王母宴漢武帝上元夫人彈雲林之璈歌步虛之曲一章 ……… 1337
　　西王母又命侍女田四妃答歌一章 …………………………… 1337
　　王母贈魏夫人歌一章并序 …………………………………… 1337
　　雙禮珠彈雲璈而答歌一章 …………………………………… 1338
　　高仙盼遊洞靈之曲一章并序 ………………………………… 1338
　　四真人降魏夫人歌共五章并序 ……………………………… 1338
　　人間可哀之曲一章并序 ……………………………………… 1340
　　巴謠一章并序 ………………………………………………… 1340
　　楊羲真人夢蓬萊仙公洛廣休召四人各賦詩一章 …………… 1341
　　吳王夫差書一章并序 ………………………………………… 1341
　　辛玄子詩三首并序 …………………………………………… 1342

雲笈七籤卷之九十七 …………………………………………… 1347
　歌詩 ……………………………………………………………… 1347
　　太微玄清左夫人歌一首并序 ………………………………… 1347
　　靈鳳歌一首并序 ……………………………………………… 1347
　　女仙張麗英石鼓歌一首并序 ………………………………… 1348
　　漢初童謠歌一首并序 ………………………………………… 1348
　　萼綠華贈羊權詩三首并序 …………………………………… 1348
　　九華安妃贈楊司命詩二首并序 ……………………………… 1349
　　中候王夫人詩四首并序 ……………………………………… 1351
　　方丈臺昭靈李夫人詩三首并序 ……………………………… 1352
　　南極王夫人授楊羲詩三首并序 ……………………………… 1353
　　紫微王夫人詩一十七首并序 ………………………………… 1353

雲笈七籤卷之九十八 …………………………………………… 1359
　詩贊辭 …………………………………………………………… 1359
　　太真夫人贈馬明生詩二首并序 ……………………………… 1359
　　雲林右英夫人嗳楊真人許長史詩二十六首并序 …………… 1361
　　太極真人智慧經贊六首 ……………………………………… 1368

雲笈七籤卷之九十九 ································ 1373
贊詩詞 ································ 1373
吳子來寫真贊一首詩二首并序 ················ 1373
仙人貽白永年詩一首并序 ·················· 1374
李公佐仙僕詩一首并序 ···················· 1375
攄浩然泛虛舟辭遺欒渾之詩二首并序 ·········· 1375
靈響詞五首并序 ·························· 1376
衆仙步虛詞五首 ·························· 1377
青童大君常吟一首 ························ 1378
南嶽夫人作與許長史一首 ·················· 1378
南嶽夫人作一首 ·························· 1378

（五冊）

雲笈七籤卷之一百 ································ 1381
紀 ································ 1381
真宗皇帝御製先天紀叙 ···················· 1381
軒轅本紀 ································ 1382

雲笈七籤卷之一百一 ································ 1403
紀 ································ 1403
元始天王紀 ······························ 1403
太上道君紀 ······························ 1403
上清高聖太上玉晨大道君紀 ················ 1404
三天君列紀 ······························ 1406
青靈始老君紀 ···························· 1407
丹靈真老君紀 ···························· 1408
中央黃老君紀 ···························· 1409
金門皓靈皇老君紀 ························ 1409

  五靈玄老君紀 …………………………… 1410
雲笈七籤卷之一百二 ………………………… 1414
 紀 ……………………………………………… 1414
  混元皇帝聖紀 …………………………… 1414
  太微天帝君紀 …………………………… 1417
  青要帝君紀 ……………………………… 1417
  總真主錄紀 ……………………………… 1418
  中天玉寶元靈元老君紀 ………………… 1418
  赤明天帝紀 ……………………………… 1419
  南極尊神紀 ……………………………… 1420
雲笈七籤卷之一百三 ………………………… 1423
 傳 ……………………………………………… 1423
  宋真宗御製翊聖保德真君傳序 ………… 1423
  翊聖保德真君傳 ………………………… 1424
  進翊聖保德真君事迹表 ………………… 1436
  批答 ……………………………………… 1437
雲笈七籤卷之一百四 ………………………… 1440
 傳 ……………………………………………… 1440
  玄洲上卿蘇君傳_{周季通集} …………… 1440
  太和真人傳_{元陽子附} ………………… 1442
  太極真人傳 ……………………………… 1443
  太清真人傳 ……………………………… 1443
  太元真人東嶽上卿司命真君傳_{弟子中候仙人李遵字安林撰} … 1445
雲笈七籤卷之一百五 ………………………… 1453
 傳 ……………………………………………… 1453
  清靈真人裴君傳_{弟子鄧雲子撰} ………… 1453
雲笈七籤卷之一百六 ………………………… 1469
 傳 ……………………………………………… 1469

清虛真人王君內傳 弟子南嶽夫人魏華存撰 …………… 1469

紫陽真人周君內傳 ………………………………… 1472

馬明生真人傳 ……………………………………… 1476

陰真君傳 陰真君自叙附 …………………………… 1479

吳猛真人傳 ………………………………………… 1481

許遜真人傳 ………………………………………… 1482

許邁真人傳 ………………………………………… 1482

楊羲真人傳 ………………………………………… 1484

鮑靚真人傳 ………………………………………… 1485

雲笈七籤卷之一百七 ………………………… 1490

傳錄 ………………………………………………… 1490

陶先生小傳 吳興謝瀹永明十年作 ………………… 1490

華陽隱居先生本起錄 從子翊字木羽撰 …………… 1490

梁茅山貞白先生傳 唐李渤撰 ……………………… 1495

雲笈七籤卷之一百八 ………………………… 1499

列仙傳 ……………………………………………… 1499

赤松子 …………………………………………… 1499

甯封子 …………………………………………… 1499

馬師皇 …………………………………………… 1499

赤將子輿 ………………………………………… 1500

偓佺 ……………………………………………… 1500

容成公 …………………………………………… 1500

方回 ……………………………………………… 1500

涓子 ……………………………………………… 1500

嘯父 ……………………………………………… 1501

師門 ……………………………………………… 1501

務光 ……………………………………………… 1501

仇生 ……………………………………………… 1502

卬疏 …………………………………… 1502
馬丹 …………………………………… 1502
陸通 …………………………………… 1502
葛由 …………………………………… 1502
琴高 …………………………………… 1503
寇先生 ………………………………… 1503
安期生 ………………………………… 1503
桂父 …………………………………… 1503
瑕丘仲 ………………………………… 1504
酒客 …………………………………… 1504
任光 …………………………………… 1504
祝雞翁 ………………………………… 1504
朱仲 …………………………………… 1505
脩羊公 ………………………………… 1505
稷丘君 ………………………………… 1505
崔文子 ………………………………… 1505
赤須子 ………………………………… 1506
犢子 …………………………………… 1506
騎龍鳴 ………………………………… 1506
主柱 …………………………………… 1506
鹿皮翁 ………………………………… 1507
昌容 …………………………………… 1507
溪父 …………………………………… 1507
山圖 …………………………………… 1507
谷春 …………………………………… 1508
陰生 …………………………………… 1508
子主 …………………………………… 1508
陶安公 ………………………………… 1509

赤斧 …………………………………………… 1509
　　　呼子先 ………………………………………… 1509
　　　負局先生 ……………………………………… 1509
　　　阮丘 …………………………………………… 1510
　　　陵陽子明 ……………………………………… 1510
　　　邗子 …………………………………………… 1510
　　　木羽 …………………………………………… 1510
　　　玄俗 …………………………………………… 1511
雲笈七籤卷之一百九 ………………………………… 1516
　　神仙傳 …………………………………………… 1516
　　　廣成子 ………………………………………… 1516
　　　若士 …………………………………………… 1516
　　　沈文泰 ………………………………………… 1517
　　　皇初平 ………………………………………… 1517
　　　沈建 …………………………………………… 1518
　　　華子期 ………………………………………… 1518
　　　魏伯陽 ………………………………………… 1518
　　　沈羲 …………………………………………… 1519
　　　李八百 ………………………………………… 1520
　　　李阿 …………………………………………… 1521
　　　王遠 …………………………………………… 1521
　　　蔡經 …………………………………………… 1522
　　　涉正 …………………………………………… 1524
　　　孫博 …………………………………………… 1524
　　　玉子 …………………………………………… 1525
　　　天門子 ………………………………………… 1525
　　　南極子 ………………………………………… 1526
　　　黃盧子 ………………………………………… 1526

張道陵	1526
欒巴	1527
淮南王八公	1528

雲笈七籤卷之一百一十 1534
洞仙傳 1534
元君	1534
九元子	1534
長桑公子	1534
龔仲陽	1534
上黃先生	1535
蒲先生	1535
茅濛	1535
常生子	1535
長存子	1535
蔡瓊	1535
張穆子	1536
童子先生	1536
九源丈人	1536
谷希子	1536
王仲高	1536
陽生	1536
西門君惠	1537
玄都先生	1537
黃列子	1537
公孫卿	1537
蔡長孺	1537
延明子高	1537
崔野子	1538

靈子真 …………………………………… 1538
宛丘先生 ………………………………… 1538
馬榮 ……………………………………… 1538
任敦 ……………………………………… 1538
敬玄子 …………………………………… 1539
帛舉 ……………………………………… 1539
徐季道 …………………………………… 1539
趙叔期 …………………………………… 1539
毛伯道 …………………………………… 1540
莊伯微 …………………………………… 1540
劉道偉 …………………………………… 1540
匡俗 ……………………………………… 1540
盧耽 ……………………………………… 1541
范豺 ……………………………………… 1541
傅先生 …………………………………… 1541
石坦 ……………………………………… 1542
鄭思遠 …………………………………… 1542
郭志生 …………………………………… 1542
介琰 ……………………………………… 1542
徐福 ……………………………………… 1543
車子侯 …………………………………… 1543
蘇耽 ……………………………………… 1543
張巨君 …………………………………… 1544
馮伯達 …………………………………… 1544
韓越 ……………………………………… 1545
郭璞 ……………………………………… 1545
戴孟 ……………………………………… 1545
郭文舉 …………………………………… 1546

姚光	1546
徐彎	1546
丁令威	1547
王嘉	1547
寇謙之	1548
董幼	1548
劉憻	1548
王質	1549

雲笈七籤卷之一百一十一 1553
  洞仙傳 1553

干吉	1553
昌季	1553
王喬	1554
杜契	1554
范幼沖	1554
青谷先生	1554
夏馥	1555
劉諷	1555
展上公	1555
周太賓_{姜叔茂附}	1555
郭四朝	1556
張玄賓	1556
趙威伯	1556
樂長治	1557
杜昺	1557
扈謙	1558
朱庫	1559
姜伯真	1559

雲笈七籤卷之一百一十二 ········· 1562
神仙感遇傳 ········· 1562
吉宗老 ········· 1562
葉遷韶 ········· 1562
于滿川 ········· 1563
進士王叡 ········· 1563
王從玘 ········· 1564
令狐絢 ········· 1564
李筌 ········· 1565
劉彥廣 ········· 1566
宋文才 ········· 1566
劉景 ········· 1567
蓬球 ········· 1567
王可交 ········· 1567
陳簡 ········· 1568
金庭客 ········· 1569
裴沈 ········· 1569
權同休 ········· 1570
曹橋潘尊師 ········· 1570
盧鈞 ········· 1572
王子芝 ········· 1572
鄭又玄 ········· 1573
虯鬚客 ········· 1574
崔希真 ········· 1576
越僧懷一 ········· 1576
王廓 ········· 1576
楊大夫 ········· 1577
薛逢 ········· 1578

蜀民 …………………………………… 1579

　　僧悟玄 ………………………………… 1579

　　費冠卿 ………………………………… 1580

　　鄭南海紫邏任叟 ……………………… 1581

雲笈七籤卷之一百一十三上 …………………… 1586

　傳 ……………………………………………… 1586

　　任生 …………………………………… 1586

　　羅公遠 ………………………………… 1587

　　羅方遠 ………………………………… 1587

　　李師稷 ………………………………… 1588

　　袁滋 …………………………………… 1588

　　王水部 ………………………………… 1589

　　崔生 …………………………………… 1590

　　黃尊師 ………………………………… 1591

　　盧杞 …………………………………… 1591

　　盧李二生 ……………………………… 1593

　　李石 …………………………………… 1594

　　李主簿 ………………………………… 1594

　　盧常師 ………………………………… 1595

　　裴令公 ………………………………… 1595

雲笈七籤卷之一百一十三下 …………………… 1597

　傳續仙 ………………………………………… 1597

　　續仙傳序 ……………………………… 1597

　　玄真子 ………………………………… 1598

　　藍采和 ………………………………… 1598

　　朱孺子 ………………………………… 1599

　　王老 …………………………………… 1599

　　侯道華 ………………………………… 1600

馬自然 …………………………………… 1600

　　鄔通微 …………………………………… 1603

　　許碏 ……………………………………… 1603

　　金可記 …………………………………… 1603

　　宋玄白 …………………………………… 1604

　　賀自真 …………………………………… 1605

　　酆去奢 …………………………………… 1605

　　孫思邈 …………………………………… 1606

　　張果 ……………………………………… 1608

　　許宣平 …………………………………… 1609

　　劉商 ……………………………………… 1610

　　劉曆 ……………………………………… 1610

　　羅萬象 …………………………………… 1611

　　司馬承禎 ………………………………… 1611

　　閭丘方遠 ………………………………… 1612

　　聶師道 …………………………………… 1613

　　殷文祥 …………………………………… 1617

　　譚峭 ……………………………………… 1618

　　杜昇 ……………………………………… 1619

　　羊愔 ……………………………………… 1620

雲笈七籤卷之一百一十四 …………………… 1626

　傳 ………………………………………… 1626

　　墉城集仙錄叙 …………………………… 1626

　　西王母傳 ………………………………… 1628

　　九天玄女傳 ……………………………… 1634

雲笈七籤卷之一百一十五 …………………… 1638

　傳 ………………………………………… 1638

　　梁母 ……………………………………… 1638

鮑姑 …………………………………… 1638
　　孫寒華 ………………………………… 1639
　　李奚子 ………………………………… 1639
　　韓西華 ………………………………… 1639
　　竇瓊英 ………………………………… 1640
　　劉春龍 ………………………………… 1640
　　趙素臺 ………………………………… 1640
　　傅禮和 ………………………………… 1640
　　黃景華 ………………………………… 1641
　　張微子 ………………………………… 1641
　　丁淑英 ………………………………… 1641
　　王法進 ………………………………… 1641
　　王氏 …………………………………… 1643
　　花姑 …………………………………… 1643
　　徐仙姑 ………………………………… 1645
　　緱仙姑 ………………………………… 1645
　　廣陵茶姥 ……………………………… 1646
雲笈七籤卷之一百一十六 ……………… 1649
　傳 ……………………………………… 1649
　　南溟夫人 ……………………………… 1649
　　邊洞玄 ………………………………… 1651
　　黃觀福 ………………………………… 1653
　　陽平治 ………………………………… 1653
　　神姑 …………………………………… 1654
　　王奉仙 ………………………………… 1655
　　薛玄同 ………………………………… 1656
雲笈七籤卷之一百一十七 ……………… 1660
　　道教靈驗記 …………………………… 1660

宮觀 …………………………………………… 1660
    饒州開元觀神運殿閣過湖驗 ……………… 1661
    洋州馮行襲毀素靈宮驗 …………………… 1661
    文銖臺二僧擊救苦天尊像驗 ……………… 1662
    亳州太清宮老君挫賊驗 …………………… 1663
    周真人居上經堂基驗 ……………………… 1664
    魏夫人壇十僧來毀九遭虎噬驗 …………… 1664
    嚴譔掘洪州鐵柱驗 ………………………… 1664
    王峯吳行魯毀掘成都龍興觀驗 …………… 1665
    劉將軍取東明觀土修宅驗 ………………… 1665
    南康王夢二神人告以將富貴驗 …………… 1666
    果州開元觀工匠同夢得材木驗 …………… 1667
    北都潛丘臺崔相國應夢修觀驗 …………… 1667
    相國劉瞻夢天尊言再居相位驗 …………… 1668
    李蔚相國應夢天尊修觀驗 ………………… 1669
    鄭相國還願修寧州真寧觀驗 ……………… 1669
    段相國報願修忠州仙都觀驗 ……………… 1670
    樓觀赤光示人以避難驗 …………………… 1670

雲笈七籤卷之一百一十八 …………………… 1673
  道教靈驗記 ………………………………… 1673
  尊像見 ……………………………………… 1673
    木文天尊見像驗 …………………………… 1673
    漢州什邡縣水浮鐵像天尊驗 ……………… 1674
    青城丈人真君賜錢驗鐵像驗附 …………… 1674
    金州洵陽縣望仙觀天尊理訟驗 …………… 1675
    張仁表念太一救苦天尊驗 ………………… 1675
    李邵畫太一天尊驗 ………………………… 1676
    楊師謨修觀享壽驗 ………………………… 1677

呂細修觀仙人來往驗 …………………… 1678
　　黑髭老君召代宗遊十洲三島驗 ………… 1678
　　玉局化玉像老君應夢驗 ………………… 1678
　　自然石文老君降雨驗 …………………… 1679
　　賴處士預言老君降生作幼主驗 ………… 1679
　　賈湘嚴奉老君驗 ………………………… 1680
　　沈瑩供養老君驗 ………………………… 1680
　　姚鵠修老君殿驗 ………………………… 1681
　　楊鬧兒奉事老君驗 ……………………… 1682
雲笈七籤卷之一百一十九 ………………… 1685
　道教靈驗記 ……………………………… 1685
　　昭成觀壁畫天師驗_{絹畫驗附} ………… 1685
　　陵州天師井填欠數鹽課驗 ……………… 1686
　　李璨夢遇天師告授陵州刺史驗 ………… 1687
　　謝貞精意圬墁遇天師授符驗 …………… 1687
　　道士劉方瀛依天師劍法治疾驗 ………… 1688
　　西王母塑像救疾驗_{三將軍附} …………… 1688
　　歸州黃魔神峽水救船驗 ………………… 1689
　　青城丈人同葛璝化靈官示現驗 ………… 1689
　　羅真人降雨助金驗 ……………………… 1689
　　嘉州開元觀飛天神王像捍賊驗 ………… 1690
　　楚王趙匡凝北帝祥應 …………………… 1691
　　李昌遐誦消災經驗 ……………………… 1692
　　崔書誦度人經驗 ………………………… 1692
　　姚元崇女精志焚修老君授經驗 ………… 1692
　　王道珂誦天蓬呪驗 ……………………… 1693
　　王清遠誦神呪經驗 ……………………… 1694
　　忠州平都山仙都觀取太平經驗 ………… 1694

天台玉霄宮葉尊師符治狂邪驗 …………… 1695
　　賈瓊受童子籙驗 …………………………… 1695
　　尹言念陰符經驗 …………………………… 1696
　　趙業受正一籙驗 …………………………… 1696
　　僧法成竊改道經驗 ………………………… 1697
　　僧行端輒改五廚經驗 ……………………… 1697
　　崔公輔取寶經不還驗 ……………………… 1698
　　劉載之誦天蓬呪驗 ………………………… 1699
　　姚生持黃庭經驗 …………………………… 1700

雲笈七籤卷之一百二十 …………………… 1703
道教靈驗記 ………………………………… 1703
　　處州青田縣清溪觀古鐘自歸驗 …………… 1703
　　青城山宗玄觀銅鐘不能損驗 ……………… 1703
　　溫江縣太平觀鑄鐘道士得道驗 …………… 1704
　　眉州故彭山市觀大鐘傷寺匠驗 …………… 1704
　　浴爰赤木古鐘水洗瘡驗 古鐘驗附 ………… 1704
　　渝州南平縣道昌觀古鐘奇巧驗 …………… 1705
　　黔南鹽井古鐘多年無毀蝕驗 ……………… 1705
　　天台山玉霄宮古鐘僧偷而卒驗 …………… 1705
　　開州龍興觀鐘雪冤驗 雲安鐘附 …………… 1706
　　施州清江郡開元觀鐘見夢驗 ……………… 1706
　　洪州遊帷觀鐘州官彊取入寺驗 …………… 1707
　　天師劍愈疾驗 ……………………………… 1708
　　張讓黃神印救疾驗 ………………………… 1708
　　范希越天蓬印祈雨驗 ……………………… 1709
　　越州上虞縣鐘時鳴地中驗 ………………… 1709
　　王謙據蜀隋文帝黃籙齋尅平驗 …………… 1709
　　青城丈人授黃帝龍蹻并降雨驗 …………… 1710

天師葉法善設醮攝魅驗 …………………………… 1710
　　　范陽盧蔚醮本命驗 ……………………………… 1711
　　　崔圖修黃籙齋救母生天驗 ………………………… 1711
　　　赫連寵修黃籙齋解父冤驗 ………………………… 1712
　　　唐獻修黃籙齋母得生天驗 ………………………… 1712
　　　李承嗣解妻兒冤修黃籙齋驗 ……………………… 1713
　　　吳韜修黃籙齋却兵驗 …………………………… 1713
　　　公孫璞修黃籙齋懺悔宿冤驗 ……………………… 1714
雲笈七籤卷之一百二十一 …………………………… 1717
　　道教靈驗記 ……………………………………… 1717
　　　胡尊師修清齋驗 ………………………………… 1717
　　　崔玄亮修黃籙齋驗持經驗附 ……………………… 1718
　　　武昌人醮水驗 …………………………………… 1718
　　　徐矗為父修黃籙齋驗 …………………………… 1719
　　　張邰妻陪錢納天曹庫驗 …………………………… 1720
　　　蘇州鹽鐵院招商官修神呪道場驗 ………………… 1720
　　　相國杜悰公修黃籙齋免閻羅王驗 ………………… 1721
　　　南康王韋皋修黃籙道場驗 ………………………… 1722
　　　李約妻要黃籙道場驗 …………………………… 1722
　　　盧貢修黃籙道場驗 ……………………………… 1724
　　　樊令言修北帝道場誅狐魅驗 ……………………… 1724
　　　鮮于甫為解冤修黃籙道場驗 ……………………… 1725
　　　竇德玄為天符專追求奏章免驗 …………………… 1726
　　　馬敬宣爲妻修黃籙道場驗 ………………………… 1726
　　　秦萬受斗尺欺人罪修黃籙齋驗 …………………… 1727
　　　杜鵬舉父母修南斗延生醮驗 ……………………… 1728
雲笈七籤卷之一百二十二 …………………………… 1730
　　道教靈驗記 ……………………………………… 1730

衢州東華觀監齋隱常住驗 …… 1730
婺州開元觀蒙刺史復常住驗 …… 1730
杭州餘杭上清觀道流隱欺常住驗 …… 1731
李賞斫龍州牛心山古觀松栢驗 …… 1732
蜀州新津縣平蓋化被盜毀伐驗 …… 1733
嘉州開元觀門扉爲馬棧驗 …… 1733
成都景雲觀三將軍堂柱礎驗 …… 1733
成都卜肆支機石驗 …… 1734
成都玉局化洞門石室驗 …… 1734
漢州金堂縣三元觀轍迹驗 …… 1734
玉局化九海神龍驗 …… 1735
青城絶頂上清宮天池驗 六時水驗附 …… 1735
葛璜化丁東水驗 …… 1735
金堂縣昌利化玄元觀九井驗 …… 1736
仙都山陰君洞驗 …… 1736
嘉州東觀尹真人石函驗 …… 1737
九嶷山女仙魯妙典石盆鐵臼驗 …… 1738
真宗皇帝御製天童護命妙經序 …… 1738
太上天童經靈驗錄 …… 1738

編後記 …… 1741

雲笈七籤序

祀汾陰之歲，臣隸職霜臺，作句稽之吏。越明年秋，以鞫獄無狀，謫掾于寧海。冬十月，會聖祖天尊降延恩殿，而真宗皇帝親奉靈儀，躬承寶訓。啓綿鴻於帝系，濬清發於仙源，誕告萬邦，凝休百世，於是天子銳意於至教矣。在先時，盡以祕閣道書、太清寶蘊，出降於餘杭郡，俾知郡故樞密直學士戚綸、漕運使今翰林學士陳堯佐，選道士沖素大師朱益謙、馮德之等，專其修較，俾成藏而進之。然其綱條混漫，部分參差，與《瓊綱》《玉緯》之目，舛謬不同。歲月坐遷，科條未究。適綸等上言，以臣承乏，委屬其績。時故相司徒王欽若總統其事，亦誤以臣爲可使之。又明年冬，就除臣著作佐郎，俾專其事。臣于時盡得所降到道書，并續取到蘇州舊《道藏》經本千餘卷，越州、台州舊《道藏》經本亦各千餘卷，及朝廷續降到福建等州道書《明使摩尼經》等，與諸道士依三洞綱條、四部錄略，品詳科格，商較異同，以銓次之，僅能成藏，都盧四千五百六十五卷，起《千字文》"天"字爲函目，終於"宮"字號，得四百六十六字，且題曰《大宋天宮寶藏》。距天禧三年春，寫錄成七藏以進之。

臣涉道日淺，丁時幸深，詎期塵土之蹤，坐忝神仙之職。蛙跳缺甃，積迷虷蟹之區；蚋泊浮漳，但局醯雞之覆。雖年棲暮景，而寶重分陰。於是精究三乘，詳觀四輔，採摭機要，屬類於文。探晨燈虹映之微，綜玉珮金璫之說。泥丸赤子，九宮爰系於一方；神室嬰兒，百道皆根於兩半。至如三奔三景之妙，九變十化之精，各探其門，互稱要妙，刻舟求劍，體貌何殊？待兔守株，旨意寧遠？因茲探討，遂就編聯，掇雲笈七部之英，略寶蘊諸子之奧，總爲百二十卷，事僅萬條。習之可以階雲漢之遊，覽之可以極天人之際。考覈類例，盡著指歸，上以酬真宗皇帝委遇之恩，次以備皇帝陛下乙夜之覽，下以裨文館校讎之職，外此而往，少暢玄風耳。臣君房謹序。

雲笈七籤卷之一

道德部

總叙道德

《老君指歸》曰："太上之象，莫高乎道德，其次莫大乎神明，其次莫大乎太和，其次莫崇乎天地，其次莫著乎陰陽，其次莫明乎大聖。夫道德，所以可道而不可原也；神明，所以可存而不可伸也；太和，所以可體而不可化也；天地，所以可行而不可宣也；陰陽，所以可用而不可傳也；大聖，所以可觀而不可言也。故度之所度者知，而數之所數者少，知之所知者淺，而爲之所爲者薄。至衆之衆，不可數；而至大之大，不可度；微妙窮理，非知之所能測；大成之至，非爲之所能得；天地之間，禍亂患咎，非事之所能克也。故不道之道，不德之德，政之元也。不名之名，亡功而功，化之根也。是故王者有爲，而天下有欲，去醇而離厚，清化而爲濁。開人耳目，示以聲色，養以五味，説以功德，教以仁義，導以禮節，民如寢覺，出於冥室。登丘陵而盼八方，覽參辰而見日月。故化可言而德可列，功可陳而名可别。是以知放流而邪僞作，道德壅蔽，神明隔絶，百殘萌生，太和消竭。天下偟偟迷惑，馳騁是非之境，失其自然之節。情變至化，糅於萬物，悴憔黧黑，憂患滿腹，不安其生，不樂其俗，喪其天年，皆傷暴虐。是以君臣相顧而營營，父子相念而戀戀，兄弟相憂而悽悽，民人恐懼而慹身。慹身相結，死不旋踵，爲患禍也。父子戀戀，兄弟悽悽，昏定晨省，出辭入面，爲夭傷也。臣見其君，五色無主，疾趨力拜，翕肩促肘，稽首膝行，以嚴其上者，爲不相親也。故可道之道，道德彰而非自然也；可名之名，功名顯而非素眞也。"

《老君指歸略例》[1]曰："夫物之所以生，功之所以成，必生乎無形，由[2]乎無名，無形無名者，萬物之宗也。不溫不涼，不宮不商，聽之不可得而聞，視之不可得而彰，體之不可得而知，味之不可得而嘗。故其爲物也則混成，爲象也則無形，爲音也則希聲，爲味也則無呈。故能爲品物之宗主，包通[3]天地，靡使不經也。若溫也則不能涼矣，宮也則不能商矣。形必有所分，聲必有所屬。故象而形者，非大象也；音而聲者，非大音也。然則四象不形，則大象無以暢；五音不聲，則大音無以至。四象形而物無所主焉，則大象暢矣；五音聲而心無所適焉，則大音至矣。故執大象則天下往，用大音則風俗移。無形暢，天下雖往，往而不能釋也；希聲至，風俗雖移，移而不能辯也。是故天生五物，無物爲用；聖行五教，不言爲化。是以'道可道，非常道；名可名，非常名'也。五物之母，不炎不寒，不柔不剛；五教之母，不皦不昧，不恩不傷。雖古今不同，時移俗易，此不變也。所謂'自古及今，其名不去'者也。天不以此則物不生，治不以此則功不成。故古今通，終始同，執古可以御今，證今可以'知古始'，此所謂常者也。無皦昧之狀、溫涼之象，故'知常曰明'也。物生功成，莫不由乎此，故'以閱衆甫'也。夫奔電之疾，猶不足以一時周；御風之行，猶不足以一息期。善速在不疾，善至在不行。故可道之盛，未足以官天地；有形之極，未足以府萬物。是故歎之者不能盡乎斯美，詠之者不能暢乎斯弘。名之不能當，稱之不能既。名必有所分，稱必有所由。有分則有不兼，有由則有不盡。不兼則大殊其眞，不盡則不可以名，此可演而明也。夫道也者，取乎萬物之所由也。玄也者，取乎幽冥之所出也。深也者，取乎探賾而不可究。大也者，取乎彌綸而不可極也。遠也者，取乎綿邈而不可及也。微也者，取乎幽微而不可覩也。然則道、玄、深、大、微[4]、遠之言，各有其義，未盡其極者也。然彌綸無極，不可名細；微妙無形，不可名大。是以經云：'字之曰道'，謂之曰玄，而不名也。然則，言之者失其常，名之者離其真，爲之則窒其性，執之則失其原[5]矣。是以聖人不以言爲主，則不違其常；不以名爲常，則不離其真；不以爲爲事，則不敗其性；不以執爲制，則不失其原矣。然則老君之文，欲辯而詰者，則失其旨也；欲名而責者，則違其義也。故其大歸也，論太始之原以明自然之性，演幽冥之極以定惑罔之迷。因而不爲，損而不施，崇本以息末，守母以存子，賤夫巧術，爲在未有，無責於人，必求諸己，此其大要也。而法者尚乎齊同，而形以檢之；名者尚乎定真，而言以正之；儒者尚乎全愛，而譽以進之；墨者尚乎儉嗇，而矯[6]以立之；雜者尚乎衆美，而總以行之。夫形以檢物，巧僞必生；名以定物，理恕必失；譽以進物，爭尚必起；矯以立物，乖違必作；雜以行物，穢亂必興。斯皆用其子而棄其母，物失所載，未足守也。然致同塗而異至，合旨而趨乖[7]，而學者惑其所致，迷其所趨。觀其齊同，則謂之法；覩其定真，則謂之名；察其純愛，則謂之儒；鑒其儉嗇，則謂之墨；見其不係，則謂之雜。隨其所鑒而正名焉，順其所好而執意焉。故使有紛紜憒錯[8]之論，殊趨辯析之爭，蓋由斯矣。又其爲文也，舉終以證始，本始以盡終，開而弗達，導而弗牽，尋而後既其義，推而後盡其理，善法事始以首其論，明夫會歸以終其文。故使同趨而感發於事者，莫不美其興言之始，因而演焉。異旨而獨構者，莫不說其會歸之徵，以爲證焉。夫塗雖殊必同其歸，慮雖百必均其致，而舉夫歸致以明至理，故使觸類而思者，莫不欣其思之所應，以爲得其義焉。凡物之所以存，乃反其形；功之所以尅，乃反其名。夫存者不以存爲存，以其不忘亡也；安者不以安爲安，以其不忘危也。故保其存者亡，不忘亡者存；安其位者危，不忘危者安。善力舉秋毫，善聽聞雷霆，此道之與形反也。安者實安，而曰非安之所安；存者實存，而曰非存之所存；侯王實尊，而曰非尊之所尊；皆理之大者也[9]。名號生乎形狀，稱謂出乎涉求，名號不虛生，稱謂不虛出。故名號則大失其旨，稱謂則未盡其極，是以謂玄。則'玄之又玄'稱道，則'域中有四大'也。"

《韓非子·主道篇》曰："道者，萬物之始，物從道生，故曰始。是非之紀也。是非因道彰，故曰紀。是以明君守始以知萬物之源，治紀以知善敗之端。故虛靜以待令，令名自命也，令事自定也。虛則知實之情，靜則知動者正。有言者自爲名，有事者自爲形，形名參同，君乃無事焉。故曰：君無見其欲[10]，臣將自雕琢；臣因欲雕琢以稱之。君無見其意[11]，臣將自表異。君見其志，臣用其意以稱之。故曰：去好去惡，臣乃見素；去賢去智，臣乃自備。故有智而不以慮，使萬物知其處；有行而不以賢，觀臣下之所因；有勇而不以怒，使羣臣盡其武。是故去智而有明，去賢而有功，去勇而有強。羣臣守職百官有常，因能而使之，是謂習常。故曰：寂乎其無位而處，寥乎莫得其所名。明君無爲於上，羣臣悚懼於下。明君之道，使智者盡其慮，而君因以斷事，故君不窮於智；賢者勑其材，君因而任之，故君不窮於能；有功則君有其賢，有過則臣任其罪，故君不窮於名。是故不賢而爲賢者師，不智而爲智者正。臣有其勞，君有其成功，此之謂賢主之經也。"

《淮南鴻烈》曰："夫道者，覆天載地，廓四方，柝[12]八極，高不可際，深不可測，包裹天地，稟授無形。原流泉浡，沖而徐盈，混混汨汨，濁而徐清。故植之而塞于天地，橫之而彌于四海，施之無窮而無所朝夕，舒之幎於六合，卷之不盈於一握。約而能張，幽而能明，弱而能强。柔而能剛。橫四維而含陰陽，紘宇宙而章三光。甚淖而滒，甚纖而微。山以之高，淵以之深，獸以之走，鳥以之飛，日月以之明，星辰以之行，麟以之遊，鳳以之翔。太古二皇[13]，得道之柄，立於中央，神與化遊，以撫四方。是故能天運地滯，輪轉而無廢，水流而不止，與萬物終始。風興雲蒸，事無不應，雷聲雨降，並應無窮。鬼出電入，龍興鸞集，鈞旋轂轉，周而復币。已雕已琢，還反於樸。無爲爲之而合于道，無爲言之而通乎德，恬愉無矜而得于和，有萬不同而便于性。神託于秋毫之末，而大與宇宙之總。其德優天地而合陰陽，節四時而調五行。呴俞[14]覆育，萬物羣生，潤于草木，浸于金石。禽獸碩大，毫毛潤澤，羽翼奮也，角觡生也，獸胎不殰，鳥卵不殈。父無喪子之憂，兄無哭弟之哀，童子不孤，婦人不孀，虹蜺不出，賊星不行，含德之所致。夫太上之道，生萬物而不有，成化象而弗宰。跂行喙息，蠉飛蠕動，待而後生，莫之知德，待之後死，莫之能怨。得以利者不能譽，用而敗者不能非，收聚畜積而不加富，布施稟授而不益貧，周旋而不可究，纖微而不可勤，累之而不高，墮之而不平，益之而不衆，損之而不寡，斲之而不薄，殺之而不殘，鑿之而不深，填之而不淺。惚兮怳兮，不可爲象兮！怳兮惚兮，用不屈兮！幽兮冥兮，應無形兮！遂兮洞兮，不虛動兮！與柔剛卷舒兮！與陰陽俛仰兮！"

葛仙公《五千文經序》曰："老君體自然而然，生乎太無之先，起乎無因，經歷天地，終始不可稱載，窮乎無窮，極乎無極也。與大道而輪化，爲天地而立根，布氣於十方，抱道德之至純，浩浩蕩蕩，不可名也。焕乎其有文章，巍乎其有成功，淵乎其不可量，堂堂乎爲神明之宗。三光持以朗照，天地稟之得生，乾坤運以吐精。高而無民，貴而無位，覆載無窮。是故八方諸天，普弘大道。開闢已前[15]，復下爲國師，代代不休，人莫能知之。匠成萬物而不言我，爲玄之德也，故衆聖所共宗，道尊德貴，夫莫之爵而常自然，惟老氏乎！周時復託神李母，剖左腋而生，生即皓然，號曰老子。老子之號，因玄而出，在天地之先，無衰老之期，故曰老子。世人謂老子當始於周代。老子之號，始於無數之劫，窈窈冥冥，眇邈久遠矣。周室世衰，大道不行，西遊天下。關令尹喜曰：'大道將隱乎！願爲我著書。'於是作《道德》二篇五千文上下經焉。"

《老君戒文》云："老君生玄洪聖堂，爾時未有天地日月，手無所攀，足無所躡，懸身而處，不墮不落。身著三光之衣，照於虛芒，如今日月之光也。"

《混元皇帝聖紀序》曰："原夫大道玄寂，理極無爲，上德沖虛，義該衆妙。是以精凝真一，非假物以稱生；形結九空，不待有而成體。含神太混，毓粹幽原，怳惚帝先，希微至極。故能真融金闕，教逸不言，惠渙玉京，慈光有物。二儀持以覆載，萬品賴以滋榮，神冠陰陽，功成造化。先天地而獨立，後塵劫而無昧。"

唐開元皇帝《道德經序》曰："昔在元聖，強著玄言，權輿真宗，啓迪來裔。遺文誠在，精義頗乖。撮其[16]指歸，雖蜀嚴而猶病；摘其章句，自河公而或略。其餘浸微，固不足數。則我玄元妙旨，豈其將墜？朕誠寡薄，常感斯文。猥承有後之慶，恐失無爲之理。每因清宴，輒叩玄關，隨所意得，遂爲箋注。豈成一家之説，但備遺闕之文。今兹絶筆，是詢於衆，公卿臣庶，道釋二門，有能起予類於卜商，鍼疾同於左氏，渴於納善，朕所虛懷，苟副斯言，必加厚賞。且如諛臣自聖，幸非此流，懸市相矜，亦云小道，既其不諱，咸可直言。勿爲來者所嗤，以重朕之不德。"

唐吳[17]筠《玄綱論·道篇》曰："道者何也？虛無之系，造化之根，神明之本，天地之元。其大無外，其微無内，浩曠無端，杳冥無際[18]。至幽靡察，而大明垂光；至静無心，而品物有方。混漠無形，寂寥無聲。萬象以之生，五行以之成。生者無極，成者有虧[19]，生生成成，今古不移，此之謂道也。德者何也？天地所禀，陰陽所資，經以五行，緯以四時。牧之以君，訓之以師，幽明動植，咸暢其宜。澤流無窮，羣生不知謝其功；惠加無極，百姓不知賴其力，此之謂德也。然則，通而生之謂之道，道固無名焉；畜而成之謂之德，德固無稱焉。嘗試論之，天地、人物、仙靈[20]、鬼神，非道無以生，非德無以成。生者不知其始，成者不見其終。探奥索隱，孰窺其宗？入有之末，出無之先，莫究其朕，謂之自然。自然者，道德之常，天地之綱也。"

又曰："道德者，天地之祖；天地者，萬物之父；帝王者，三才之主。然則，道德、天地、帝王一也，而有今古澆淳之異、堯桀理亂之殊者何哉？夫道德無興衰，人倫有否泰，古今無變易，情性有推遷。故運將泰乎，則至陽真精降而爲主，賢良輔而姦邪伏矣。時將否乎，則太陰純精昇而爲主，姦邪弼而賢良隱矣。天地之道，陰陽有數，故[21]理亂之殊也。所以古淳而今澆者，亦猶人幼愚而長慧也。嬰兒未孩，則上古之含純粹也。漸有所辯，則中古之尚仁義也。成童可學，則下古之崇禮智也。壯齒多欲，則季世之競浮僞也。變化之理，世俗之宜，故有澆淳之異也。覈其所以，原其所由，子以習教而性移，人以隨時而朴散。雖然，父不可不教於子，君不可不理於人。教子在[22]於義方，理人在於道德。義方失，則師友不可訓也；道德喪，則禮樂不能理也。雖加以刑罰，益以鞭楚，難制於姦人賊子矣。是以示童兒以無詆，則保於忠信；化時俗以純素，則安於天和。故非執道德以化人者，未聞其至理也。"

唐陸希聲《道德經傳序》曰："大道隱，世教衰，天下方大亂。當是時，天必生聖人。聖人憂斯民之不底于治，而扶衰救亂之術作，周之末世其幾矣。於是仲尼闡三代[23]之文以扶其衰，老氏據三皇之質以救其亂，其揆一也。蓋仲尼之術興於文，文以治情；老氏之術本於質，質以復性。性情之極，聖人所不能異；文質之變，萬世所不能一也。《易》曰：'顯諸仁'，以文爲教之謂也。文之爲教，其事彰，故坦然明白。坦然明白，則雅言者詳矣。《易》曰：'藏諸用'，以質爲教之謂也。質之爲教，其理微，故深不可識。深不可識，則妄作者衆矣。

夫惟老氏之術，道以爲體，名以爲用，無爲無不爲，而格于皇極者也。楊朱宗老氏之體，失於不及，以至於貴身賤物。莊周述[24]老氏之用，失於太過，故務欲絕聖棄智。申韓失老氏之名，而弊於苛繳刻急。王何失老氏之道，而流於虛無放誕。此六子者，皆老氏之罪人也。而世因謂老氏之指，其歸不合於仲尼。故訾其名則曰：'搥提仁義，絕滅禮學[25]。'病其道則曰：'獨任清虛，不可以爲治。'於戲！世之迷，其來遠矣。是使老氏受誣於千載，道德不行於當世，良有以也。且老氏本原天地之始，歷陳古今之變，先明道德，次說仁義，下陳禮學之失，刑政之煩，言其馴致而然耳。其秉要執本，在乎情性之極。故其道始於身心，形於家國，終於天下，如此其備也，而惑者尚多云云，豈不謂厚誣哉。

昔伏羲氏畫八卦，象萬物，窮性命之理，順道德之和。老氏亦先天地，本陰陽，推性命之極，原道德之奧，此與伏羲同其原也。文王觀《太易》九六之動，貴剛尚變，而要之以中。老氏亦察《太易》七八之正，致柔守靜，而統之以大，此與文王通其宗也。孔子祖述堯舜，憲章文武，導斯民以仁義之教。老氏亦擬議伏羲，彌綸黃帝，冒天下以道德之化，此與孔子合其權也。此三君子者，聖人之極也。老氏皆變而通之，反而合之，研至變之機，探至精之歸，斯可謂至神者矣。而王弼以爲聖人與道合體，老氏未能體道。故阮籍謂之上賢亞聖之人，蓋同於輔嗣。豈以老氏經世之跡，未足充其所言耶！斯不然也。

於戲，聖人之在世也，有有跡，有無跡。故道之不行也，或危身歷聘，以天下爲其憂；或藏名飛遯，示世故不能累。有跡無跡，殊途同歸，斯實道義之門，非徒相反而已。然則仲尼之所以出，老氏之所以處；老氏之所以默，仲尼之所以語，蓋屈伸隱顯之極也，二子安能識之哉？司馬遷統序衆家，以道德爲首，可謂知本末矣。班固作《古今人表》，乃詘老氏於第三品，雖其名可詘，而道可貶乎哉！於戲，老氏之術，見棄於當代久矣！斯數子者之由也。且仲尼親見老氏，歎其道曰：'猶龍乎！'從之問禮，誠無間然，著在記傳。後世不能探其意，是以異端之説紛然。蓋迷之者不窮其源，故非之者不盡其致。噫，斯傳之不作，則老氏之旨或幾乎息矣！今故極其致，顯其微，使昭昭然與羣聖人意相合。有能體其道，用其名，執古以御今，致理如反掌耳。自昔言老氏術者，獨太史公近之。爲治少得其道，唯漢文耳。其他皮傳[26]詭説，皆不足取。"

【校記】

〔1〕《道藏》本作"老子微旨例略"。

〔2〕"由"前原有"形"字，據《老子微旨例略》删。

〔3〕"包通"，上書作"苞通"。

〔4〕"微"原作"妙"，據上書改。

〔5〕"爲之則窒其性，執之則失其原"，上書作"爲之者敗其性，執之者失其原"。

〔6〕"矯"原作"智",據上書改。

〔7〕以上十二字上書作"然致同塗異,至合趣乖"。

〔8〕"憒錯"原作"憤錯",據上書改。

〔9〕以下上書有:"天地實大,而曰非大之所能;聖功實存,而曰絕聖之所立;仁德實著,而曰棄仁之所存,故使見形而不及道者,莫不忿其言焉。夫欲定物之本者,則雖近而必自遠以證其始;欲明物之所由者,則雖顯而必自幽以叙其本。故取天地之外以明形骸之內,明侯王孤寡之義,而從道一以宣其始。故使察近而不及流統之原者,莫不誕其言以爲虛焉。是以云云者各申其説,人美其亂,或迂其言,或譏其論,若曉而昧,若分而亂,斯之由矣。名也者,定彼者也;稱也者,從謂者也。名生乎彼,稱出乎我。故涉之乎無物而不由,則稱之曰道;求之乎無妙而不出,則謂之曰玄。妙出乎玄,衆由乎道。故生之畜之,不壅不塞,通物之性,道之謂也。生而不有,爲而不恃,長而不宰,有德而無主,玄之德也。玄謂之深者也,道稱之大者也。"

〔10〕"君無見其欲",《韓非子·主道篇》作"君無見其所欲,君見其所欲"。

〔11〕"君無見其意"後,上書有"君見其意"四字。

〔12〕"柝"原作"拆",據《淮南子·原道訓》改。

〔13〕"二皇",《道藏輯要》本作"三皇"。

〔14〕"呴俞",《淮南子·原道篇》作"呴諭",《莊子·駢拇》有"呴俞仁義"。

〔15〕"前"字疑當作"後"。

〔16〕"其"原作"而",據《道藏輯要》唐玄宗《御製道德真經序》改。

〔17〕"吴"原誤作"異",逕改。

〔18〕"際",《道藏》本《宗玄先生玄綱論·道德章第一》作"對"。

〔19〕"生者無極,成者有虧",《宗玄先生玄綱論·道德章第一》作"生者有極,成者必虧"。

〔20〕《全唐文》本《玄綱論》"仙靈"二字互乙。

〔21〕"故"後,《宗玄先生玄綱論·化時俗章第八》有"有"字。

〔22〕"在"原作"所",據上書及《道藏輯要》本改。

〔23〕"三代",陸希聲《道德真經傳序》作"五代"。

〔24〕"述"原作"術",據《道藏輯要》本及陸希聲《道德真經傳序》改。

〔25〕"學",《全唐文》本陸《序》作"樂"。

〔26〕"皮傅",陸希聲《道德真經傳序》作"詖辭"。

雲笈七籤卷之二

混元混洞開闢劫運部

混　　元

　　混元者，記事於混沌之前，元氣之始也。元氣未形，寂寥何有？至精感激，而真一生焉。元氣運行，而天地立焉。造化施張，而萬物用焉。混沌者，厥中惟虛，厥外惟無，浩浩蕩蕩，不可名也。廣大之旨，雖典冊未窮，祕妙之基，而玄經可見。古今之言天者一十八家，爰考否臧，互有得失。則蓋《混天儀》之述，有其言而亡其法矣。

　　至如蒙莊《逍遥》之篇，王仲任《論衡》之説，《山海經》考其理舍，列禦寇書其清濁，漢武王[1]黃道，張衡銅儀，《周髀》之書，《宣夜》之學，《昕天》《安天》之旨，晁崇姚信之流，義趣不同，師資各異。所以虞喜、虞聳、劉焯、葛洪，宋有承天，梁有祖暅，唐朝李淳風，皆有述作。廬江《句股》之術，釋氏《俱舍》之譚，或託寓詞，或申浮説。若夫定兩規之分次，明二道之運行，經緯不差，上下無爽者，惟《渾天法》耳。葛稚川言："渾天之狀，如鷄子卵中之黃。地乘天而中居，天乘氣而外運，三百六十五度四分度之一，半出[2]地上，半繞地下。二十八舍半隱半見。"此乃符上清之奧旨，契玄象之明驗矣。

空　洞

　　道君曰："元氣於眇莽之內，幽冥之外，生乎空洞。空洞之內，生乎太無。太無變而三氣明焉。三氣混沌，生乎太虛而立洞，因洞而立無，因無而生有，因有而立空。空無之化，虛生自然。上氣曰始，中氣曰元，下氣曰玄。玄氣所生出乎空，元氣所生出乎洞，始氣所生出乎無。故一生二，二生三，三者化生，以至九，玄從九反一，乃入道真。氣清成天，滓凝成地，中氣為和，以成於人。三氣分判，萬化稟生，日月列照，五宿煥明。上三天生於三氣之清，處於無上之上，極乎無極也。"

混　沌

　　《太始經》云："昔二儀未分之時，號曰洪源，溟涬濛鴻如雞子狀，名曰混沌。玄黃無光無象，無音無聲，無宗無祖，幽幽冥冥。其中有精，其精甚真。彌綸無外，湛湛空虛，於幽原之中，而生一氣焉。化生之後，九十九萬億九十九萬歲，乃化生上[3]三氣，三氣各相去九十九萬億九十九萬歲，三合成德[4]，共生無上也。自無上生後，九十九萬億九十九萬歲，乃生中三氣也[5]。中三氣各相去九十九萬億九十九萬歲，三合成德，共成玄老也。自玄老生後，九十九萬億九十九萬歲，乃化生下三氣也。下三氣各相去九十九萬億九十九萬歲，三合成德，共成太上也。"

　　《靈寶經》曰："一氣分為玄、元、始三氣而理三寶。三寶皆三氣之尊神，號生三氣，三號合生九氣。九氣出乎太空之先，隱乎空洞之中，無光無象，無形無名，無色無緒，無音無聲。導運御世，開闢玄通，三色混沌，乍存乍亡。運推數極，三氣開光。氣清高澄，積陽成天；氣結凝滓，積滯成地。九氣列正，日月星宿，陰陽五行，人民品物，並受生成[6]。天地萬化，自非三氣[7]所育，九氣所導，莫能生也。三氣為天地之尊，九氣爲萬物之根，故三合成德，天地之極也。"

混　洞

《太真科》云："混洞之前，道氣未顯，於恍莽之中，有無形象天尊，謂無象可察也。後經一劫，乃有無名天尊，謂有質可覩，不可名也。又經一劫，乃生元始天尊，謂有名有質，爲萬物之初始也。極道之宗元，挺生乎自然，壽無億之數，不始不終，永存綿綿。消則爲氣，息則爲人，不無不有，非色非空。居上境爲萬天之元，居中境爲萬化之根，居下境爲萬帝之尊。無名可宗，強名曰道。"

劫　運

《上清三天正法經》云："天圓十二綱，地方十二紀。天綱運關，三百六十輪爲一周；地紀推機，三百三十輪爲一度。天運三千六百周爲陽勃，地轉三千三百度爲陰蝕。天氣極於太陰，地氣窮於太陽。故陽激則勃，陰否則蝕，陰陽勃蝕，天地氣反。天地氣反，乃謂之小劫。小劫交，則萬帝易位，九氣改度，日月縮運，陸地涌[8]於九泉，水母決於五河，大鳥屯於龍門，五帝受會於玄都。當此之時，凶穢滅種，善民存焉。

天運九千九百周爲陽蝕，地轉九千三百度爲陰勃。陽蝕則氣窮於太陰，陰勃則氣極於太陽，故陰否則蝕，陽激則勃[9]，陰陽蝕勃，則天地改易。天地改易，謂之大劫。大劫交，則天地翻覆，海湧河決[10]，人淪山没，金玉化消，六合冥一。白尸飄於無涯，孤爽悲於洪波。大鳥掃穢於靈嶽，水母受事於九河，五龍吐氣於北元，天馬玄彎以徒魔，赤鎖伏精於辰門，歲星滅王於金羅，日月昏翳於三豪之舘，五氣停暈於九嶺之巔，龍王鼓華於東井之上，河侯受對於九海之下，聖君顯駕於明霞之舘，五帝科簡於善惡之籙[11]。當此之時，萬惡絕種，鬼魔滅跡，八荒四極，萬不遺一。至於天地之會，自非高上三天所不能禳，自無青籙白簡所不能脫也。"

又云："天關在天西北之角，與斗星相御。北斗九星則天關之綱柄，玉晨之華蓋，梵行九天十二辰之氣。斗綱運關，則九天並轉。天有四候之門，九天合三十六候。一晝一夜，則斗綱運關經一候之門，晝夜三十六日，則經三十六候都竟，則是九天一輪。三百六十輪爲九天一周。九天一周，則六天之氣皆還上三天。三天改運促會，以催其度。三千六百周則爲小劫。小劫交，則九氣改正，萬帝易位，民亡鬼滅，善好〔12〕清治，六合寧一。九千九百周爲大劫終。大劫終，則九天數盡，六天運窮，運窮則氣激於三五，羣妖凶橫，因時而行，放毒滅民。此皆運窮數極，乘機而鼓，以至於此也。地機在東南之分，九泉之下，則九河之口，吐翕靈機。上通天源之淘注，傍吞九洞之淵澳，以十二時紀，推四會之水東廻。一晝一夜，則氣盈並湊九河之機。晝夜三十三日，機轉西北，廻東北，張西南，翕東南。張則溢，翕則虧，周於四會，天源下流湧〔13〕波，是爲一轉。三百三十轉爲一度。一度則水母促會於龍王，河侯受封於三天。三千三百度謂之陰否，陰否則蝕，陰蝕則水涌河決，山淪地沒。九千三百度爲大劫之終，陰運之極。當此之時，九泉涌於洪波，水母鼓於龍門，山海冥一，六合坦然。此陰運之充、地氣之激也。"

又云："赤精開皇元年七月七日丙午中時，登琳琅之都，月之上舘，受符於元始天王，開金陽玉匱，玄和玉女口命，出《皇民譜錄》〔14〕。自開皇已前，三象明曜以來，至于開皇，經累億之劫，天地成敗，非可稱載。九天丈人於開皇時，筭定元元〔15〕，校推劫運，白簡青籙得道人名，記《皇民譜錄》。數極唐堯，是爲小劫一交。其中損益，有二十四萬人應爲得者。自承唐之後，數四十六丁亥，前後中間甲申之年，乃小劫之會，人名應定。在此之際，陽九百六，二氣離合，吉凶交會，得過者特爲免哉。然甲申之後，其中壬辰之初，數有九周，至庚子之年，吉凶候見，其道審明。當有赤星見於東方，白彗干於月門，祅子續黨於蟲口[16]，亂羣填尸於越川。人啖其種，萬里絕煙，強臣稱霸，弱主蒙塵。其後當有五靈昺瑞，義合本根，龍精之後，續祚[17]之君，平滅四虜，應符者隆，龍虎之世，三六乃清，民無橫命，祚無危患。自承唐之後四十六丁亥，是三劫之周。又從數五十五丁亥，至壬辰、癸巳是也。則是大劫之周，天翻地覆，金玉化消，人淪山没，六合冥一。天地之改運，非真所如何，惟高上三天白簡青籙，乃得晏鴻翮而騰翔，飛景霄而眄目耳。此玄和玉女口命，開金陽[18]玉匱，論天地之成敗、吉凶之兆也。"

《上清八景飛經》云："大劫之周，三道虧盈，二氣合離，理物有期。承唐之世，陽九放災，剪除兇勃，搜採上真[19]"也。

《老君戒文》云："西向流沙中無量國有巨石，高二百丈，周旋一千五百里。巨石北則有芥子城，壁方四十里，四面石壇高二十丈。飛仙一歲送一芥子著此城中，以衣拂巨石令消與平地無別，芥子城令滿中芥子，則時運周劫，世轉一階也。"

《靈寶齋戒威儀經訣》下云："石如崑山，芥子滿四十里中，天人羅衣，百年一度，拂盡此石，取芥子一枚，譬如一劫之終。若是之久，誰當悟斯者也。"

又《靈寶天地運度經》云："靈寶自然運度，有大陽九、大百六也，小陽九、小百六也。三千三百年爲小陽九、小百六也，九千九百年爲大陽九、大百六也。夫天厄謂之陽九也，地虧謂之百六也。至金天氏之後，甲申之歲，是其天地運度否泰所終，陽九百六[20]會。至時，道德方明，兇醜頓除[21]，聖君受任於壬辰之年也。"

太上老君開天經

蓋聞未有天地之間，太清之外，不可稱計。虛無之裏，寂寞無表，無天無地，無陰無陽，無日無月，無晶無光，無東無西，無青無黃，無南無北；無柔無剛，無覆無載，無壞無藏，無賢無聖，無忠無良，無去無來，無生無亡，無前無後，無圓無方。百億變化，浩浩蕩蕩，無形無象，自然空玄，窮之難極，無量無邊，無高無下，無等無偏，無左無右，高下自然。唯吾老君，猶處空玄，寂寥之外，玄虛之中，視之不見，聽之不聞。若言有，不見其形；若言無，萬物從之而生。八表之外，漸漸始分，下成微妙，以爲世界，而有洪元。洪元之時，亦未有天地，虛空未分，清濁未判，玄虛寂寥之裏，洪元一治，至於萬劫。洪元既判，而有混元。混元一治萬劫，至于百成。百成亦八十一萬年，而有太初。

太初之時，老君從虛空而下，爲太初之師，口吐《開天經》一部，四十八萬卷，一卷有四十八萬字，一字辟方一百里，以教太初。太初始分別天地清濁，剖判溟涬鴻濛，置立形象，安豎南北，制正東西，開闔顯明，光格四維上下，內外表裏，長短麤細，雌雄白黑，大小尊卑，常如夜行。

太初得此《老君開天之經》，清濁已分，清氣上昇爲天，濁氣下沉爲地，三綱既分，從此始有天地，猶未有日月。天欲化物，無方可變，便乃置生日月在其中，下照闇冥。太初時，雖有日月，未有人民。漸始初生，上取天精，下取地精，中間和合，以成一神，名曰人也。天地既空，三分始有，生生之類，無形之象，各受一氣而生。或有朴氣而生者，山石是也；動氣而生者，飛走是也；精氣而生者，人是也。萬物之中，人最爲貴。太初一治，至于萬劫。人民之初，故曰太初。是時唯有天地、日月、人民，都未有識名。太初既沒，而有太始。太始之時，老君下爲師，口吐《太始經》一部，教其太始，置立天下，九十一劫。九十一劫者，至于百成。百成者，亦八十一萬年。太始者，萬物之始也，故曰太始。流轉成練素象，於中而見氣實，自變得成陰陽。太始既沒，而有太素。太素之時，老君下降爲師，教示太素，以法天下，八十一劫，至于百成，亦八十一萬年。太素者，萬物之素，故曰太素。太初已下，太素已來，天生甘露，地生醴泉，人民食之，乃得長生。死不知葬埋，棄屍於遠野，名曰上古。

太素既沒，而有混沌。混沌之時，始有山川。老君下爲師，教示混沌，以治天下，七十二劫。混沌流行，成其山川，五嶽四瀆，高下尊卑，乃其始起也。混沌以來，始有識名。混沌號生二子，大者胡臣，小者胡靈。胡臣死爲山嶽神，胡靈死爲水神，因即名爲五嶽四瀆，山川高下。混沌既沒，而有九宫。九宫之時，老君下爲師，口吐《乾坤經》一部。結其九宫，識名天地，清氣爲天，濁氣爲地。從九宫以來，天是陽，地是陰。陽者剛強，遠視難覩，在天成象，日月星辰是也。在地成形，五嶽四瀆是也。在人成生，心肝五藏是也。分別名之有異，總而名之是一也。取三剛名也[22]。九宫没後，而有元皇。元皇之時，老君下爲師，口吐《元皇經》一部，教元皇治於天下。始有皇化，通流後代，以漸成之。元皇之後，次有太上皇。太上皇之時，老君下爲師，教示太上皇以治天下。太上皇之後，而有地皇。地皇之後，而有人皇。人皇之後，而有尊盧。尊盧之後，而有句婁。句婁之後，而有赫胥。赫胥之後，而有太連。太連已前，混沌以來，名曰中古。爾時天生五炁，地生五味，人民食之，乃得延年。

　　太連之後，而有伏羲。生於一源之始，繼天而生，調習陰陽，以定八卦。自伏羲已前，五經不載，書文不達，唯有老君，從天虛空無億河沙，在太清之外，不可稱計。大道既分天地以來，開置皇化，轉佐天帝，通流後世，以自記之。伏羲之時，老君下爲師，號曰無化子，一名鬱華子。教示伏羲，推舊法，演陰陽，正八方，定八卦，作《元陽經》，以教伏羲。伏羲已前，未有姓字，直有其名。爾時人民朴直，未有五穀。伏羲方教以張羅網，捕禽獸而食之。皆衣毛茹血，腥臊臭穢。男女無別，不相嫉妒。冬則穴處，夏則巢居。伏羲沒後，而有女媧。女媧沒後，而有神農。神農之時，老君下爲師，號曰大成子，作《太微經》，教神農嘗百草，得五穀，與人民播植，遂食之，以代禽獸之命也。神農沒後，而有燧人。燧人時，老君下爲師，教示燧人，鑽木出火，續日之光，變生爲熟，以除腥臊。燧人沒後，而有祝融。祝融之時，老君下爲師，號廣壽子，教修三綱，齊七政。三皇修道，人皆不病，作《按摩通精經》。次有高原、高陽、高辛三世。次有倉頡、仲説教書學文。三皇之後，而有軒轅黃帝。黃帝之時，老君下爲師，號曰力牧子[23]，消息陰陽，作《道戒經》《道康經》。黃帝以來，始有君臣父子，尊卑以別，貴賤有殊。黃帝之後，次有少昊。少昊之時，老君下爲師，號曰隨應子，作《玄藏經》。爾時昇平，嘉禾生，醴泉出，麒麟至，鳳凰來，景星照。少昊之後，次有帝顓頊。顓頊之時，老君下爲師，號曰元陽子[24]，作《微言經》。顓頊没後，而帝嚳。帝嚳之後，而有帝堯。帝堯之時，老君下爲師，號曰務成子，作《政事經》。帝堯之後，而有帝舜。帝舜之時，老君下爲師，號曰尹壽子，作《太清經》。帝舜之後，而有夏禹。夏禹之時，老君下爲師，號曰直甯子[25]，作《德誡經》。夏禹之後，而有殷湯。殷湯之後，而至周初。周初時，老君下爲師，號曰郭叔子[26]，作《赤精經》。

老君曰：祕化之初，吾體虛無，經歷無窮，千變萬化。先下爲師三皇已前，爲神化之本。吾後化三皇五帝爲師，并及三王，皆勸令修善。天一、地二、人三、時四、音五、律六、星七、風八、州九，合有四十五。子午卯酉中央，各有九筭。戴九履一，左三右七，二四爲肩，六八爲足，中有五龜，體成八卦。水流歸末，分八至丑；葉落歸本，分六至亥；金剛本强，分二至未，土王四季，分四至巳。坎怨獨走，離明數四，艮八高摻，三從坤位，乾當城坤，與一相逐，巽吁天門，從乾貸一，震雷動澤，從兑所減。辰午酉亥，自刑之卦，各内其八卦以成，餘有九筭成易字。

老君即演《行期術》曰："行期之法自有術，先舉坎，就坤二，西南王母東青龍，習氣發裔地户間，巽上四期入中宮，筭出中宮昇於乾，西之大澤華山巔，東北之上寅艮間，南之炎火離霍山，幡然變化北入玄。"

【校記】

〔1〕"王"，蔣力生等校注本引《四庫》本作"帝"。

〔2〕"出"，《晉書·天文志上》《隋書·天文志》引葛洪語作"覆"。

〔3〕"上"字原無，據本書卷一〇二《混元皇帝聖紀》增。

〔4〕"三合成德"原無，據上書增。

〔5〕"中三氣也"前原有"中二氣也"，後原有"中二氣"，據上書刪。

〔6〕"生成"，原作"成生"，據《洞玄靈寶自然九天生神章經》乙。

〔7〕"三氣"，上書作"三元"。

〔8〕"涌"原作"通"，據《三洞珠囊》卷九《劫數品》所引《上清三天正法經》及《無上祕要》卷六《劫數品》所引《洞真三天正法經》改。

〔9〕以上四句《無上祕要》卷六引《三天正法經》作"天蝕則氣窮於太陰，地勃則氣謀於太陰，故陽否則蝕，陰激則勃"。

〔10〕"海湧河決"，原作"河海湧決"，據上書改。

〔11〕"之籙"二字原缺，據《洞玄靈寶自然九天生神章經解義》卷二《注》引《正法經》增。

〔12〕"好"，《無上祕要》卷六《劫運品》作"存"。

〔13〕"湧"原作"通"，上書引《洞真三天正法經》此句作"天源下流，九泉涌波"，《三洞珠囊》卷九《劫運品》引《上清三天正法經》"通"作"湧"。據二書改。

〔14〕"譜錄"原作"錄譜"，據下文及《道藏》本《洞真太上上皇民籍定真玉錄》改。

〔15〕"元元"，《九天生神章經解義》卷二《注》引《雲笈七籤·劫運篇》作"天元"。

〔16〕本書卷四《靈寶經目序》"祆"作"妖"，"蟲"作"禹"。

〔17〕"祚"原作"族"，據本書卷四《靈寶經目序》改。

〔18〕"開"字原缺，據《三洞珠囊》卷九《劫數品》補。又"金陽"二字，《九天生神章經》作"元陽"。

〔19〕"上真"，《道藏》本《上清金真玉光八景飛經》作"上賢"。

〔20〕"百六"二字，《道藏》本《太上靈寶天地運度自然妙經》及《三洞珠囊》卷九《劫數品》均無。

〔21〕"除"原作"肆"，據《道藏》本《太上靈寶天地運度自然妙經》改。

〔22〕此句《道藏》本《太上老君開天經》無。

〔23〕"力牧子"，上書作"廣成子"。

〔24〕"元陽子"，上書作"赤精子"。

〔25〕"直甯子"，上書作"真行子"。

〔26〕"郭叔子"，上書作"燮邑子"。

雲笈七籤卷之三

道教本始部

道教序

上古無教，教自三皇五帝以來有矣。教者，告也，有言有理有義，有授有傳。言則宣，教則告。因言而悟教明理，理明則忘言。既有能教所教，必在能師所師。是有自然之教，神明之教，此二教無師資也。神明之教，義說則有，據理則無。正真之教，三皇五帝。返俗之教，訓世之教，宜分權實。且斯五教，啓乎一真。

自然教者，元氣之前，淳朴未散，杳冥寂爾，顥曠空洞，無師説法，無資受傳，無終無始，無義無言。元氣得之而變化，神明得之而造作，天地得之而覆載，日月得之而照臨，上古之君得之而無爲。無爲，教之化也。

神明之教者，朴散爲神明。夫器莫大於天地，權莫大於神明。混元氣而周運，叶至道而裁成，整圓清而立天，制方濁而爲地，溥靈通而化世界，真[1]和氣而成人倫，陰陽莫測其端倪，神鬼不知其情狀。

正真之教者，無上虛皇爲師，元始天尊傳授。泊乎玄粹祕於九天，正化敷於代聖。天上則天尊演化於三清衆天，大弘真乘，開導仙階；人間則伏羲受《圖》，軒轅受《符》，高辛受《天經》，夏禹受《洛書》，四聖稟其神靈，五老現於河渚，故有《三墳》《五典》，常道之教也。

返俗之教者，玄元大聖皇帝以理國理家。靈文真訣，大布人間；金簡玉章，廣弘天上。欲令天上天下，還淳返朴，契皇風也。

訓世之教者，夫子傷道德衰喪，闡仁義之道，化乎時俗，將禮智而救亂，則淳厚之風遠矣。

噫！立教者，聖人救世愍物之心也。悟教則同聖人心，同聖人心則權實雙忘，言詮俱泯[2]，方契不言之理，意象固無存焉。

道教所起

尋道家經誥，起自三元；從本降迹，成於五德；以三就五，乃成八會。其八會之字，妙氣所成，八角垂芒，凝空雲篆，太真按筆，玉妃拂筵，黃金為書，白玉為簡，祕於諸天之上，藏於七寶玄臺，有道即見，無道即隱。蓋是自然天書，非關倉頡所作。今傳《靈寶經》者，則是天真皇人於峨嵋山授於軒轅黃帝。又天真皇人授帝嚳於牧德之臺，夏禹感降於鍾山，閶闔竊闚於句曲，其後有葛孝先之類，鄭思遠之徒，師資相承，蟬聯不絕。

其老君《道德經》，乃是大乘部攝，正當三輔之經，未入三洞之教。今人學多浮淺，唯誦《道德》，不識真經，即謂道教起自莊周，始乎柱下。眷言弱喪，深所哀哉！蠡酌管闚，一至於此。何者？

尋老君生於殷末，長自[3]周初，託神玄妙玉女，處胎八十一載，逍遙李樹之下，剖左腋而生。生即皓然，號曰老子。指樹為氏，因姓李焉。其相也，美眉黃色，日角月懸[4]，蹈五把十，耳有三門，鼻有雙柱。周德下衰，世道[5]交喪。平王三十三年十二月二十五日去周[6]西度，青牛薄軬，紫氣浮關，遂付《道德真經》於[7]關令尹喜。由此明道家經誥，非唯《五千》。

元始天尊實殊老君，豈唯年代差異，亦有位號不同。若為名三界？一者欲界有六天，即從《度人經》太皇黃曾天數滿六天是欲界，人壽命萬歲。人在世，生不犯身業殺盜邪淫之罪，來生即登此天之中，無六欲染著，故生此天。二者色界，有十八天，即以次取之，其天人壽億萬歲。若一生之中，不犯心業[8]貪嗔之罪，得生此天。三者無色界天，其中人壽命億劫歲。若人一生之中，不惡口兩舌，妄言綺語，當來過往，得居此天。其中善男子、善女人，功行滿足，堪上四天者，王母迎之，登上四天。其三界。太虛無上常融天、太釋玉隆騰勝天、龍變梵度天、太極平育賈奕天，此四天名種[9]民天，即三界之上，三災所不及。四種民天上有三清境[10]，三清之上即是大羅天，元始天尊居其中，施化敷[11]教。

道教三洞宗元

原夫道家由肇，起自無先。垂跡應感，生乎妙一。從乎妙一，分爲三元。又從三元，變成三氣。又從三氣，變生三才。三才既滋[12]，萬物斯備。其三元者，第一混洞太無元，第二赤混太無元，第三冥寂玄通元。從混洞太無元化生天寶君，從赤混太無元化生靈寶君，從冥寂玄通元化生神寶君。

大洞之跡別出爲化主，治在三清境。其三清境者，玉清、上清、太清是也，亦名三天。其三天者，清微天、禹餘天、大赤天是也。天寶君治在玉清境，即清微天也，其氣始青。靈寶君治在上清境，即禹餘天也，其氣元黃[13]。神寶君治在太清境，即大赤天也，其氣玄白[14]。故《九天生神章經》云："此三號雖殊，本同一也。"此三君各爲教主，即是三洞之尊神也。其三洞者，謂《洞真》《洞玄》《洞神》是也。

天寶君說十二部經，爲洞真教主；靈寶君說十二部經，爲洞玄教主；神寶君說十二部經，爲洞神教主。故三洞合成三十六部尊經。第一《洞真》，爲大乘；第二《洞玄》，爲中乘；第三《洞神》，爲小乘。從三洞總成七部者，《洞真》《洞玄》《洞神》，《太玄》《太平》《太清》爲輔經，《太玄》輔《洞真》，《太平》輔《洞玄》，《太清》輔《洞神》，三輔合成三十六部，《正一盟威》通貫，總成七部。故曰三洞尊文，七部玄教。又從七部[15]汎開三十六部，其三十六部者，第一本文，第二神符，第三玉訣，第四靈圖，第五譜録，第六戒律，第七威儀，第八方法，第九衆術，第十傳記，第十一讚誦，第十二表奏。右三洞各十二部，合成三十六部。

其三氣者，玄、元、始三氣也。始氣青在清微天，元氣黃[16]在禹餘天，玄氣白[17]在大赤天，故云玄、元、始三氣也。又從玄、元、始變生陰、陽、和，又從陰、陽、和變生天、地、人。故《道德經》云："道生一，一生二，二生三，三生萬物。"

自玄都玉京已下，合有三十六天。二十八天是三界內，八天是三界外。其三界內者，欲界、色界、無色界。從下六天爲欲界，次十八天爲色界，次四天爲無色界，三界合二十八天。其三界勝境，身相端嚴。從欲界天已上，人壽命長遠。皆以黃金薦地，白玉爲階，珠玉珍寶，自然而有，雖復歡樂，並不免生死。其次三界上四天名爲種民天，亦名聖弟子天，亦名四梵天，此天人斷生死，三災之所不能及。其次即至三境，境別有左右中三宮，宮別有仙王、仙公、仙卿、仙伯、仙大夫，別有一太上老君天師。太清境有九仙，上清境有九真，玉清境有九聖，三九二十七位也。其九仙者：第一上仙，二高仙，三大仙，四玄仙，五天仙，六真仙，七神仙，八靈仙，九至仙。真聖二境，其號次第，亦以上、高、太、玄、天、真、神、靈、至而爲次第[18]。最上一天名曰大羅，在玄都玉京之上，紫微金闕，七寶騫樹，麒麟師子，化生其中。三世天尊，治在其內。三界二十八天。其次四天，其次三境，最上大羅，合三十六天，總是三尊所統。故經云："三界之上，眇眇大羅。上無色根，雲層峩峩。唯有元始，浩劫之家。"

三代天尊者，過去元始天尊，見在太上玉皇天尊，未來金闕玉晨天尊。然太上即是元始天尊弟子，從上皇半劫以來，元始天尊禪位。三代天尊亦有十號：第一曰自然，二曰無極，三曰大道，四曰至真，五曰太上，六曰道君，七曰高皇，八曰天尊，九曰玉帝，十曰陛下。

左乙混洞東蒙録

東海青華小童曰：余忝植昔因，曠劫貽果，曩辰恭承太上嘉命，試守青華之宮。紫雲蓋上，日月映傍，衆仙玉女，妙行真人，侍衛左右，安樂自然，命登不死，位毗上君，統攝學生之人，奉迎太平後聖。宮内東殿金房玉格，有寶經三百卷，玉訣九千篇，無數文誥，彌劫不窮，妙理要方，備在此内。此内之要，《左乙》爲端，籤職所賞，常用欣歡，願濟一切，同歸道源。羣生垢滯，諒難拯度，太上大慈，勅余嚴密，隨運接引，導誘勿休。念兹在心，不敢暫替。既正主學仙簿錄，領受爲真之人，誓志宣通，開獎成美。天寶禁重，不得輕傳，傳之必是其人。先啓告太上，湏有瑞應，乃得施行。三百寶軸，《左乙》在前，思以廣救，未遇其人，學者雖多，會真者少，出之懼招泄寶之災，閉之慮延絶道之咎，積感淹時，齋思累歲。上相青童君共尋寶經，題目《左乙東蒙之錄》，又名《三天不死之章》，又名《智慧長生妙訣》，又名《上聖接生寶篇》，又名《源洞續善玉曆》，又名《雌一混洞真文》。中三品總名簿錄，檢其上品，名《不死之錄》，又名《紫字青文》，又名《青錄紫章》，又名《紫書錄文》，又名《玉簡青符》。次有中品名《長生之籙》，又名《黄籙白簡》，又名《玉牒金篇》，又名《玉書金字》，又名《金文玉符》。次有下品名《死籍之錄》，一名《丹章玄牒》，一名《黑簡朱文》，一名《赤目石記》，一名《勒退幽符》。知下品錄名得進入中品，知中品錄名即昇上品。知識名題，尚能進品，況乃解了修行者乎？

靈寶略紀

述曰：經法元起量世，所謂與虛空齊量，信不可計，劫劫出化，非所思議。過去有劫，名曰龍漢，爰生聖人，號曰梵氣天尊。出世以《靈寶》教化，度人無量，其法光顯大千之界。龍漢一運，經九萬九千九百九十九劫，氣運終極，天淪地崩，四海冥合，乾坤破壞，無復光明。經一億劫，天地乃開，劫名赤明，有大聖出世，號曰元始天尊。以《靈寶》教化，其法興顯，具如上説。赤明經二劫，天地又壞，無復光明。具更五劫，天地乃開。太上大道君以開皇元年，託胎於西方緑那玉國，寄孕於洪氏之胞，凝神瓊胎之府，三千七百年降誕於其國鬱察山浮羅之嶽丹玄之阿側，名曰器度[19]，字上開元。及其長，乃啓悟道真，期心高道，坐於枯桑之下，精思百日。而元始天尊下降，授道君《靈寶》大乘之法十部妙經。元始時仍住其國長樂舍中，普爲時俗人天，開暢大法。是時得道之人，塵沙非譬。元始乃與道君遊履十方，宣布法緣既畢，然後以法委付道君，則賜道君太上之號。

　　道君即爲廣宣經籙，傳乎萬世。爾時十方大法布滿，唯宛利城境，法音未周，而此土衆生，與法有緣。在昔帝嚳時，太上遣三天真皇齎《靈寶五篇真文》以授帝嚳，奉受供養，彌其年稔，法籙傳乎世。帝嚳將仙，乃封之於鍾山。鍾山在西北弱水之外，山高萬五千里。至夏禹登位，乃登名山巡狩，度弱水，登鍾山，遂得帝嚳所封《靈寶真文》。於是奉持出世，依法修行。禹唯自修而已，不傳於世。故禹得大神仙力，能鑿龍門，通四瀆。功畢，川途治導，天下乂安。乃託尸見死，其實非死也。故智者美其迹，真人知其靈。禹未仙之前，乃復封之，鎮乎北嶽及包山洞庭之室。

　　距吳王闔閭時，王出遊包山，見一人在中。問曰：「汝是何人？」答曰：「我姓山名隱居。」闔閭曰：「子在山必有異見者，試爲吾取之。」隱居諾，乃入洞庭，訪遊乎地天，一千五百里乃至焉。見一石城，不敢輒入，乃於外齋戒三日然後入。見其石城門開，於室内玉几上有素書一卷，文字非常，即便拜而奉出，呈闔閭。闔閭即召羣臣共觀之，但其文篆書不可識。乃令人齎之問孔子。使者忽然譎誑曰：「吳王閑居殿堂，忽有赤烏[20]銜書，來落殿前。王不解其意，故令請問。」孔子愀然不答，良久乃言曰：「丘聞童謠云：『吳王出遊觀震湖，龍威丈人山隱居，北上包山入靈墟，乃入洞庭竊禹書。天帝大文不可舒，此文長傳百六初，若强取出喪國廬。』[21]若是此書者，丘能知之。赤烏所啣，則丘未聞。"使者乃自首謝曰："實如所言。"於是孔子曰："此是《靈寶五符真文》。昔夏禹得之於鍾山，然後封之於洞庭之室。"使者反白，闔閭乃尊事之。然其佷性慢易，不能遵奉道科，而《真文》乃飛上天，不知所在。後其子夫差嗣位，乃登勞山復得之，奉崇供養。自爾相承，世世録傳。

至三國時，吳主孫權赤烏之年，有琅琊葛玄，字孝先。孝先乃葛尚書之子，尚書名孝儒，年八十乃誕玄。玄多靈應，年十三，好慕道德，純粹忠信。舉孝廉不就，棄榮辭禄，志尚山水。入天台山學道，精思遐徹，未周一年，感通太上，遣三聖真人下降，以《靈寶經》授之。其第一真人自稱太上玄一第一真人鬱羅翹，其第二真人自稱太上玄一第二真人光妙音，其第三真人自稱太上玄一第三真人真定光。三真未降之前，太上又命太極真人徐來勒爲孝先作三洞法師。孝先凡所受經二十三卷，并《語禀》《請問》十卷，合三十三卷。孝先傳鄭思遠，又傳兄太子少傅海安君字孝爰，孝爰付子護軍悌，悌即抱朴子之父。抱朴從鄭君盟，鄭君授。抱朴於羅浮山去世，以付兄子海安君。至從孫巢甫，以隆安之末，傳道士任延慶、徐靈期等，世世録傳，支流分散，孳孕非一。此大運之通應，根而作者，因緣冥會，乃神明之意。有心君子，可以取焉。

三寶雜經出化序

夫衆生[22]元起，資乎本真。本真清凝，嶷然淵静，湛體常住，無去來相，自古乃今，其名不去。無形無名，爲萬物之宗矣，《三元經》謂之衆生真父母者也。我之所生，乃是因緣和會，寄胎父母耳。衆生靈照，本資真父母而生。但以本性既微，未能照見，爲塵勞所惑，遂便有身。有身之患，萬累生焉。是以轉輪五道，還源靡遂。因以本性相資，靈照本同，皆有智性，卒莫反真。聖人興慈父之悲，愛同赤子，隨宜拯濟，使之離苦，得無爲之樂。是以三洞及諸法門，隨其所好而開，令其解脱。解脱所由，蓋緣能悟。悟則受行，能棄俗法，安神無爲，得不死術。若有智者，能爲諸人解暢經旨，使長迷反曉者，其福可量乎？余未染道服，披尋經教，求之意緒，度脱彷彿。輒述三寶出化所由，并訓解經卷數篇，辯諸疑惑，以擬有道君子。述作而已，不敢遠其中道。植訓乖謬，覽者詳焉。

天尊老君名號歷劫經略

老君至開冥賢劫之時，託生榑桑太常玉帝天宫，以法授榑桑太帝，號曰無極太上大道君，亦號曰最上至真正一真人，亦號曰無上虚皇元始天尊，在元陽之上，則無極上上清微天中高上虚皇道君也。於是放身清涼，神光明朗，照大幽之中。爾時盤古真人因立功德，見召於天中。盤古乃稽首元始虚皇道君，請受《靈寶内經》三百七十五卷。時高上虚皇太上道君則授以《三皇内經》三十六卷。而盤古真人乃法則斯經，運行功用，成天立地，化造萬物。下遊天地，發圓珠之應，萬六千日月明，三辰天元而起，遂有五億五千五百五十億萬重天地焉。十方俱行道德之化後，天皇氏始興焉。時老君降三玄空天宫，以天皇内經十四篇授與天皇，以治天下三十六萬歲，乃白〔23〕日昇仙，上三玄空天宫中。天皇氏後，而地皇氏興焉。太極老君又授《地皇内經》十四篇。地皇氏得此經，以治天下三十六萬歲，乃白日昇天，上素虚玉皇天宫中，萬帝朝尊。地皇仙後，人皇氏興焉。太極老君又授《人皇内經》十四篇。人皇得此經，以治天下三十六萬歲，於是白日昇仙，上太素虚玉皇天宫，受自然之壽。由是以後，九億九千九百九十九萬歲，方至于五帝興焉。五帝各理三萬六千歲。而五帝氏後，逮於中三皇〔24〕天皇君出世，而啓太上老君太極真人下降崑崙之山，又授以《天皇内經》十四篇。而天皇君得此經，以道治世三萬六千歲，白日登仙，上昇太清天中。天皇君仙後，而地皇君興焉。地皇君出世，太上老君太極真人又下降流綱之山，授地皇君《地皇内經》十四篇。而地皇君得此經，以道治世三萬六千歲，白日登仙，上昇太極虚皇天中。而地皇君仙後，而人皇君興焉。人皇君時，太極真人太上老君下降於南霍之山，又授以《人皇[25]內經》十四篇。而人皇君得此經，以道治世三萬六千歲，白日登仙于太極南朱上天宮。自中三皇氏後，老君經九萬九千九百九十萬歲，又以法授人皇君子孫，俾治世修道，元始天尊真人皆降焉。後五龍氏興焉，天真皇人太上老君降下開明之國，以《靈寶真文》《三皇內經》各十四篇授五龍氏。五龍氏得此經，以道治世萬二千歲，白日登仙。爾時甘露降焉，蒼生則於中化生。是後運動陰陽，作爲五行，四微世欲生死之業，於是而起。人乃任性混朴，茹毛飲血，男女無別，夏則巢居，冬則穴處。經于三十六萬歲後，神人氏興焉。

神人氏出生，其狀神異若盤古真人，而亦號盤古，即是無劫蒼生萬物之所承也。以已形狀類象，分別天地，日月、星辰、陰陽、四時、五行、九宮、八卦、六甲、山川、河海，不能決定。故以天中元景元年七月一日，上登太極，天王上啓元始太上天尊，更授《神寶三皇內經》并《靈寶五符經》。老君下降授，神人氏得斯經，下世則按經圖分畫天地，名前劫高上真人。更新開乎造化時事，故昧前皇聖人功用，所以於此而爲更始。但世人相聚，只知有此盤古，豈明今天前始之初，復有盤古者哉？所以自斯盤古以道治世萬九千九百九十九載，白日昇仙，上崑崙，登太清天中，授號曰元始天王，則王母學道，降人鳥之山。而盤古真人氏仙後，伏羲氏興。

伏羲氏興，而太極天真大神以清濁已分元年上啓太上老君，以《天皇內經》十四篇并《靈寶圖》《道德五千文》授伏羲。伏羲按經文以道化天下，故致別白衆生殊類，則以人爲貴，方列其男女、夫妻、父子、兄弟、氏族，則《靈寶》《五千文經》之功也。伏羲以道治世六千歲，白日昇天中，號曰天真景星真人。伏羲氏後，而燧人氏興焉。燧人氏興，故玉虛真人以清濁已分元年上啓太上老君，下降丹霍之丘，以《地皇內經》十四篇并《靈寶》《五千文道德經》授燧人氏。燧人氏得斯經，造火變生爲熟，乃《靈寶》之功也。燧人氏以《道經》治世六千歲，於丹霍之山白日昇仙，登于太極左宮，號曰玉虛真人。燧人氏後，祝融氏興焉。祝融氏興，太上老君以天漢元年，下降南嶽衡山及蓬萊山，以《人皇內經》《靈寶》《五千文道德經》等以授祝融氏。觀《人皇內文》，則知金玉七寶之所在。故範土爲金，冶石爲鐵，乃造刀斧鋸鑿等，以利益衆生，使不損衆生手爪之用。是以祝融氏以道德治天下六千歲，白日昇于太極南昌上宮，號大行真人。自伏羲燧人各授六百歲，傳子孫得六千歲。祝融氏後，而神農氏興焉。

神農氏興，而元始太上老君以天景元年，下降形馬之山，以《靈寶五篇真文》《三皇內經》《道德經》授神農氏。所以神農按經文，欲爲天下衆生合仙藥，以濟天下萬民。是時普視[26]天下衆生，既非仙藥能濟，所以方按《三皇內經》，召天上前劫高上父母天中大聖真人，問以先劫造化時事。既決已，則負《靈寶真文》飛行百卉之山，遇其苦則生，遇其甘則死，所以一日之中，百生百死。故於農石山谷，方備得五穀五辛以還，教民種植，以代生殺，使教穀食。于時民既爲日已久，五臟見爛，故重按道方爲品類草木石等，以爲醫方，治民疾病。造作稱尺斗斛貨易，則駕雲輪之車，周行天下，各隨國土所宜，無不盡備矣。而神農以道治天下[27]二百歲，於大室之山白日昇仙，上登太皇之天，號曰靈寶虛皇真人，傳世子孫合五百二十二年。後則軒轅氏興，以上皇元年十月[28]五日，老君下降於峩嵋之山，授黃帝《靈寶經五符真文》。黃帝登南霍山，有朱靈神人以《三皇內經》授帝。是黃帝既平蚩尤以後[29]，方思神妙化用之意，不能開解，而師廣成子，按《三皇內經》，召高天大聖真人、前劫造化神仙真人，以九天父母，問乎前劫造化功用時事。是元始天尊真仙並降，語帝曰："爾欲知前劫造化時事者，汝可尋太上玄老靈寶君《五符真文經》也。功用本起，莫不從於是經，以莊嚴天地，至于萬物，一切蒼生，功德是足，備出斯經，品物名色，衆生殊類，普陳載焉。"爾時元始老君爲帝解說，所以帝依其解文句，深思俯察，改致造作，城臺宮闕，房室衣冠，教以榮華之色。乃製舟車，以通水陸。陶坯鼎器物，以給天下飲食之用。又推天文禮樂，故百工周奏，以助其化。皆由[30]《靈寶》三等經文之功。又至上皇三年七月二十九日壬子，天真皇人下授黄帝《六壬式圖》《六甲三元遁甲造式之法》，法威天下，流傳子孫也。故黄帝以道治世一百二十年，於鼎湖山白日昇天，上登太極宮，號曰中黄真人。

【校記】

〔1〕"真"，《道藏輯要》本作"蒸"。

〔2〕"言詮俱泯"，《道藏輯要》本、《四部叢刊》本均作"内外俱泯"。

〔3〕"自"原誤作"目"，據上二本改。

〔4〕"角月"二字原互乙，據《三洞珠囊》卷八《相好品》及《道門經法相承次序》卷上改。

〔5〕"道"原作"耳"，據《道藏輯要》本、《四部叢刊》本、《道門經法相承次序》卷上改。

〔6〕"周"原作"生"，據上三書改。

〔7〕"於"原作"取"，據上三書改。

〔8〕"心業"原作"身業"，據《道門經法相承次序》卷上改。

〔9〕"種"前上書有"四"字。

〔10〕上書無"種"字，句末有"第一太清，第二上清，第三玉清"十二字。

〔11〕"敷"，上書作"行"。

〔12〕"滋"，上書作"立"。

〔13〕"元黄"，上書作"元白"。

〔14〕"玄白"，上書作"玄黄"。

〔15〕"七部"，《道藏經目錄·道教宗源》作"三洞"。

〔16〕"元氣黄"，《道門經法相承次序》卷上作"元氣白"。

〔17〕"玄氣白"，上書作"玄氣黄"。

〔18〕上書無"第"字，有"但真云仙真無真真，聖云仙聖無天聖"數字。

〔19〕"名曰器度"，《上清高聖太上大道君洞真金元八景玉籙》作"諱䎡矣"。

〔20〕"烏"，《太上靈寶五符序》卷上作"鳥"。

〔21〕"此文長傳百六初，若強取出喪國廬"，上書作"此傳伯長百六初，今雖取出喪國閒"。

〔22〕"生"原作"先"，據下文改。

〔23〕"白"原作"曰"，據下文改。

〔24〕"皇"前原無"三"字，據下文增。

〔25〕"人皇"後原有"君"字，據上下文刪。

〔26〕"普視"原作"普四"，據《道藏輯要》本改。

〔27〕"以道治天下"，原作"以道天下治"，據上本正。

〔28〕"十月"，《道藏輯要》本、《四部叢刊》本作"三月"。

〔29〕"後"原作"沒"，據《道藏輯要》本改。

〔30〕"由"原作"猶"，據上本改。

雲笈七籤卷之四

道教經法傳授部

上清源統經目註序

上清者，宮名也。明乎混沌之表，煥乎大羅之天。靈妙虛結，神奇空生，高浮澄淨，以上清爲名，乃衆真之所處，大聖之所經也。宮有丹青金書玉字上皇寶經，皆玄古之道，自然之章。起於九天之王九玄道君，推校本元，已歷九萬億九千劫。上皇典格，各不相參。道君以中皇元年九月一日，於玉天瓊房金闕上宮，命東華青宮尋俯仰之格，揀校古文，撰定靈篇，集爲寶經。傳至漢武帝時，得經起柏梁臺以貯之。帝既爲神真所降，自云得道，放情怠懈[1]，不從王母至言。明年，天火燒柏梁臺，經飛還太空，於兹絕跡。

太元真人茅君諱盈，師西城王君受上清玉珮金璫二景璚瑱之道，以漢宣帝地節四年三月昇天。

又玄洲上卿蘇君諱林，師涓子，受上清三一之法，以漢神爵二年三月六日登天。

又周君、李君衆仙，各有所得，並相承經業，多不傳世。

漢孝平皇帝元始二年九月戊午，西城真人以《上清經》三十一卷，於陽洛之山授清虛真人小有天王王褒。褒以晉成帝之時，於汲郡修武縣授紫虛元君南嶽夫人魏華存。華存以咸和九年，歲在甲午，乘飇輪而昇天。去世之日，以經付其子道脱[2]，又傳楊先生諱羲。羲生有殊分，通靈接真，乃晉簡文皇帝之師也。楊君師事南嶽魏夫人，受《上清大洞真經》三十一卷。至晉孝武皇帝太元十一年，歲在丙戌昇仙。

許先生者，名映，丹陽句容人也。七世祖許子阿生有陰德，福潤流灑，鍾於後嗣。子阿六世孫名副，仕爲剡縣令。副有八子，其第一子名邁，字叔玄，小名映，改名遠遊。少好仙道，躭心冥肆，吐納和氣，矯志雲漢，超跡絕世。以晉建興元年，歲在癸酉，渡江入赤城山中，往而不返，師南海太守鮑靚、太元真人茅君。遠遊第五弟名謐，仕爲護軍長史散騎常侍，師太元真人，受《上清》衆經，於寧康元年隱景去世。謐有三子，其第三子名玉斧，長名翽字道翔，道德淳瑩，絕世無倫。師楊先生授《上清三天正法曲素鳳文》三十一卷，遯跡潛化。玉斧子黃民，黃民子名豫之[3]，以元嘉十二年終剡之白山。臨去世之時，以《上清寶經》、三洞妙文，封以玄臺，印以白銀，留寄郯縣馬度生[4]家。語之曰："今且暫行，不久當還，勿開此經。"

馬氏崇奉，累世安康。有道士婁化[5]者，常憩馬氏舍，究悉經源，苦求開看。馬氏固執，竟不從命，結踵無方。是時宋明皇帝崇敬大法，招集道士，供養後堂。婁化乃因後堂道士受季真密啓之。帝即命使逼取至京，乃拜禮開之。忽有五色紫光，洞煥眼前，帝驚曰："神真叵觸。"比其年，不愈而崩。元徽元年，馬氏即出訴，啓請其經。詔勅聽還。於是天藏真書，復歸馬氏。茲乃上真注筆，朱簡紫書，後之凡庶，摸而傳奉，號曰真跡。

今記神王所撰寶經卷三十一首，篇章目第，並指事爲名。然天真之言，理奧難尋，或名同而事異，或理合而字乖。靈祕妙隱，不與世合，幸而見之，卒難詳辨。余宿植緣會，遊涉法源，性好幽旨，躭靈味玄，鑽研彌齡，始覺髣髴。謹以鄙思，尋校衆經，爲《上清》目義。非敢有裨大乘，聊自記而已。

靈寶經目序

　　元嘉十四年某月日，三洞弟子陸脩靜敬示諸道流。相與同法，弘修文業，讚揚妙化，興世隆福。每欣一切，遭遇慈澤，離彼惡道，入此善場，逍遙長樂，何慶如之！但至賾宛奧，妙義微遠，靈匠未遇，羣滯莫披。翹翹渴仰者，豈予小子乎！既太虛眇邈，玄師難希，宜求之於心，即理而斷也。敢竭闇淺，先言所懷。

　　夫《靈寶》之文，始於龍漢。龍漢之前，莫之追記。延康長劫，混沌無期，道之隱淪，寶經不彰。赤明革運，靈文興焉。諸天宗奉，各有科典。一劫之周，又復改運。遂積五劫，迨于開皇已後，上皇元年，元始下教，大法流行，衆聖演暢，修集雜要，以備十部三十六帙，引導後學，救度天人。上皇之後，六天運行，衆聖幽昇，經還大羅。自茲以來，廻[6]絕元法。雖高辛招雲輿之校，大禹獲鍾山之書，老君降真於天師，仙公授[7]文於天台，斯皆由勳感太上，指成聖業，豈非揚芳於世，普宣一切也。

　　按經言，承唐之後四十六丁亥，其間先後庚子之年，妖子續黨於禹口，亂羣填尸於越川，强臣稱霸，弱主西播。龍精之後，續祚之君，罷除僞主，退蠢逆民。衆道勢訖，此經當行。推數考實，莫不信然。期運既至，大法方隆。但經始興，未盡顯行，十部舊目，出者三分。雖玄蘊未傾，然法輪已遍於八方，自非時交運會，孰能若斯之盛哉！

　　頃者以來，經文紛互，似非相亂，或是舊目所載，或自篇章所見，新舊五十五卷，學士宗竟，鮮有甄別。余先未悉，亦是求者一人。既加尋覽，甫悟參差。或刪破《上清》，或採摶餘經，或造立序說，或廻換篇目，裨益句章，作其符圖。或以充舊典，或別置盟戒。文字僻左，音韻不屬，辭趣煩猥，義味淺鄙，顛倒舛錯，事無次序。考其精僞，當由爲猖狂之徒，質非挺玄，本無尋真之志，而因修窺閱，假服道名，貪冒受取，不顧殃考，興造多端，招人宗崇。敢以魚目，厠於隋侯之肆；輒將散礫，託於和氏之門。衒誑愚蒙，誣調太玄。既晚學推信，弗加澄研，遂令精麤糅雜，真偽混行。視聽者疑惑，修昧者悶煩。上則損辱於靈囿，下則恥累於學者。進退如此，無一可宜。徒傾產疲力，將以何施？夫輕慢之咎既深，毀謗之罪靡赦。余少躭玄味，志愛經書，積累錙銖，冀其萬一。若信有可崇，何苟明言，坐取風刀乎！慮有未悉，今條舊目已出并仙公所授事注解，意疑者略云爾。

上清經述

述曰：尋經之意，乃太虛齊量，劫劫出化，非可籌筭。自開皇之後，距天漢[8]時，范陽襄平[9]王褒字子登，以正月一日辭二親，欲尋神仙，求不死之道。乃入華陰山精思一十八年[10]，遂感上聖太極真人西梁子下降，授《餌飯方》并《服雲牙法》。復五年，太極真人王總真復降，以《上清經》三十一卷付子登。并將子登遊五嶽，觀名山，備受上法。

逮乎晉武皇帝時，任城魏華存字賢安，乃魏陽元之女也。陽元仕至滎陽、宜陽二郡太守，散騎常侍、冀州刺史。其父乃嫁賢安於南陽劉乂字幼彥。乂是[11]時除爲修武縣令，賢安隨焉。賢安自少，爲女處乎內室，性好至道，雖未得仙，而真人屢降。及其長也，女子有夫之義，修尚之事，有時而廢。及至兒女成立，告誡子曰："我願終尋真之志。"於是離羣獨處，不交人事，深託隱痾，還修曩尚，入室百日，所期仙靈積思希感爾。乃獨節應神，丹心潛會，精苦仰徹，天真遐降。於是季冬之月，夜半清朗，忽聞空中有鍾鼓之響，笳簫之聲，音韻嘈嘈。出戶望之，見從東方虛空而來，旍旌鬱勃，羽蓋紛紜，光輝幽藹，煥爛太虛，他人莫之見也。須臾，有虎輦玉輿隱輪之車，並頓駕來降夫人之靜室。凡四真人，並年可二十餘，容貌偉朗，天資秀穎，同著紫花蓮冠，飛錦衣裳，瓊蕊寶帶，體佩虎文，項有圓光，手把華旛。其一人自稱曰："我太極真人安度明也。"其一人曰："我東華大神方諸青童君也。"其一人曰："我榑桑碧海暘谷神王景林真人也。"其一人曰："我清虛真人小有仙人王子登也。"於是夫人匍匐再拜，叩頭自搏："不期今日道君降下，唯乞神仙長生度世。"四人乃坐。良久，王子登告夫人曰："聞子曩日念善，展轉求生，密練真氣，魂和體清。凡懷遠邁，錄字上清，高契真人，抱信期靈，幽感啓微，潛曜赤城，遂金書紫極，藏簡玉庭，故感高晨，玄唱齊并。是以太帝君勅我今來，教授於子神真之道焉。"其東華青童君曰："此清虛真人者，爾之師也，當受業焉。"其安度明曰："子因緣上業，積感求道，苦心久矣！用思至也。道今來矣！子得之焉。"其景林真人曰："子勤感累世，積念真靈，將積應之所期，乃明挺之標會也。虛皇早鑒爾之用思，太極已注子名於玉札，錄字紫虛之宮，金書東華之閣，刻名上清，丹文錦籍，應爲紫虛元君上真司命，又加名山之號，封南嶽夫人。今視子之質，實霄景高煥，圓精重照，鳳骨龍姿，腦色寶曜，五藏紫絡，心有羽文，形棲晨霞，神友靈肆，天人之任，良不虛矣。帝誨王褒相爲盟師，故遣太極真人鑒子之精，子其勖哉。"四真各有辭。

致言畢，夫人叩頭自搏而言曰："華存卑賤，枯骨之餘，自處塵垢，久染濁穢，天地寥邈，高下懸隔，縱恣五濁，翻錯臭穢，滯塞靈祇，沈淪凡俗。無冀日月，廻曜幽宂[12]，不謂天尊，下交凡肆。所以割心斷意，取同螻蚓。自顧少好神仙，貪樂長生，心之所詣，出於自然，志之所期，誓以三光。而值季世俱忌，禮度制置，無從脫免，良願不遂。今形非顧影，體氣臭惡，久爲垢穢所逼者，徒勵節無益。自入劉門，修道日廢。頃[13]者少閑，內外乖隔，容得齋思。謹按道法，尋求經方入室之制，爲欲靜護五藏，辟諸疾病耳。豈圖上願，惟在今日。今夕道君並降，慶出分外，光照幽谷，荷戴天眷，不勝惶懼。此是婢子有幸，當得度世。唯乞哀矜，賜以性命。"

自陳畢，東華小童指招而告之曰："子少好道真，至誠密感，是故因緣世生，胎鍊五神，寄慧齊見，超度八難，氣適靈輝，挺會真筭，自當爲紫虛之宮上真司命。勤精彌綸，太極所旂，又加名嶽之封，位均諸侯。然不受聞上道內法《晨景玉經》者，仙道衆妙無緣得成也。子其勉哉！我後日當更期會於陽洛山中，汝勤之矣！"

於是清虛真人王君乃命侍女華散條、李明允等，使披雲蘊、開玉笈，出《太上寶文》《八素隱書》《大洞真經》《靈書紫文八道》《紫度炎光》《石精玉馬》《神虎真文》[14]《高仙羽玄》等經三十一卷。是王君昔於陽洛山遇南極真人西城王君所授者也，今於汲郡修武縣中授夫人焉。暘谷神王又別授夫人《黃庭内景經》，正一真人張君又別授《治精制鬼法》。夫人前後所授，非但此三十一卷而已。其篇卷悉在傳中，不能一一書之。此乃《上清經》從此而行世也。

三皇經説

《三皇經》云：昔天皇治時，以《天經》一卷授之，天皇用而治天下二萬八千歲，地皇代之，上天又以經一卷授之，地皇用而治天下二萬八千歲，人皇代之，上天又以經一卷授之，人皇用而治天下亦二萬八千歲，三皇所授經合三卷，爾時號爲《三墳》是也，亦名《三皇經》。三皇後又有八帝，治各八千歲，上天又各以經一卷授之，時號爲《八索》是也。此乃《三墳》《八索》根本經也。如法而言，三寶俱起無量之世，但以隱顯有時。自三皇八帝之後，其文亦隱。

至于晉武皇帝時，有晉陵[15]鮑靚官至南海太守。少好仙道，以晉元康二年二月二日登嵩高山，入石室清齋，忽見古《三皇文》，皆刻石爲字。爾時未有師，靚乃依法以四百尺絹爲信，自盟而受。後傳葛稚川，枝孕相傳，至于今日。三寶行世，自然之數，心與理契，因緣冥符，使之然也。

術曰：夫衆生昏惑，長迷生死，神明蔽瞑，不能悟理。聖人興大慈大悲，愛若赤子，隨時化生，隨宜救拔，欲令離苦，得無爲之樂。但聖道淵邃，難可頓悟，必須階漸，以發其蒙。未顯大法，先教厨食章書雜法，黃赤之道雜化，淺近以應，遇情信伏。能修雜法，名爲奉道。既能奉道，則能捨離魔俗之法，漸漸調伏，而後教以《靈寶》。

既信《靈寶》，便求爲道士。既爲道士，便宜受持一百八十大戒，二百四十威儀，修行六通，能遣六塵，四十五念、十二上願、十二可從、一切法行，皆能受持。研心宗極，洞體道真，洞然玄悟，以得神仙。從此而修，終會無爲，當知章厨雜化，爲漸導之義。雖名奉道，未識正理，惟體識君子，宜裁之焉。

道教相承次第録

謹按《雲臺治中内録》[16]言：太上老君傳授雲臺正治官圖，治山、竈、鼎等，得四十一代相承，具人名代數如後：

第一代老君。老君火山大丹治法，傳授三百人，唯三人系代：王方平、尹喜、徐甲。

第二代王君。王君授三十人，唯三人系代：茅濛、孫盈、章震。

第三代章震。震授十七人，唯二人系代：若士、李夫人名仙。

第四代若士。士授五十二人，唯三人系代：李元君、白石先生、李常存。

第五代李元君。元君授七十二人，唯二人系代：王子喬、許述成。

第六代諸仙，別傳分散，世絶系治官氣並治名。老君念於志學之子，再下平蓋山，授張陵爲雲臺治，火芝火仙之經，方術變化、長生不死之藥，登昇雲天之道。勅陵爲第六代道之外孫。而東海小童君爲陵保舉師，太上老君爲度師。度雲臺治，封陵爲天師。天師授三百人，唯三人系代行治：張申、王昇、李忠。

第七代張申。申授三十三人，唯三人系代行傳治法：李仲春、李意期、李玄。

第八代李仲春。仲春授十五人，唯二人系代：李少君、魏伯陽。

第九代李少君。少君授九十人，唯二人系代：欒巴、李常存。

第十代欒巴。巴授五人，唯二人系代：陰長生、李宙先。

第十一代陰長生。長生授八人，唯二人系代：張景霄、王萬繒。

第十二代張景霄。景霄授五人，唯一人系代：劉馮。

第十三代劉馮。馮授五人，唯一人系代：劉政。

第十四代劉政。政授五人，唯二人系代：孫博、嚴光。

第十五代孫博。博授三人，無可代者。乃入林屋山中合龍虎大丹而昇天，治法遂絕。

太上老君命李仲甫出神仙之都，以法授江南左慈字元放，故令繼十六代爲師相付。元放授八十人，唯三人系代：介象、嚴光女、李佗。

第十七代介象。介象授四十人，唯五人系代：李延、張授、萬葛卿、阮玉、李用。

第十八代李延介談。延談授十八人，唯一人系代：劉景。

第十九代劉景。景授四人，唯一人系代：東海郭延。

第二十代東海郭延。延授三十人，唯一人系代：靈壽光。

第二十一代靈壽光。壽光本外國人，授十八人，唯一人系代：何述。

第二十二代何述。述授十人，唯一人系代：羅先期。

第二十三代羅先期。先期授二十人，唯二人系代：甘季仁、甘孝先。

第二十四代甘孝先。孝先授五十一人，唯一人系代：石帆公。

第二十五代石帆公。帆公授十九人，唯一人系代：宮戶，一云：宮中用字也。

第二十六代宮戶。戶授八十人，無可傳者，治法遂絕。戶入南嶽及天台山，經八十五年，世絕仙人，正道不繼。

老君念其功修之徒，再降廬山，勅左元放授施存、葛玄，令繼代爲仙官世祖，師傳仁人者也。

第二十七代施存。存授七十人，但皆地仙耳，唯同學葛玄繼代。

第二十八代葛玄。玄授十九人，唯三人系代：張秦、仇真、李用，別出。

第二十九代尹思。太上老君差紫衣使者下命，於廬山授五人，更二人尹思、尹軌系代傳治。思授七十人，唯二人系代：女子樊忠和、韋義山。

第三十代尹軌。軌授十九人，唯一人系代：女仙李元一。

第三十一代女仙樊忠和。忠和授二人，唯一人系代：劉綱東陵毋[17]。

第三十二代女仙李元一。元一授四十人，無人可傳，治法代絕。

第三十三代劉綱。綱，樊夫人弟子，雖居官治，又其夫也，治法後絕。

第三十四代張秦。秦，葛玄弟子，玄見其代絕，乃再令秦授十一人，唯一人系代：王列。

第三十五代王列。列授九人，唯二人系代：許遜、胡少真。

第三十六代許遜。遜授一百人，而無人可授，系代又絕。遜昇天後，兩代人民征伐，真志不傳。

老君勑使三人，於天台山令葛玄傳鄭思遠，系三十七代。思遠授十九人，唯二人系代：葛洪、李淳風。

第三十八代李淳風。淳風授四十人，唯四人系代。而未傳授二人者：李道興、李靖。後又隱於房公之山，一百年後，出授張常存、李太虛、李惠舉、同太師神等四人。

第三十九代李惠舉、張常存，而各分代傳授，皆稱三十九代孫。惠舉授三十人，唯三人可代：李保真、白玄中、李太昌。張常存授三十七人，唯三人願系代：孫張真、應真、孫道用。

第四十代李保真。保真授二十四治一百人，唯二人系代：林通元、李德仁。

第四十一代林通元。

玄都九真盟科上品傳經篇[18]

《玄都上品》第一篇曰："《大洞真經》《雌一寶經》《太上素靈大有妙經》三奇之章，高上玉皇寶篇，祕在九天之上大有之宮，太玄靈臺玉房之中。上皇之初，舊科：經萬劫一傳。三道正明，學真日興，《高上科》：七千年内，聽得三傳。侍衛玉童玉女各七千人，執香典炅[19]。按科傳授之法，皆對告齋百日，分金鈕為盟，給玉童玉女，依《四極盟科》。不依科而傳，罪延七祖，幽魂充役，吞火食鐵，負山運石，以填無極之考，抱風刀之罰，身殁形殘，長閉地獄，萬不得仙。"

《玄都上品》第二篇曰："傳《大洞真經三十九章》於後[20]者，誓以上金十兩，銅二十五斤，鈕[21]五雙，金魚、玉龍各一枚，青絲一兩纏鈕[22]。若《雌一》，以上金五兩，五色錦繒各五十尺，香一斤，金鈕三雙；《太上素靈洞真玄經》，上金三兩，紫紋百尺，青繒二十七尺，赤絲五兩，香一斤，丹一兩。上皇以信誓心，不得有闕，闕則虧科。師犯則奪[23]侍經玉童玉女，還於本宮，不過三年，身被風刀考罰，自然失經。受者不依盟科，皆失明形殘，七祖父母被受酆都之責[24]，萬劫還生非人之道，學者慎之。"

《玄都上品》第三篇曰："凡有金名東華，玉字上清，得授《太霄琅書瓊文帝章》《紫度炎光神玄變經》《上清變化七十四方》《九真中經》《丹景道精隱地八術》《解形遯變流景玉經》《七變舞天經》，皆九天真王、元始天王、太上天帝君、中央黃老君受於太空[25]中，九玄之內，虛無之高章也。皆祕在太上靈都之宮紫房[26]，三元君主之，侍衛玉童玉女皆三千人。元始之初，經七千劫一傳。自三道立正之後，七千年內聽三傳。七百年中，有其人亦聽傳。傳皆對齋九十日[27]，或九日，告盟而授之給玉童玉女，依《四極盟科》。若不依科而傳，罪延七祖父母，充責鬼官，運蒙山之石，填積夜之河，萬劫還生非人之道。己身被風刀之考，自然失經，終不得仙，傳者慎之。"

《玄都上品》第四篇曰："傳《瓊文帝章》，齎金魚玉龍、青繒三十二尺、金鈕三雙爲誓；《紫度炎光》，五色錦各五十尺，上金五兩，沈香五斤，真朱一斤，書刀一口，金札七枚，絳紋七十尺之誓；《上清變化七十四方經》，青繒四十尺，上金十兩，金鈕六雙，好香一斤，金魚玉龍之誓；《九真中經》，舊科落髮爲盟，今以白絹九十尺准盟，法於九真之數，青絲一斤，絳紋二十四尺，北暉之誓，碧繒二十四尺，月華之誓，金鈕三雙，无常童子圓[28]變之信；《丹景道精隱地八術》《解形遯變流景玉經》，悉上金十兩，金魚玉龍各一枚，青繒四十尺，紫紋四十尺，金鈕各三雙；《七變舞天經》，上金五兩、真朱一斤、青繒三十二尺之誓。信以質心，不得有闕，闕則違科。師以天信投於山棲，以救窮乏。餘以供營經書之具，不得他散。師犯上科，奪玉童玉女，減筭奪紀，注名度還北[29]酆。受者不依科，皆喪魂失神，風刀之考，不出三年，自然失經，終不得仙。"

《玄都上品》第五篇曰："《消魔智慧》《玉清隱書》《寶洞飛霄絶玄

金章》《紫鳳赤書》《八景晨圖》《金真玉光》《靈書紫文》《金璫玉珮》《金根上經》《三天正法》，皆太上大道君、元始天王、金闕帝君之寶章，祕在玉清之宮，金房紫戶之內，典衛靈文玉童玉女各三千人。元始之初，千劫一傳。自三天立正之後，七百年內，聽得三傳。百年中有其人，聽一傳。給玉童玉女，依《四極盟科》，授者對齋九十日[30]，或九日而傳。不依科而傳，罪延七玄之祖，長充鬼役，無有解脫。己身被風刀之考，死充下鬼，萬不得仙。"

《玄都上品》第六篇曰："傳《消魔智慧》《寶洞飛霄絕玄金章》《紫鳳赤書》[31]《八景晨圖》，皆上金十兩，玉札一枚，金魚玉龍各一枚，紫繒四十尺；《金根經》[32]《靈書紫文》，上金五兩，金簡玉札各一枚，長一尺六寸，廣二寸四分，金魚玉龍各一枚，紫繒百尺，青紋四十尺；《三天正法》，青繒三十尺，青布四十三尺，金鐶五雙，以為密誓，上金十兩，通神之信；《金真玉光》《玉珮金璫》《玉清隱書》，皆金魚玉龍各一枚，以為誓信。依科不得有闕，闕則師奪玉童玉女，注名還度北酆。受不依科皆喪魂失神，罰以風刀，不出三年，自然失經，萬不得仙。"

《玄都上品》第七篇曰："《七星移度》《白羽黑翮飛行羽經》《飛步天綱躡行七元》《太上隱書》《靈飛六甲》，皆太上太帝君、太極太微天帝君[33]登空之道，隱化之章，祕在太上瓊宮之上，紫房之內。侍衛玉童玉女皆三千人，依科七千年一傳。三天立正之後，改七百年內聽得三傳。若百年中有其人便傳。傳[34]授告齋九十日，或三十日，給玉童玉女，依《四極盟科》。不依科而傳，罪延七玄之祖，長充北酆鬼役，十苦八難。己身被風刀之考，身[35]沒幽源，萬不得仙。"

《玄都上品》第八篇曰："傳《七星移度》，青紋三十一尺，絳繒七十尺，鳳紋之羅九十尺，金鈕一雙；《白羽黑翮飛行羽經》，上金二兩，青紋三十二尺，以代截髮歃血之誓；《飛步天綱》，錦三十尺，金魚玉龍各一枚；《太上隱書》，金魚玉龍之誓；《靈飛六甲》，白素六十尺，金鐶六雙，青絲六兩。天科以信質心，不得有闕。闕則違科，師奪玉童玉女，除落青簿玉名，移還北酆。受者不依科，亡精喪神，罰以風刀，不出三年，自然失經，終不得仙。"

《玄都上品》第九篇曰："傳《方丈震靈》[36]、《豁落七元》、《八天隱文》、《流金火鈴》、《金、神虎符》、《消魔支幹》、《夜照神燭》、《八術隱邈紫清玉符》、《五籍洞玄》、《六甲上符》、《五行祕文》、玄都玉[37]格諸符，凡有六百部，太上悉以其文，標於舊經之内，以爲立用。傳授盟科，悉依經科，傳授有闕，罪同《上品》。有經無符，則天魔害人；有符無經，則思念無感，神真不降。科云皆不得單行，單行罪亦如之。科、經及符，本同出於自然之氣，虛無之章，故不可得獨修也。無科修道，萬不成仙。"

【校記】

〔1〕"懈"，《道藏輯要》本作"惰"。

〔2〕"道脱"，《真誥叙録》及《南岳魏夫人傳》作"璞"。

〔3〕"豫之"，《真誥叙録》作"榮弟"。

〔4〕"馬度生"，上書作"馬朗"。

〔5〕"婁化"，上書作"樓惠明"。

〔6〕"廻"，《道藏輯要》本作"迥"。

〔7〕"授"，當作"受"，本書卷三《靈寶略紀》云："太上遣三聖真人下降天台，授仙公以《靈寶經》。"

〔8〕"天漢"，本書卷一〇六《清虛真人王君内傳》作"建昭"。

〔9〕"襄平"原作"桑平"，據上書改。

〔10〕"乃入華陰山精思一十八年"，上書作"入華山中九年"。

〔11〕"是"原作"妻"，據《道藏輯要》本改。

〔12〕"宄"字疑當作"穴"。

〔13〕"頃"原作"須"，據《道藏輯要》本改。

〔14〕"神虎真文"原作"神真虎文"，據本書卷一〇五《清靈真人裴君傳》及《三洞奉道科戒營始》所載《大洞真經目》改。

〔15〕"晉陵"，本書卷一〇六《鮑靚真人傳》作"陳留"，《晉書·鮑靚傳》

作"東海"。

〔16〕"雲臺治中內錄"，本書卷二八《二十八治下八品第一》無"內"字。

〔17〕"東陵毋"，宜作"東陵聖母"。

〔18〕"上品傳經篇"原作"九品傳經錄"，據《太上九真明科》改。

〔19〕"炅"，《太上九真明科上品傳經篇》作"灵"。

〔20〕"後"後，上書有"學"字。

〔21〕"鈕"前，上書有"金"字。

〔22〕句末，上書有"爲盟"二字。

〔23〕"奪"，上書作"遷"。

〔24〕"被受酆都之責"，上書作"充北酆之責"。

〔25〕"太空"後，上書有"之"字。

〔26〕"紫房"後，上書有"之內"二字。

〔27〕句末，上書有"或三十日"四字。

〔28〕"无"原作"元"，據上書改。"圓"，上書及《洞真太上素靈洞元大有妙經》中《玄都九真明科上品傳經篇》作"員"，《洞真太上道君元丹上經》中《玄都九真明科上品傳經篇》作"質"。

〔29〕"北"原作"比"，據《太上九真明科上品傳經篇》改。

〔30〕"九十日"後，上書有"或三十日"四字。

〔31〕"赤書"前原無"紫鳳"二字，據上書增。

〔32〕"金根經"，上書作"金根衆經"。

〔33〕"太極太微天帝君"，上書作"太微天帝君"。

〔34〕"傳"原作"便"，據上書改。

〔35〕"身"，上書作"永"。

〔36〕"方丈震靈"原作"方諸文震靈符"，據《四極明科》改。《洞真太上道君元丹上經》及《大有妙經》中《玄都九真明科上品傳經篇》均作"諸方丈震靈"。

〔37〕"玉"字原無，據《太上九真明科上品傳經篇》增。

雲笈七籤卷之五

經教相承部

真系 隴西李渤述

今道門以經籙授受，所自來遠矣。其昭彰尤著，使搢紳先生不惑者，自晉興寧乙丑歲衆真降授於楊君，楊君授許君，許君授子玄文，玄文付經於馬朗。景和乙巳歲，勅取經入華林園。明帝登極，殳季真啓還私廨。簡寂陸君南下立崇虛館，真經盡歸于館。按《黃素方》，因緣值經，准法奉修，亦同師授。其陸君之教，楊、許之胄也。陸授孫君，孫君授陶君，陶君搜摭許令之遺經略盡矣。陶授王君，王君又從宗道先生得諸勝訣云。經法祕典，大備於王矣。王授潘君，潘君授司馬君，司馬君授李君。李君至于楊君，十三世矣。楊許並越漢登真，許令亦終獲度世。馬、殳幸會而不業。自陸君已降，則帝者無不趨其風矣。此皆史有明文，或遺跡可訪，又世世從事於斯者，其支裔焉。且知理而不知神，非長生之士也。超理入神，混合於氣，無爲而無不爲者，我真宗之道也。道無否泰，教有通塞，塞而通之者，存乎其人。故予述《真系傳》，其同源分派者，録名仙籍，不緝於此。時貞元乙酉歲七月二十一日，於廬山白鹿洞棲真堂中述。

晉茅山真人楊君

真人姓楊名羲，晉咸和五年九月生于句容，似吳人。潔白美姿容，善言笑。攻書好學[1]，該涉經史。性淵懿沈厚，幼而通靈，與二許早結神明之交，二許：映與穆。思玄薦於相王，用爲公府舍人。以永和初受《中黃制虎豹法》。六年又就劉璞傳靈符。璞即魏夫人長子也。君淵沈應感，虛抱自得，若燥濕之引水火，冥默幽欸，相襲無眹矣。年三十六，以興寧乙丑歲，衆真降授。有若上相青童君、太虛真人赤君、上宰西城王君、太元茅真人、清靈裴真人、桐栢王真人、紫陽周真人、中茅君、小茅君、范中候、荀中候、紫元夫人、南嶽夫人、右英夫人、紫微夫人、九華安妃、昭靈夫人、中候夫人，莫不霓旌暗曳，神彎潛竦，紛紛屬乎煙消[2]，淪蹤收於俗蹊，譁聲金響，於君月無曠日，歲不虛矣。君師魏夫人，儷九華，而朋于諸真。故安妃云："明君受[3]質虛閑，祕構玉朗，蘭淵高流，清響金宮，必高佐四輔，承制聖君，主察陰陽之和氣，爲吳越鬼神之君。後二十二年將乘龍駕雲，白日昇天。今若不耐風火之煙，可尋劍解作告終之術也。"《真誥》筭以太元十一[4]年丙戌去世。弟子許翽先師告，翽父穆亦因君偶真。故許氏九人，雖道慶自先，數至神發，如塵鑒凝照，揮瑩之功，並歸于[5]君矣。

雷平山真人許君

真人許翽，字道翔，小名玉斧。父穆，晉護軍長史，真位上清左卿。母陶氏，名科斗，入易遷宮。真人幼獨標挺，含真淵嶷，長史器異之。郡舉上計掾、主簿，並不赴。清秀瑩潔，糠粃俗務，如泉去蒙，盈其科而自進。居雷平山下，師楊君，傳《三天正法曲素鳳文》。後定錄真人授其上道，告之曰："學道當如穿井，井愈深，土愈難出。若不堅心正行，豈得見泉源耶？"真人常願早遊洞室，不欲久停人間，遂詣北洞告終，即居方隅山洞方源館中，常去來四平方臺[6]。故《真誥》云：

"幽人在世時，心樂[7]居焉。"又楊君與長史書亦云："不審方隅幽人，設座於易遷戶中未[8]？"真人化後十六年，當度東華，受書爲上清仙公上相帝晨。

《二錄》：太和二年丁卯，時年二十七歲。咸康七年辛丑生。自太和三年已後，無復顯跡。

《世譜》：年三十，則庚午年去世。

《耆舊傳》云：在此洞石壇上燒香禮拜，因而不起，明旦視形如生，壇今猶存。

《真誥》云："從張鎮南之夜解也[9]。"蓋夜於壇上去耳。娶建康令黃演女，生男黃民，乃還家。

仙人臨沮令許君

臨沮令許仙人，名黃民，字玄文，上清仙公翽之子，上清左卿穆之孫。以昇平五年辛酉生，時掾年二十一。仕郡主簿，察孝廉，石頭倉丞[10]，南蠻參軍，臨沮令。永興三年，京畿紛亂，令乃奉經入剡，爲馬朗所翹。朗從父弟罕[11]亦相周給。時人咸知許先生得道，又父祖皆有名稱，各加崇敬。元嘉六年，欲移居錢塘，乃封其真經一廚，付朗靖中，語：此是仙靈之跡，非我自來，縱有書亦勿與人。及至杜道鞠家，停少時而終，時年六十九。《真誥》言：黃民及伯祖邁、姑婆娥皇、伯聯，與黃民子榮弟、孫女瓊輝，並得度世。馬朗敬經若君父，每有神光靈氣見於堂宇。朗妻數見有青衣玉女空中去來，其家皆保富壽。朗忿何道敬竊書泄意，乃洋銅灌廚籥，勑家人不得復開。朗終，子洪、叟季真猶共尊尚。景和元年，婁惠明[12]諷叟季真啓取。季真善道術，爲當時所知。及至，奉呈於華林園，既見真跡瓌異，朱黃煥赫，不敢窮覽。至明帝登祚，季真乃啓還私廨。陸簡寂南下，立崇虛館，經亦歸于館。何神真巧運，既閟於馬，又發於叟，終授於陸君。叟馬猶巾几，負籍冪之榮，而無容入其妙焉。

宋廬山簡寂陸先生

先生，吳興懿族陸氏之子，諱脩靜。道降元氣，生而異俗。其色怡怡，其德熙熙。明以啓著，虛以貫幽。少宗儒氏，墳索讖諱，靡不總該。以爲先天撫化，混一精氣，與真宰爲徒者，載在金編玉字，不形於此。遂收跡寰中，冥搜潛衡熊[13]湘，暨九嶷羅浮，西至巫峽峨嵋，如雲映松風，麗乎山而映乎水。功成扣玄，感神授靈訣，適然自得通交於仙真之間矣。宋元嘉末，因市藥京邑，文帝味其風而邀之，先生不顧。及太初難作，人心駭疑。遂泝江南遊，嗜匡阜之勝槩，爰構精廬，澡雪風波之思，沐浴浩氣，挹漱元精。宋明皇帝襲軒皇淳風，欲稽古化俗，虛誠致禮，至于再三。先生固稱幽憂之疾，曾莫降盻。天子乃退齋築館，恭肅以遲之，不得已而莅焉。於是順風問道，妙沃帝心，朝野識真之夫，若水奔壑，如風應虎，其誰能御之？先生撥霧開日，汰沙引金，指方以倒之，中人以上皆自盈其分，司徒袁粲之流是也。既立崇虛館，殳氏所寶經訣，並歸于我焉。初先離山，有熊虎猿鳥之屬，悲鳴擁路，出谷而止。及天子不豫，請事塗炭之齋。是夜卿雲紛郁，翌日乃瘳。先時《洞玄》[14]之部，真僞混淆，先生刊而正之，涇渭乃判。故齋戒儀範，至于今典式焉。桂陽王構逆，暴白骨遍野，先生具棺櫬，收而瘞之。其陰德密運，則無得而稱也。迨元徽五年春正月，謂門人曰："吾得還山，可整裝。"衆咸[15]訝，詔旨未從，而有斯説。至三月二日，乃偃卧解帶，膚體輝爍，目瞳映朗，但聞異香芬馥滿室而已。後三日，廬山諸徒，共見先生霓旌靄然，還止舊宇，斯須不知所在，相與驚而異之。顧命盛以布囊，投所在崖谷。門人不忍，遂奉還廬山，時春秋七十二。所謂鍊形幽壤，勝景太微者矣。有詔諡曰簡寂先生，以故居爲簡寂館，宗有道也。凡撰記論議百有餘篇，並行於代。門徒得道者，孫遊嶽、李果之最著稱首。後孔德璋與果之書論先生云："先生道冠中都，化流東國。帝王禀其規，人靈宗其法。而委世潛化，遊影上玄。微言既絶，大法將謝。法師禀神定之資，居入室之品，學悟之美，門徒所歸。

宜其整緝遺蹤，提綱振紀，光先師之餘化，纂妙道之遺風。可以導引末俗，開曉後途者矣。"

齊興世館主孫先生

有吴裔子孫名遊嶽，字穎達，東陽人也。幼而恭，長而和。其静如淵，其氣如春。甄汰九流，潛神希微。嘗步赤松磵繒雲堂，遂卜終焉之地。宋太初中，簡寂先生至自廬嶽，雲游帝宅。先生乃摳衣而趨，嗣承奥旨，授《三洞》并所祕楊真人、許掾手跡。因茹术却粒，服穀仙丸，六十七年，顔彩輕潤，精爽秀潔。暨簡寂上賓，方旋舊室，捃摭道機，斷覈真假，與禇、章、朱，四君交密。齊永明二年，詔以代師，并任主興世館。於是搜奇之士，知襲教有宗，若鳳萃于桐，萬禽争赴矣。孔德璋、劉孝標等争結塵外之好。後頻謝病歸山，朝命未許。至永明七年五月，内以揮神託化，沐浴稱疾，怡然而終。門徒弟子數百人，唯陶弘景入室焉。自恭事六載，義貫千祀，唯貴知真，故特蒙賞識。經法誥訣，悉相傳授。方欲共營轉鍊，已集藥石，將就治合，事故不遂。

梁茅山貞白陶先生

吴荆牧陶濬七代孫名弘景，字通明，丹陽秣陵人也。母初娠，夢日精在懷，并二天人降，手執金香鑪。覺，語左右曰："當孕男子，非凡人也，然恐無後。"及生標異，幼而聰識，成而博達。因讀《神仙傳》，便有乘雲馭龍之志。年十七，與江斅、禇炫、劉俁[16]爲宋昇明四友。仕齊歷數王侍讀，皆總記室。牋疏精麗，爲時所重師法。及清溪宫成獻頌，宣旨褒贊，兼欲刻石，王儉議之乃止。年二十餘服道，後就興世館孫先生諮禀經法，精行道要，通幽洞微。轉奉朝請，乃拜表解職。答詔優勤，賜與甚[17]厚。公卿祖之征虜亭，供帳之盛，咸云："自齊以來，未有斯事。"遂入茅山，又得楊許真書。遂登巌告静，自稱華陽隱居，書疏亦如此代名。特愛松風，庭院皆植之，每聞其響，便欣然為樂。至明帝時，欲迎往蔣山，懇辭得止。然勅命餉賚，常為煩劇。乃造三層樓棲止，身居其上，弟子居中，接賓於其下，令一小豎傳授而已。潛光隱耀，內修祕密，深誠所詣，遠屬霞人，可謂感而遂通。身長七尺八寸，為性圓通謙謹，心如明鏡，遇物斯應。少憂戚，無疾競，滅喜怒，澹哀樂，有形於言跡者，是顯事廣物。深慕張良之為人，率任輕虛，飄飄然有雲霞氣。其所修為，皆自得於心，非傍識能及。尤長於詮正偽謬，地理曆筭，文不空發，成即為體用。造渾天儀，轉之與天相會。其纂《真誥》、《隱訣》、注老君等書二百餘卷。至永元二年，深託向晦。及梁武帝革命，議國號未定。先生乃引諸讖記，梁是應運之符。又擇郊禪日，靈驗昭著。勅使入山，宣旨酬謝。帝既早與之遊，自此之後，動靜必報。先生既得祕訣，以為神丹可成。每苦無藥，帝皆給之。又手勅諮迓，先生畫兩牛，一牛散放水草之間，一牛著金絡頭，有人執繩，以杖驅之。帝笑曰："此人無所求，欲效曳尾龜，豈有可致之理？"或時有大事，無不前已奉陳，時人謂為山中宰相。以大通初獻刀二口，一名喜勝、二名成勝為佳寶。梁帝《金樓子》云："於隱士重陶貞白，於士大夫重周弘正。其於義理，情轉無窮，真一時名士也。"先生嘗作詩云："夷甫任散誕，平叔坐談空，不意昭陽殿，化作單于宮。"其時人士競談玄理，不習武事，侯景之難，並如所言。大同二年告化，時年八十一[18]。顏色不變，屈伸如常，屋中香氣，積日不散。詔贈中散大夫，諡貞白先生。仍遣舍人監護喪，馬樞《得道傳》[19]云：授蓬萊仙監。弟子數十人，唯王遠知陸逸沖稱上足焉。

唐茅山昇真王先生

瑯琊王遠知，陳揚州刺史曇選[20]之子。外祖丁超，梁駕部郎中。其母因夢靈鳳有娠，又聞腹中啼。寶誌曰："生子當為神仙宗伯也。"年七歲，日覽萬言。博總羣書，心冥至道。年十五，入華陽事貞白先生，授三洞法。又從宗道先生臧矜，傳諸祕訣。陳主召入重陽殿，特加禮敬，賞賚資送還茅山。先生乃於洞西北嶺上結靖室以居，研味玄祕。太建末，靖室中忽有一神人，醉臥嘔吐。先生然香禮候。神人曰："卿是得道之人，張法本亦甚有心，吾欲並將遊天台山，石橋廣闊可過得。彼多散仙人，又常降甘露，以器盛之，服一升可壽得五百歲。卿能去否？"先生便隨出，上東嶺，就法本。至山半，忽思未別二三弟子付囑經書，背行三十步，廻望神人，化爲鶴飛去。

隋晉王廣鎮揚州，王子相、柳顧言相續奉請。先生既至，斯須而鬚髮變白。王懼而歸之，少選復舊。王踐祚，勅崔鳳舉諮迓。帝親執弟子禮，勅城都起玉清玄壇以處之，仍令代王越[21]師焉。

高祖龍潛時，先生嘗密告符命。秦王與房玄齡微服就謁，先生迎謂曰："此中有聖人。"秦王因以實告。先生曰："方作太平天子，願自愛也。"秦王詣先生受三洞法。及登極，將加重位，固請歸山。至貞觀九年，勅潤州於茅山置太平觀，并度七人。降璽書曰："朕昔在藩朝，早獲問道，眷言風範，無忘寤寐。近覽來奏，請歸舊山，已有別勅，不違高志。所令置觀，用表宿心。先生浩氣虛懷，語默一致，涵照如鏡，應物無私。"時有竇德玄先經揚州，遇司命使者，言其有重祿，以九九數當終命。德玄求哀於使者，云："真人王法主，是少室仙伯，檢錄人鬼之任，關奏天曹，無不即應。"德玄遂懇祈於先生。先生不得已，因與請命。使者報曰："更延十三年。"至高宗朝，德玄爲左相，捐館舍之日，言皆如之。故舉世呼先生爲法主，又知已授仙職。後謂潘師正曰："吾昨見仙格，以小時誤損一童子吻，不得白日昇天，署少室仙伯，將行在近。"翌日，沐浴加冠衣，焚香而寐。告化時，年一百二十六歲。潘師正、徐道邈同得祕訣，爲入室弟子。陳羽、王軌次之。其餘各棲洞府，終身無替。高宗調露二年，贈太中大夫，諡曰昇玄先生。乃勅置太平觀，度滿四十九人。天后嗣聖初，又贈金紫光祿大夫，改諡昇真先生。明皇天寶中，勅李含光於太平觀造影堂，寫真像，用旌仙跡焉。

中嶽體玄潘先生

中嶽道士，前有天師，次稱潘先生。先生名師正，趙州賛皇人。少喪母，廬於墓側，以至孝聞。先生真氣內融，輝光外發，如隋珠荊玉，不假於飾，而人自寶之。隋大業中入道，王仙伯盡以隱訣及得符籙相授。棲於太室逍遙谷，積二十年，但嚼松葉飲水而已。高宗皇帝每降鑾輦，親詣精廬。先生身不下堂，接手而已。及問所須，答言："松樹清泉，山中不乏。"帝與武后共尊敬之，留連信宿而返。尋勅於所居造崇唐觀，嶺上別起精思院以處之。勅置奉天宮，令於逍遙谷口特開一門，號曰仙遊門。復於苑北面置尋真門。太常奏仙樂，又以《祈仙》《望仙》《翹仙》為曲，皆謂先生名焉。前後賜詩五百首。先生每歎曰："大丈夫業道，不能滅影雲林，以煩世主，吾之過也。"遂欲東求蓬萊，孤舟入海。屬帝敦篤斯道，祈歎愈加，踟躕山隅，輟策未往。以永淳元年告化，時年八十九。帝追望不止，贈太中大夫，諡曰體玄先生。先生神標仙骨，雅似隱居。夫階真韜冥，練景遊化者，其有類乎！弟子十八人，並皆殊秀，然鸞姿鳳態，眇映雲松者，有韋法昭、司馬子微、郭崇真。皆禀訓瑤庭，密受瓊室，專玉清之業，遺下仙之儔矣。時陳子昂又作頌云云。

王屋山貞一司馬先生

後周琅琊公司馬裔玄孫名承禎，字子微，河內人也。少事體玄先生，傳其符籙及辟穀導引服餌之術。體玄特相賞異，謂曰："我自簡寂傳授正法，至汝六葉矣。"先生是後因浪遊遠詣於天台山。武太后聞其名，召至都，降手詔讚美。及將還，勅李嶠餞於洛橋之東。景雲二年，睿宗令其兄子[22]承褘就山迎至京，入宮中，問以陰陽數術。先生對曰："《經》云：'為道日損，損之又損，以至於無為。'且目所見者，損之尚未能已。豈復攻乎異端，而增其智慮哉。"帝曰："治身無為，則清高矣。治國無爲，如何？"對曰："國猶身也。《莊子》[23]曰：'遊心於澹，合氣於漠，順物自然，而無私焉。而天下理。'《易》曰：'大人與天地合其德'是知不言而信，不爲而成。無爲之旨，理國之道也。"帝歎曰："廣成之言，何以加此！"因固辭還山，乃賜寶琴一張及霞文帔，中朝詞人贈詩者百餘首。開元九年，明皇又遣使迎至京。帝親受法籙，前後賞賜甚厚。十年駕入都，先生又請歸山，帝賦詩，於王屋山自選形勝，置壇宇以居之。先生因上言，今五嶽之神祠，皆是山林之神，非正真之神也。五嶽皆有洞府，各有上清真人降任其職。請別立齋祠。帝從其言，因置真君祠，其形像制度，皆請先生推按道經創爲之焉。先生頗善篆隸，寫三體《道德經》，刊正文字，著五千三百八言爲真本。又撰《修真祕旨》，窺之者得其門矣。勑於先生所居置陽臺觀，帝自書額，并相續賜賚甚厚。至二十三年告化，時八十九。制贈銀青光祿大夫，諡曰貞一先生，又御製碑文。先生門徒甚衆，唯李含光、焦静真得其道焉。静真雖禀女質，靈識自然，因精思閒，有人導至方丈山，遇二仙女，謂曰："子欲爲真官，可謁東華青童道君，受《三皇法》。"請名氏，則貞一也。乃歸而詣，先生亦欣然授之。

茅山玄靜李先生

弘孝威者，晉陵人，家本純儒，州里號貞隱先生。避敬宗皇帝諱，改爲李氏。其子曰含光，年十三，辭家奉道。端視清霄，慈向蠢類，暗室之中，如對君親，時人見之，情色皆歛。幼攻篆隸，或有稱過其父者，一聞此義終身不書。後事貞一先生，雲篆寶書，傾囊相付。既而目之曰："真玉清之客也。"抱虛無而行功者，於道不窮；託幽皁而滅跡者，於德亦淺。承之自遠，宜且救人。是引後學升堂，禀玄訓也。先生元氣不散，瑶圖虛映，達靈久矣。晦輝爲常，動非用開，靜非默閉。當吹萬之會，若得一之初。應跡可名，常道不可名也。孕育至化，虛融物心。心一變至於學，學一變至於道同。淑氣自來，得之不見。所以摳衣而進者，仰範元和，若秋芳之依層巘，夏潦之會通川也。先生忘情於身，而慈於人。禎祥屢應，視同眾象。士庶諮詢，色受其意。常令章壇閉院，醮火擇薪。精微誠敬，率皆類此。開元末，明皇禮請先生，而問理化。對曰："道德，君王師也。昔漢文行其言，仁壽天下。"次問金鼎。對曰："道德，公也。輕舉，公中私也。時見其私，聖人存教。若求生徇欲，乃似繫風耳。"帝加玄靜之號以尊之。無何，固以疾辭，東還句曲山。勅於其所居造紫陽觀以居焉。自後天書繼至，資奉相續，及公卿祈請，往來無虛月。卒使玄門之中，轉見真操。持慈、儉之寶，歸羲皇之風，至矣哉，先生之教也。所撰《仙學傳》，及《論三玄異同》，又著《真經》并《本草音義》，皆備載闕遺，窮頤精義矣。以大曆四年冬十一月，顧謂入室弟子韋景昭、孟湛然曰："吾將順化。"神氣怡然，若坐亡長往，時年八十七。靈雲降室，芝草叢生，執簡如常，和色不去。據《真經》，斯乃秉化自然，仙階深妙者也。景昭授皋洞虛，洞虛授李方來，皆嗣德不墜。時柳識又頌先生云："古有強名，元精希夷。黃帝遺之，先生得之。縱心而往，與一相隨。真性所容，太元同規。日行仙路，不語到時。人言萬齡，我見常姿。明皇仰止，徵就京師。紫極徒貴，白雲不知。遐方後學，來往怡怡。空有多門，真精自持。順化而去，人焉能窺。玄科祕訣，本有冥期。"

【校記】

〔1〕"攻書好學"，《真誥·真胄世譜》作"工書畫，少好讀書"，"攻"宜作"工"。

〔2〕"消"，《道藏輯要》本作"霄"。

〔3〕"受"，《真誥·運象篇》作"夷"。

〔4〕"十一"原作"十二"，據《真誥·真胄世譜》改。

〔5〕"于"原作"子"，據文義改。

〔6〕"四平方臺"原作"四年方平臺"，據《真誥·真胄世譜》改。

〔7〕"樂"前，上書有"常"字。

〔8〕"未"原作"朱",據上書改。

〔9〕"之夜解也",原作"受衣解法",據《真誥·運象篇》改。

〔10〕"石頭倉丞",《真誥·真胄世譜》作"司農丞"。

〔11〕"䍑"原作"牢",據《真誥·真誥叙録》改。

〔12〕"婁惠明"原作"婁惠朗",據上書改。

〔13〕"熊"原作"態",據《道藏輯要》本改。

〔14〕"洞玄"原作"洞真",據《全唐文》卷九二六吴筠《簡寂先生陸君碑》及本書卷四《靈寶經自序》改。

〔15〕"咸"原作"感",據《道藏輯要》本改。

〔16〕"劉俁"原作"劉俟",據《華陽陶隱居内傳》卷上及《南史·褚炫傳》《南齊書·褚炫傳》改。

〔17〕"甚"原作"其",據《道藏輯要》本改。

〔18〕"八十一"原作"八十五",據《華陽陶隱居内傳》卷中改。

〔19〕"得道傳",當作"學道傳",即《道學傳》。

〔20〕"曇選"原作"曇首",據《舊唐書·隱逸傳》《新唐書·方技傳》及《茅山志》卷二二王旻撰《唐國師昇真先生王法主真人立觀碑》改。

〔21〕"代王越",按《隋書·煬帝紀》作"代王侑"。

〔22〕"子"字衍文,應删。

〔23〕"莊子"原作"老君",據本書卷一一三《續仙傳》本傳改。

雲笈七籤卷之六

三洞經教部

三洞并序

《道門大論》云：三洞者，洞言通也。通玄達妙，其統有三，故云三洞。第一《洞真》，第二《洞玄》，第三《洞神》。乃三景之玄旨，八會之靈章。鳳篆龍書，金編玉字，修服者因茲入悟，研習者得以還源[1]。故《玉經隱注》云："三洞經符，道之綱紀。"

《本際經》云："若有經文，具十二印[2]，應三洞者，是名正經[3]。"《洞真》以不雜爲義，《洞玄》以不滯爲名，《洞神》以不測爲用，故洞言通也，三洞上下，玄義相通。《洞真》者，靈祕不雜，故得名真。《洞玄》者，生天立地，功用不滯，故得名玄。《洞神》者，召制鬼神，其功不測，故得名神。此三法皆能通凡入聖，同契大乘，故得名洞也。

然三洞所起，皆有本跡。《洞真》之教，以教主天寶君爲跡，以混洞太無元高上玉皇之氣爲本。《洞玄》之教，以教主靈寶君爲跡，以赤混太無元无上玉虛之氣爲本。《洞神》之教，以教主神寶君爲跡，以冥寂玄通元無上玉虛之氣爲本也。

又云："天[4]是玄義，靈[5]是精義，神是無累之義。"此既三洞垂法，從仙達聖，品級轉遷之理也。謂修學之人，始入仙階，登無累境，故初教名洞神神寶。其次智漸精勝，既進中境，故中教名洞玄靈寶。既登上境，智用無滯，故上教名洞真天寶也。通名寶君者，寶是可尊，君是羣義，明爲羣生之所尊仰也。又《洞真法》天寶君住玉清境，《洞玄法》靈寶君住上清境，《洞神法》神寶君住太清境。此爲三清妙境，乃三洞之根源，三寶之所立也。今明[6]玉以無雜，就體而名玉清也；上以上登逐用，而名上清也；泰以通泰體事，故爲太清也。又修道之人，初登仙域，智用通泰，漸昇上境，終契真淳。故以三境三名，示其階位之始也。通名三清者，言三清淨土，無諸染穢。其中宮主，萬緒千端，結氣凝雲，因機化現，不可窮也。

又三洞之元，本同道氣，道氣惟一，應用分三。皆以誘俗修仙，從凡證道，皆漸差別，故有三名。其經題目：《洞神》即云《洞神三皇》，《洞玄》即云《洞玄靈寶》，《洞真》即雜題諸名，或以言[7]教垂文，或以色聲著體，並是難思知用，隨方立名耳。

原夫經教所出，按《業報經》《應化經》並云：天尊曰："吾以道氣，化育羣方。從劫到劫，因時立化。吾以龍漢元年，號無形天尊，亦名天寶君。化在玉清境，說《洞真經》十二部，以教天中九聖，大乘之道也。"

《玉緯》云：《洞真》是天寶君所出。又云：以元始高上玉帝出上清洞真之經三百卷，玉訣九千篇，符圖七千章，祕在九天之上，大有之宮。後傳玉文付上相青童君，封於玉華宮。元景元年，又封一通於西城山中。又太帝君命榑桑太帝暘谷神王出獨立之訣三十卷，《上經》三百卷，行之於世。又襄城小童授軒轅黃帝七元六紀飛步天綱之經。漢元封元年，西王母、上元夫人同授漢武帝《靈飛六甲》上清十二事。又太元真人茅盈受西城王君所傳玉佩金璫纏璇之經。又玄洲上卿蘇林真人受涓子所傳三一之法。又真人王褒，漢平帝時，西城王君所傳《上清寶經》三十一卷，晉成帝時，於汲郡傳南嶽魏夫人。夫人之子傳茅山楊羲，羲傳許邁，邁復師南海太守鮑靚，受《上清》諸經。邁弟謐、謐子玉斧，皆受《三天正法曲素鳳文》。

天尊曰："吾以延康元年，號無始天尊，亦名靈寶君。化在上清境，説《洞玄經》十二部，以教天中九真，中乘之道也。"

《玉緯》云：《洞玄》是靈寶君所出，高上大聖所傳。按元始天王告西王母曰："太素紫微宮中金格玉書《靈寶文真文》篇目十二部妙經，合三十六帙[8]。"

又《四極盟科》云：《洞玄經》萬劫一出，今封[9]一通於勞盛山。昔黃帝於峨嵋山詣天真皇人，請靈寶五芽之經。於青城山詣甯封真君，受靈寶龍蹻之經。又九天真王降於牧德之臺，授帝嚳《靈寶天文》，帝行之得道，遂封祕之於鍾山。又夏禹於陽明洞天感太上命繡衣使者降授《靈寶五符》以理水，檄召萬神。後得道爲太極紫庭真人，演出《大小劫經》《中山神呪》《八威召龍》等經，今行於世矣。時太極真人徐來勒與三真人，以己卯年正月降天台山傳《靈寶經》，以授葛玄。玄傳鄭思遠，思遠以《靈寶》及《三洞》諸經付玄從弟少傅奚，奚付子護軍悌，悌付子洪，洪即抱朴子也，又於馬跡山詣思遠告盟奉受。洪又於晉建元二年三月三日，於羅浮山付弟子安海君望世等。後從孫巢甫，晉隆安元年[10]傳道士任延慶、徐靈期，遂行於世。今所傳者，即黃帝、帝嚳、禹、葛玄所受者。十二部文未全降世。

天尊曰："吾以赤明之年，號梵形天尊，亦名神寶君。化在太清境，説《洞神經》十二部以教天中九仙，小乘之道也。"

《玉緯》云：《洞神經》是神寶君所出，西靈真人所傳。此文在小有之天玉府之中。《序目》曰：《小有三皇文》本出《大有》，皆上古三皇所受之書，亦諸仙人所受[11]，以藏名山。昔黃帝東到青丘，過風山，見紫府真人，受《三皇內文》。又黃盧子、西嶽公皆受禁虎豹之術。真人介象受乘虎之符。八威使者受《策虎豹文》。又鮑靚於晉惠帝永康年中，於嵩山劉君石室，清齋思道。忽有刻石《三皇天文》出於石壁，靚以絹四百尺告玄而受，後授葛洪。又壺公授費長房，亦有洞神之文。石室所得，與今《三皇文》小異。陸修靜先生得之，傳孫游嶽，游嶽傳陶隱居。其天中十二部經未盡出世。今傳者是黃帝、黃盧子、西嶽公、鮑靚、抱朴子所授者也。三洞既降，遂有大小中乘、初中後法三種分別，以教於世。夫三洞者，蓋是一乘之妙旨，三景之玄言。了達則上聖可登，曉悟則高真斯陟。龍章鳳篆，顯至理之良詮；玉簡金書，引還元之要術。故《玉經隱注》云："三洞經符，道之綱紀。太虛之玄宗，上真之首經矣。豈中仙之所聞哉！"《正一經》又云："三洞妙法，兼而該之，一乘道也。"

三洞品格

《八素真經》云：太上之道有三，上真之道有七，中真之道有六，下真之道有八。今出如左：

《玉清隱書》

《神虎大符》

《金虎真符》

右是太上之道。行此真道，得爲太上之真，位爲上真玉皇君也。

《太上鬱儀奔日文》

《太上結璘奔月章》

《太上八素奔晨隱書》

《太微帝君飛行天綱上經》

《高上大洞真經三十九章》

《金闕靈書紫文上經》

《黃老八道九真中經》

右上真之道。總而行之其道，則爲上清上元真人。

《太丹隱書朝真上經玉帝神符》

《三天正法鳳真之文九真昇玄文》

《三元布經四真之章太上金策》

《方諸洞房玉字上經六甲靈飛符》

《靈寶祕符三皇內文天文大字》

《青要紫書曲素訣詞三五順行經》

右中真之道。總而行之，則爲上清中道真人。

《上清九化十變三九素語》

《丹景道精隱地八術》

《天關三圖玄皇玉書》

《神州七變七轉洞經》

《紫度中方石精玉馬水母經》

《絳綠黃道玉目龍書衆文》

《素奏中章五行祕符》

《五帝玉女上元五書》

右下真之道。總而行之，則爲上清下元真人也。

元始天王告西王母曰："太上紫微宮中金格玉書《靈寶真文》篇目有十部妙經，合三十六卷。"是靈寶君所出，高上大聖所撰，具如《靈寶》疏釋，有二十一卷已現於世，十五卷未出。孟法師云：高玄大法師夏禹師仙公所撰十卷，及《修行要用》五卷，足爲三十六，合爲六卷，即今世所行。其後分有《內教》十卷，即是昇玄之文，亦世所行也。

按《太玄都四極盟科》曰：《洞玄經》萬劫一出，今封一通於太山，一通於勞盛山。元始天王告西王母云：太上紫微金格玉書，《靈寶真文》十部妙經，太上所祕，不盡傳世。王母所得，詎已極源；五嶽所藏，亦多不備。龜山西室，王屋南洞，天經備足。昔黃帝登峨嵋山，詣天真皇人請受此法，駕龍昇玄。帝嚳之時，九天真王駕九龍之輿，降牧德之臺，授帝嚳此法，帝後封之於鍾山。夏禹所感之書出見[12]有異。今略序者，按《真一自然經》云：太極真人夏禹通聖達真，太上命鈔出《靈寶自然經》，分別有《大小劫品經》《中山神呪》[13]《八威召龍》等經，云小劫至時，必脫大水焉。

又云：徐來勒等三真，以己卯年正月一日日中時，於會稽上虞山傳仙公葛玄。玄字孝先，後於天台山傳鄭思遠、竺法蘭、釋道微。道微傳吳主孫權等。仙公昇化，令以所得三洞真經，一通傳弟子，一通藏名山，一通付家門子孫，與從弟少傅奚，奚子護軍悌，悌子洪。洪又於馬跡山詣思遠盟而授之。洪號曰抱朴子。抱朴以建元二年[14]三月三日，於羅浮山付弟子安海君望世等，至從孫巢甫，以晉隆安之末[15]，傳道士任延慶、徐靈期之徒，相傳于世，于今不絕。

《玉緯》云：昔元始天王以開皇元年七月七日丙午中時，使[16]三天玉童傳皇上先生，教曰：若白簡青籙之人，自然得乎此法。又虛無先生傳於唐堯，後聖帝君命小有天王撰集宣行。青童君云：自唐堯之後，得上文者乃七千人。皆[17]飛龍玄昇，或淪化潛引，不可具記。得道者皆藏文五嶽，經內明三劫化主。及開皇劫，以此妙經生天立地。大聖應於始青之中，號元始天尊，或太上道君人天化主。此如三寶科釋，今不具詳。

《玉經隱注》云："《三皇天文》，或云《洞神》，或云《洞仙》，或云《太上玉策》。"《洞仙》者，明此教法，能通行者，登太清仙，故曰洞仙也。《玉策》者，是策進之名，亦是扶持之目。謂策勤行者，扶持使仙也。《三皇文》者，《洞神》第十四云：第一《天皇文內字》。字者，志也。明天使人仰觀上文，心識覺悟，內志習勤，外不炫燿。第二《地皇內記書文》。文者，明也。內學志明，記正無惑，舒以廣濟，緣明至極也。第三《人皇文》。文者，明也。人能俯察地理，法地則天，定內安外，普度無窮，同歸玄門，由學所得。此並經釋也。又稱《三皇經》者，謂三皇各受，隔世稟行。又八帝之經，亦是隨方爲化。猶如《靈寶》一文，五帝分寶，即爲《五帝文》。鮑南海《序目》云："上古初以授於三皇，名之《三皇文》也。"《洞神》第六又云：仙人曰："皇文乃是三皇已前鳥跡之始大章者也。"第三又云："皇文帝書，皆出自然，虛無空中，結氣成字。"又云："本源無異矣。至于三皇各受一部，分爲三元，三才之道也。"第十三卷云："三元八會，自然成文，方丈懸空，字字各現。"第十四云："得失由人，此文不滅，聖真寶之，鎮太極宮中也。"

《序目》云：《小有三皇文》本出《大有》，皆上古三皇所受之書也。《天皇》一卷，《地皇》一卷，《人皇》一卷，凡三卷，皆上古三皇時所授之書也。作字似符文，又似篆文，又似古書，各有字數。神寶君所出，西靈真人所撰。此文在小有之天玉府之中。諸仙人授之，以藏諸名山石室，皆不具足，唯蜀郡峨嵋山具有此文。昔仙人智瓊以《皇文》二卷見義起，不能解，遂還之。王公以帛公精勤所得，傳之賢達，宣行至今。《大字序說》十四篇，是《天文》次第之訣。《小有經》下記所載十一卷，推部本經，分別儀式，合一十四卷。今孟先生所錄者，是其山中所傳，猶十一卷。此二本並行於世。抱朴子云："昔黃帝東到青丘，過風山，見紫府先生，受《三皇內文》。"晉時鮑靚學道於嵩高，以惠帝永康二年，於劉君石室清齋。忽有《三皇文》，刊石成字。乃依經以四百尺絹告玄而受，後亦授葛洪。按《三皇經序》云：鮑君所得石室之文，與世不同。洪或兼受也。陸先生時所得，初傳弟子孫游嶽，有四卷而已。孫後傳陶先生，先生分析支流，稍至十一卷耳。即山中所傳者是。《命召呪文》云：三皇治世，各受一卷，以理天下，有急皆召天地鬼神勅使之，號曰《三墳》。後有八帝，次三皇而治人，各授一卷，凡八卷，號曰《八索》。八帝之治，邪鬼逆竄。黃帝述以斷邪惡。

七部并序

夫七部者，蓋乃總道化之教方，統玄門之正典，包羅羣藝，綜括衆文。六綜之辯莫階，五時之說非擬。覩斯法海，靡不成真，涉此慈波，咸皆捨僞者也。

七部者，今因《正一經》次。一者《洞神部》，二者《洞玄部》，三者《洞真部》，四者《太清部》，五者《太平部》，六者《太玄部》，七者《正一部》。前之三部，已如三洞義釋。今釋後四。

言《太清》者，孟法師云：大道氣之所結，清虛體大[18]，故曰《太清》，以境目經也。今謂此經是從所輔之境得名。何者？此經既輔《洞神》，洞境是太清故也。亦未必示者[19]，此經既明金丹之術，服御之者遠昇太清，故言《太清》也。

《太平》者，太言極太，平謂和平。明六合太通爲一，正平之氣斯行。故《太平經》云："今平氣行矣，平亦是安。"又云："欲復古太平之法，先安中氣也。"又云："三五氣和，日月常光明，乃爲太平。"《爾雅》云："明，成也。"此亦可訓明，言明君治世，成濟品物，爲太平也。或有解云：三階[20]正爲太平。或有解云：景星現曰太平。此並一事爲釋耳。今明此經現世，能使六合同風[21]，萬邦共軌，君明物度，可謂太平也。

《太玄》者，孟法師云，是太玄都也。今爲老君既隱太平之鄉，亦未詳此是何所。必非攝跡還本，遣之又遣，玄之又玄，寄名太玄耶！此經名《太玄》者，當是崇玄之致，以玄爲太，故曰《太玄》也。若言起自玄都，不無此義，但七部皆爾，非獨此文也。

《正一》者，《盟威經》云："正以治邪，一以統萬。"又言："法文者，法以合離，文以分理。"此言衆生離本，所以言離。故下文云："反離還本[22]，合真捨僞，由法乃成。"言統萬者，總攝一切，令得還真。故下文云："一切學士，覺悟少欲，欲少近乎道宗，宗道在乎戒[23]也。"治邪者[24]，文云："衆生根麤，去道賒邈。大道慈悲，立法訓治。趣令心開，兩半成一。一成無敗，與常道合真。"故曰《正一法文》也。通言部者，以部別爲義。三部通名太，《正一》獨稱正者，以三部輔於三洞大法，故言太；《正一》既遍陳三乘，簡異邪道，故稱爲正也。

四　輔

第一、《太清》者，太一爲宗。

老君演說。《建豐經》云："微妙之旨，出於太清。"《天老祕讖經》云："生道實妙，人不釋誠，釋誠不倦，昇太清也。"《九君申明道要》云："《太清中經》，元始出來，出於老君，傳付元君，九皇真人祖習不絕，皆開此君也[25]。"《正一經》云："太清金液天文地理之經，四十六卷。"此經所明，多是金丹之要，又著緯候之儀。今不詳辯。按《墨録》[26]所明，即漢安元年，太上以此經四十六卷付於天師，因此至今[27]也。

第二、《太平》者，三一爲宗。

老君所說。甲部第一云："學士習用其書，尋得其根，根之本宗，三一爲主。"《玉緯》云："《太平》者，六合共行正道之號也。今宛利世界九州八十一域罷[28]除六天，上問神人，詳説古道，家國安寧，長居慶樂。"丁部第四云："欲知吾道大効，付賢明道德之君，使其按用之，立與天地乃響應，是其大明効證驗也。"甲部第一又云："誦吾書，災害不起，此古賢聖所以候得失之文也。"又云："書有三等：一曰神道書，二曰覈事文，三曰浮華記。神道書者，精一不離，實守本根，與陰陽合，與神同門。覈事文者，覈事異同，疑誤不失。浮華記者，離本已遠，錯亂不可常用，時時可記，故名浮華記也。"又云："澄清大亂，功高德正，故號太平。若此法流行，即是太平之時。"故此經云："應感而現，事已即藏。"又云："聖主爲治，謹用兹文；凡君在位，輕忽斯典。"然其卷數，或有不同。今甲乙十部，合一百七十卷。今世所行。按《正一經》云，有太平洞極之經一百四十四卷。今此經流亡，殆將欲盡。此之二經，並是盛明治道，及證果修因，禁忌[29]衆術等也。若是一百四十卷《洞極經》者，按《正一經》，此漢安元年，太上親授天師，流傳兹目[30]。若是甲乙十部者，按《百八十戒》云，是周赧王時，老君於蜀郡臨卭縣授於瑯琊干吉。爾來又隱。近人相傳云，海嵎山石函内有此經。自宋梁以來，求者不得。或往取之，每值風雨暝暗，雷電激揚。至陳祚開基，又屢取不得，每至山所，風雨如故。至宣帝立，帝好道術，乃命太平周法師諱智響往取此經。法師挺素清高，良難可序。受請至山，清齋七日，將就取經。未展之頃，朝雲暗野，曉霧昏山。師拜禮進趨，天光開朗。乃命從人數十，齊心運力，前跪取函。函遂不得開。法師斂氣開之，乃見此經，請還臺邑。帝乃具禮迎接，安於至真觀供養。經放大光明，傾國人民，並皆瞻仰。帝命法師於至真觀開敷講說，利安天下，時稱太平。自此以來，其文盛矣。帝因法師得此經，故號法師爲太平法師，即臧靖法師之禀業也。

第三、《太玄》者，重玄爲宗。

老君所說。故經云："玄玄至道宗。"然其卷數亦有不同。《正一經》云："《太玄道經》二百七十卷。"今《玉緯》所撰，止有一百三十五卷，又非盡是本經，餘者不見，當時運會未行。然此經所明，大略以玄爲致。故《太玄經》云："無無曰道，義極[31]玄玄。"樂真人云："《道德五千文》，茲境之經也。"舊云《道德經》有三卷。《玉緯》云："其中經珍祕，部入《太清》。"亦未詳此解。按《西昇序》云："列以二篇，乃河濱授於漢文。"又云："《素書》二卷，尹喜所受。凡得五卷。"既說有三，時玄靖法師開爲三部，宗致《道德》二卷。是先說以道德爲體，其致則總，以其文内無的對揚之旨故也。《西昇》次說以無欲爲體，故云當持上慧，源妙真一。後說既盛明真一，故以真一爲體。其源流者，所授尹生五卷，由漸甚多，今不更說。通諸一部者，按《正一經》云：太上親授天師《太玄經》有二百七十卷。推檢是漢安元年七月得是經。爾來傳世，乃至今日。但其零落闕遺，亦是運還天府耳。

第四、《正一》者，真一爲宗。

太上所說。《正一經》，天師自云："我受於太上老君，教以《正一新出道法》。"謂之新者，物厭故舊盛新，新出名異實同，學正除邪，仍用舊文，承先經教，無所改造。亦教人學仙，皆用上古之法。王長慮後改易師法[32]，故撰傳録文，名爲《正一新出儀》。故天師云："後世男女，必改吾法，貪財愛色，不施散一切。汝曹重檐，地獄爲家，宜各慎之。"《正一經》云："《正一法文》一百卷。"今孟法師録亦一百卷，凡爲十帙。未知並是此經不耳？斯經所明，總述三乘之用。故此經云"《正一》遍陳三乘"。王長所撰新出之儀四十卷，但未有次第。長既隨師昇玄，于時多承口訣，祇録爲卷名，未詮次第也。其源流者，《玉緯》云：昔元始天王以開皇元年七月七日丙午中時，使三天[33]玉童傳皇上先生，白簡青籙之文，自然得乎此法。虛無先生傳於唐堯。又後聖帝君命小有天王撰集宣行。青童云：自爾之後，得此文者乃七千人。皆飛龍玄昇，或淪化潛引，不可具記。得道者藏文五嶽，精思積感，先得此文。此文極妙，得之隨緣。文來或出河洛，或戒經方，依因結果也。漢末有天師張道陵精思西山[34]，太上親降，漢安元年五月一日，授以三天正法，命爲天師，又授《正一科術要道法文》，其年七月七日又授《正一盟威妙經》三業六通之訣，重爲三天法師正一真人。按《正一經治化品目[35]錄》云："正目經九百三十卷，符圖七十卷，合千卷。"付天師《正一》百卷，即在其內。後會教重，自當具顯。《道本尊卑經》云：真經要妙，其文無雙。三十六萬四千，正言無數，不離《正一》。演氣布化，《五千》爲宗；真精要妙，三洞爲最也。然此法雖復久遠，論其所盛，起自漢朝。天師既昇天後，以此法降與子孫弟子嗣師系師及諸天人一切內外至信者，修行傳習。屢有傳道之人，今不具載。此文因此行矣。謹按《正一經圖科戒品》云：《太清經》輔《洞神部》，金丹以下仙業；《太平經》輔《洞玄部》，《甲乙十部》以下真業；《太玄》輔《洞真部》，《五千文》以下聖業。《正一法文》宗《道德》，崇三洞，遍陳三乘。"《太平經》云："輔者，父也。今言三太輔三洞者，取其事用相資，成生觀解，若父之能生也。眾生鈍劣，聞深教不解，更須開說翼成，方能顯悟，即是扶贊之義也。

十二部

夫十二部經者，蓋是通三乘之妙訓[36]，貫七部之鴻規。尋之者知真，翫之者悟理。實[37]出生死之津梁，入大道之途徑。故《正一經》云："三乘所修，各十二部。"

夫十二部道義，通於三乘。今就中乘爲釋，餘例可知。十二者：第一本文，第二神符，第三玉訣，第四靈圖，第五譜錄，第六戒律，第七威儀，第八方法，第九眾術，第十記傳，第十一讚頌，第十二表奏。

言本文者，即三元八會之書，長行元起之説，其例是也。紫微夫人云：
"三元八會之書，太極高真所用[38]。"本者，始也、根也。是經教之始，
文字之根。又爲得理之元[39]，萬法之本。文者，分也、理也。既能分
辨二儀，又能分別法相；既能理於萬事，又能表詮至理。如木有文，亦
名爲理也。不名真文者，十二義通三乘，真文教主中洞，非通義也。神
符者，即龍章鳳篆之文，靈跡符書之字是也。神則不測爲義，符以符契
爲名。謂此靈跡，神用無方，利益衆生，信若符契。玉訣者，如河上釋
柱下之文，玉訣解金書之例是也。玉名無染，訣語不疑，謂決定了知，
更無疑染。靈圖者，如含景五帝之像，圖局三一之形，其例是也。靈，
妙也；圖，度也。謂度寫妙形，傳流下世。譜錄者，如《生神》所述
三君，《本行》[40]所陳五帝，其例是也。譜，緒也；錄，記也。緒記聖
人，以爲教法。亦是緒其元起，使物錄持也。戒律者，如六情十惡之例
是也。戒者，解也、界也、止也。能解衆惡之縛，能分善惡之界，防止
諸惡也。律者，率也、直也、慄也。率計罪愆，直而不枉，使懼慄也。
威儀者，如齋法典式[41]，請經軌儀之例是也。威是儼巍可畏，儀是軌
式所宜。亦是曲從物宜，爲威法也。方法者，如存三守一，制魄拘魂之
例是也。方者方所，法者節度。修行治身，有方所節度也。衆術者，如
變丹鍊石，化形隱景之例是也。衆，多也；術，道也，爲趣至極之初道
也。記傳者，如道君本業，皇人往行之例是也。記，誌也；傳，傳也。
謂記誌[42]本業，傳示學人。讚頌者，如五真新頌，九天舊章之例是也。
讚以表事，頌以歌德。故《詩》云："頌者，美盛德之形容。"亦曰偈。
偈，憩也。以四字五字爲憩息也。表奏者，如六齋啓願，三會謁請之例
是也。表，明也；奏，湊也。謂表心事上，共湊大道[43]。通言部者，以
部類爲義，亦以部別爲名。謂別其義類，以相從也。無方釋義，十二互
通，從通制別，意如前釋。然十二部内，唯本文有通相、別相。以十二
部皆是文字，爲得理之本，通名爲本文。本文猶是經之異名。十二部
既通名爲經，是通相本文也。於通相文内，別[44]出一部，是《五篇真
文》，有生天立地之能，是一切法本，爲別相本文也。不可言：十二部

皆是玉訣，別出一部是別相玉訣也。餘部例然。又有長行爲偈本稱本文者。餘二乘經，望此可知。

本文是生法之本，數自居前。既生之後，即須扶養，故次辯神符。八會雲篆，三元玉字，若不諳鍊，豈能致益？故須玉訣，釋其理事也。衆生暗鈍，直聞聲教，不能悟解，故立圖像，助以表明。聖功既顯，若不祖宗物情，容言假僞，故須其譜録也。此之五條，生物義定，將欲輔成，必須鑒戒，惡法文[45]弊，宜前防止，故有戒律。既捨俗入道，出家簉[46]於師寳，須善容儀，故次明威儀也。又前乃防惡，宿罪未除，故須修齋軌儀，悔已生惡也。儀容既善，宿根已淨，須進學方術。理期登真，要假道術之妙。顯乎記傳，論聖[47]習學，以次相從也。亦是學功既著，名傳竹帛，故次記傳。始自生物，終乎行成，皆可嘉稱，故次有讚頌。又前言諸教，多是長行散説。今論讚頌，即是句偈。結辭既切，功滿德成，故須表申靈府，如齋訖言功之例，故終乎表奏也。又前十一部明出世之行，後之表奏袪世間之災，如三元塗炭、子午請命之流，皆關表也。

三十六部

三乘之中，乘各有十二部，故合成三十六部也。論其相攝者，一往大乘具有三十六部，中乘具有二十四部，小乘唯十二部。何者？以大得兼小故也。又大乘得學小，爲遍行也。小不得兼學大，故止十二。中乘可知。此遠論界内化門意也。再論三洞，即是會前三乘入此一乘，故三洞大乘唯一耳。而又約三洞、開三乘者，此欲示一乘之内，無所不包。又云，有二經不同。一者《太玄部老君[48]自然齋儀》云：經有三條：一曰《天經》，天真所修；二曰《地經》，洞天所習；三曰《人經》，世間所行。三景之法，相通而成一，曰三乘[49]。三乘之用，各有十二部[50]，交會相通，總曰三十六部。十二條：一曰無爲，二曰有爲，三曰無爲而有爲，四曰有爲而無爲，五曰續愛，六曰斷愛，七曰不斷不續，八曰分段，九曰無斷[51]，十曰知微，十一曰知彰，十二曰適[52]用。當境而曰十二部。隱顯兼施，則有七十二部。今謂此文所出，前之三經，自可是教。後之十二，意在行也。二者《正一》所明，十二者：一者心跡俱無爲，二者心無爲、跡有爲，三者心有爲、跡無爲，四者捨家處人間，五者攜家入川澤，六者出世與人隔絶，七者與世和光同塵，八者斷欲斯斷，九者不斷而斷，十者遊空中，十一者在地下，十二者住天上。三乘皆有十二，故成三十六部也。釋此文意，已在位業義科。但此兩經名味不同者，亦當教義自是一途之説耳。《太玄》所出，多據於心；《正一》所明，通論心跡。但《太玄》十二中，第八一事言分段，考事涉跡，又不顯十二部經科[53]。

【校記】

〔1〕以上六句《道教義樞》卷二《三洞義》作"八會之靈音，三景之玄教。金編玉字，研習可以還源；鳳篆雲章，修服因茲入悟"。

〔2〕"印"原作"部"，據《道藏》本《太玄真一本際妙經》及《敦煌道經圖録篇》改。

〔3〕"經"原作"法"，據上二書改。

〔4〕"天"後原有"地"字，據《道教義樞》卷二《三洞義》删。

〔5〕"靈"原作"虛"，據上書改。

〔6〕"明"，《道藏輯要》本作"名"。

〔7〕"以言"原作"言以"，據上本改。

〔8〕以上引文，《道教義樞》卷二《三洞義》及本卷下文均作"太上紫微宫中金格玉書靈寶真文篇目十部妙經，合三十六卷"。"真"上之"文"字宜删。

〔9〕"今封"後，上書及本卷下文均有"一通於太山"五字。

〔10〕"隆安元年"，上書及本卷下文均作"隆安之末"。

〔11〕"受"原作"授"，據上書改。

〔12〕"見"，上書作"没"。

〔13〕"中山神呪"原作"棲山神呪"，據本卷上文及卷四七《櫛髮呪》條

改。其下"八威召龍等經","等"原作"神",據本卷上文改。

〔14〕"二年"原作"六年",據本卷上文及《道教義樞》卷二《三洞義》改。

〔15〕"付弟子……以晉"十六字原缺,據上書補。又"隆安之末",本卷上文作"隆安元年"。

〔16〕"使"字原無,據《道教義樞》卷二《七部義》增。

〔17〕"皆"原作"此",據本卷下文改。

〔18〕"清虛體大",《道教義樞》卷二《七部義》作"炁清體太"。

〔19〕以上十八字,上書無,疑衍。

〔20〕"階",上書作"台"。

〔21〕"風",上書作"文"。

〔22〕"本",上書作"合"。

〔23〕"戒",上書作"一式"。

〔24〕"者"字原缺,據上書增。

〔25〕以上引文,上書"出來"作"中來","老君"作"九老","元君"作"老君","習"作"襲","開"作"關",無"九皇"二字。

〔26〕"墨錄"原作"黑錄",據上書改。

〔27〕"今"原作"令",據上書改。

〔28〕"罷"原作"擺",據《三天內解經》卷上及本書卷八《釋除六天玉文三天正法》改。

〔29〕"忌",《道教義樞》卷二《七部義》作"惡"。

〔30〕"目",上書作"日"。

〔31〕"極",上書作"樞"。

〔32〕"師法"原作"法師",據上書改。

〔33〕"三天"原無,據上書及本卷下文增。

〔34〕"西山",上書作"西蜀"。

〔35〕"目",上書作"墨"。

〔36〕"妙訓",《玄門大義·正義第一》作"訓典"。

〔37〕"實"字上書無。

〔38〕"用"原作"有"，據《玄門大義·釋名第二》及《道教義樞》卷二《十二部義》改。

〔39〕"元"，上二書分別作"原"與"无"。

〔40〕"本行"原作"立本"，據上二書改。

〔41〕"式"原作"戒"，據上二書改。

〔42〕"誌"原作"至"，據上二書改。

〔43〕"謂表心事上，共湊大道"，《玄門大義·釋名第二》作"謂表明心事，上湊大道"，《道教義樞》卷二《十二部義》作"謂申明心事，上奏大道"。

〔44〕"別"原作"則"，據《玄門大義》改。

〔45〕"文"，《玄門大義·明次第第五》作"交"。

〔46〕"出家籙"，上書作"出家受戒籙"，《道藏輯要》本作"出家造"。

〔47〕"聖"，《玄門大義·明次第第五》作"其"。

〔48〕"太玄部老君"，上書作"太玄都老子"。

〔49〕"三景之法，相通而成一，曰三乘"，上書作"三境之法，相通而一，一品曰三乘"。

〔50〕"部"，上書作"條"。

〔51〕"無斷"，上書作"无分段"。

〔52〕"適"，上書作"通"。

〔53〕"第八一事"至"經科"，上書作"第八一事言分段者，事如涉迹又顯"。

雲笈七籤卷之七

三洞經教部

本　文

説三元八會六書之法

《道門大論》曰：一者陰陽初[1]分，有三元五德八會之氣，以成飛天之書。後撰爲八龍雲篆明光之章。陸先生解三才謂之三元。三元既立，五行咸具。以五行爲五位，三五和合，謂之八會，爲衆書之文[2]。又有八龍雲篆明光之章，自然飛玄之炁，結空成文[3]，字方一丈，肇於諸天之内[4]，生立一切也。按《真誥》，紫微夫人説："三元八會之書，建文章之祖。八龍雲篆，是根宗所起，有書之始也。"又云："八會是三才五行，形在既判之後。"《赤書》云："《靈寶赤書五篇真文》出於元始之先。"即此而論，三元應非三才，五德應非五行也。此正應是三寶丈人之三氣，三氣自有五德耳。故《九天生神章》云："天地萬化，自非三元所育，九氣所導，莫能生也。"又曰："三氣爲天地之尊，九氣爲萬物之根。"故知此三元在天地未開、三才未生之前也。宋法師解八會秖是三氣五德。三元者：一曰混洞太無元，高上玉皇之氣；二曰赤混太無元，無上玉虛[5]之氣；三曰冥寂玄通元，無上玉虛之氣。五德者，即三元所有。三五會即陰陽和。陰有少陰、太陰，陽有少陽、太陽，就和中之和，爲五德也。篆者，撰也。撰集雲書，謂之《雲篆》。此即三元八會之文，八龍雲篆之章，皆是天書，三元八會之例是也[6]。雲篆明光，則《五符》《五勝》之例是也。八會本文，凡一千一百九字，《五篇真文》[7]合六百六十八字，是三才之元根，生立天地，開化人神，萬物之由。故云有天道、地道、神道、人道，此之謂也。《玉訣》云，修用此法，《五篇》皆分字數，各有四條。一者主召九天上帝，校神仙圖籙，求仙致真之法。二者主召天宿星官[8]，正天分度，保國寧民之道。三者攝制酆都六天之氣。四者勅命水帝，制召龍鳥也。其《諸天內音》，一天有八字，三十二天合二百五十六字。論諸天度數期會，大聖真仙名諱位號，所治官府臺城處所，神仙變化昇降品次，衆魔種類，人[9]鬼生死，轉輪因緣。其六十三字[10]，是五方元精名號，服御求仙、鍊神化形、白日騰空之法。餘一百二十二字闕无[11]音解。

二者演八會爲龍鳳之文，謂之龍書[12]。此下皆玄聖所述，以寫天文也。

三者軒轅之時，倉頡仿[13]龍鳳之勢，採鳥跡之文[14]爲古文，以代結繩，即古體也。

四者周時史籀，變古文爲大篆。

五者秦時程邈，變大篆爲小篆。

六者秦後盱陽變小篆爲隸書。又云：漢謂隸書曰佐書。或言程邈獄中所造，出於徒隸，故以隸爲名。此即爲六書也。

雲　篆

又有雲篆明光之章，爲順形梵書文。別爲六十四種，播于三十六天[15]。今經書相傳，皆以隸字解天書，相雜而行也。

八體六書六文

一曰大篆，二曰小篆，三曰刻符，四曰蟲書，五曰摹印，六曰署書，七曰殳書，八曰隸書。王莽時，使司徒甄豐校定文字，復有六書：一曰古文，孔子壁中書。二曰奇字，古文異書。三曰篆書。四曰佐書，即隸書。五曰繆篆，所以摹印。六曰鳥篆，翻言也[16]。

倉頡始書，已應有筆。《詩》云彤管，則是筆也。而言蒙恬造筆者，蓋恬爲秦將，三世有名，制削筆精，能獨擅名也。

漢和帝時，蔡倫始造紙，爾前唯書簡牒。牒者，詮牒語事也；簡者，任簡而不繁也。但知本是天書金簡，餘地書已下八體六文，皆從真出外，學者自更詳之。又未知何時，書於此經在紙作卷。

今謂劫初已自有筆，太真所書，何言無也？及以八體六文等耶？以天尊造化，具一切法也。後人承用，自有前後耳。六文：一曰象形，日月是也；二曰指事，上下是也；三曰形聲，河海是也；四曰會意，武信是也；五曰轉注，考老是也；六曰假借，令長是也。

符　　字

一切萬物，莫不以精氣爲用。故二儀三景[17]，皆以精氣行乎其中。萬物既有，亦以精氣行乎其中也。是則五行六物，莫不有精氣者也。以道之精氣，布之簡墨，會物之精氣，以却邪僞，輔助正真，召會羣靈，制御生死，保持劫運，安鎮五方。然此符本於結空，太真仰寫天文，分置方位，區別圖象符書之異。符者，通取雲物星辰之勢。書者，別析音句銓量之旨。圖者，畫取靈變之狀。然符中有書，參似圖象。書中有圖，形聲並用。故有八體六文，更相發顯。

八　　顯

八顯[18]者，一曰天書，八會是也。二曰神書，雲篆是也。三曰地書，龍鳳之象也。四曰內書，龜龍魚鳥所吐者也。五曰外書，鱗甲毛羽所載也。六曰鬼書，雜體微昧，非人所解者也。七曰中夏書，草藝[19]雲篆是也。八曰戎夷書，類於蜫蟲者也。此六文八體，或今字同古，或古字同今，符彩交加，共成一法，合爲一用，故同異無定也。此依宋法師所説，未見正文。而三洞經中符有字者，如《古文尚書》中有古字與今同者耳。

玉字訣

太上道君於南丹洞陽上館爲學士王龍賜説此靈文玉字之訣，但未知定是何世所注，學者尋之。又説諸修行符醮、五方、思存、禳災等法，然正是解訣八會之文。而就本文，理中復明理，如解真文中更明感通之理，《定志經》又云出思微之義，事中復有事[20]，如玉訣中復明傳經及盟授威儀之事。然諸經中凡有解訣，皆通謂之玉訣也。

皇文帝書

《三皇經》云：皇文帝書，皆出自然，虛無空中，結氣成字。無祖無先，無窮無極，隨運隱見，綿綿常存。

天　書

《諸天内音經》云："忽有天書，字方一丈，自然見空，其上[21]文彩焕爛，八角垂芒，精光亂眼，不可得看。"

天真皇人曰："斯文尊妙，不譬於常。是故開大有之始，而閉天光明，以寶其道，而尊其文。其字宛奥，非凡書之體[22]，蓋[23]貴其妙象，而隱其至真"也。

龍　章

《靈寶經》云："赤明開圖，運度自然，元始安鎮，《敷落五篇》，《赤書玉字》，《八威龍文》，保制劫運，使天長存。"此之龍章也。

鳳　文

《紫鳳赤書經》云："此經舊文，藏在太上六合紫房之内。有六頭師子巨獸夾墙，玉童玉女侍衛鳳文。"

玉牒金書

《三元布經》"皆刻金丹之書，盛以自然雲錦之囊，封以三元寶神之章，藏於九天之上，大有之宮"，謂之《玉牒金書》。

又云："以紫玉爲簡，生金爲文，編以金縷，纏以青絲。"

《太上太真科》云："《玉牒金書》，七寶爲簡，又名《紫簡》。"

石　字

《本行經》云：道言："昔禪黎世界隊王有女字絓音，生仍不言，年至十四，王怪之焉。乃棄女於南浮長桑之阿空山之中。女行山周帀，忽與神人會於丹陵之舍栢林之下。神執絓音右手，題赤石之上。語絓音曰：'汝雖不能言，可憶此也。'天爲其感，愍其疾，遣朱宮靈童下教絓音治身之術，授其赤書八字。絓音[24]於是能言。"

《靈寶玉訣經》云："道告阿丘曾曰：'汝前生與南極尊神同在禪黎世界，於丹陵之舍栢林之下，同發道意。爾時南極姓皇字度明，執汝右手，俱題赤石，以記姓名。南宫即書汝筆跡，題於南軒，今猶尚在，石字亦存，汝憶之不？'丘曾心悟，舉目即見南極所主南壁刻書云：'太甲歲七月一日，皇度明王阿丘曾同於丹陵栢林下發願。'[25]合二十三字，字甚分明。"

題　素

《五符經》云："《五符》一通，書以南和之[26]繒"，南和，赤色繒也。"封以金英之函，印以玄都之章，付震水洞玄之君[27]。"

《仙公請問經》云："《道德》上下經及《洞真玄經》《三皇天文》《上清衆篇詠》等，皆是太上所撰而爲文，書於南和之繒，故曰題素也。"

玉　字

《內音玉字經》云天真皇人曰：《諸天內音自然玉字》，"字方一丈，自然而見空玄之上。八角垂芒，精光亂眼。靈書八會，字無正形，其趣宛奧，難可尋詳。"“皆諸天之中大梵隱語，結飛玄之氣，合和五方之音，生於元始之上，出於空洞之中，隨運開度，普成天地之功。”

天尊命天真皇人注解其正音，使皇道清暢，澤被十方。皇人"不敢違命，按筆注解之曰[28]，形魂頓喪，率我所見，聊注其文"，"五合之[29]義，其道足以開度天人也"。和合五方無量之音，以成諸天內音。故曰五合之義也。

文生東

《太平經》云："文者生於東，明於南，故天文生東北，故書出東北，而天見其象。虎有文章[30]，家在寅；龍有文章，家在辰。""文者生於東，盛於南。"是知真文初出在東北也。

玉　　籙

《玉清隱書》："有帝簡金書、玄玉籙籍，可以傳《玄羽玉經》也。"又云："自非帝圖玉籙者，不得聞見上皇玉慧玉清之《隱書》、金玄隱玄之《羽經》也。"

玉　　篇

《衆篇序》云：元始命太真按筆，玉妃拂筵，鑄金爲簡，刻[31]書玉篇。五老掌籙，祕於九靈仙都之宮，雲蘊而授葛仙公之經也。

玉　　札

《金根經》云："太上大道君以《大洞真經》付上相青童君掌錄於東華青宮，使傳後聖應爲真人者。此金簡玉札，出自太上靈都之宮，刻玉爲之。"

丹書墨籙

《太真科》云："丹簡者，乃朱漆之簡，明火主陽也。墨籙者，以墨書文，明水主陰也。人學長生，遵之不死。故名丹簡墨籙，祕不妄傳。"

玉　策

天皇手執《飛仙玉策》，人皇手執《上皇保命玉策》，地皇手執《元皇定錄玉策》。

福連之書

《三十九章經》曰："太上有瓊羽之門，合延爲胎命之王，玄一爲三氣之尊，元老爲上帝之賓，並扶兆身，神臺刊名於《福連之簡》。"又曰："太上金簡玉札，名[32]爲《福連之書》。"

琅虬瓊文

《飛行羽經》云：金書玉籙乃琅虬瓊文也。

白銀之編

《金房度命經》云：太帝靈都宮[33]中，有金房度命迴年之訣。"皆鑄金爲簡，刻白銀之編，紫筆書編也[34]。"

赤　書

《玉訣經》云：《元始赤書五篇真文》，"置以五帝，導[35]以陰陽，轉輪九天之紐，運明五星之光"也。

火鍊真文

《本相經》曰：吾昔赤明元年與高上大聖玉帝於此土中鍊其真文，

以火瑩發字形。爾時真文火漏餘處氣生，化爲七寶林。是以枝葉成紫書金地，銀鏤玉文其中。及諸龍禽猛獸一切神蟲，常食林露，真氣入身，命皆得長，壽三千萬劫。當終之後，皆轉化爲飛仙，從道不輟，亦得正真無爲之道。

金壺墨汁字

《聖紀》云：浮提國獻善書二人，乍老乍少，隱形則出影，聞聲則藏形。時出金壺四寸，上有五龍之檢，封以青泥。壺中有黑汁若淳漆，灑木石皆成篆隸科斗之字，記造化人倫之始。老君撰《道經》垂十萬言，皆寫以玉牒，編以金繩，貯以玉函。及金壺汁盡，浮提二人乃欲剒心瀝血以代墨焉。

瓊　札

《玉清隱書金虎符》云："《鬱儀赤文》，招日同輿；《結璘黃章》，與月共居。"

《上清消魔經》："啓洞門於希林，尋靈跡於丹穴，發九天[36]之朱匱，望上清之瓊札。玄書既刻於玉章，絳名始刊於靈闕[37]。""四遇三元於玄宮[38]，六造五老於靈室。"

紫　字

《八素經》云："《八素真經》玄文，生於太空之内，見於西龜之山，玄圃之上，積石之陰。""《八素》高玄羽章，靈文鬱乎洞摽，紫字焕乎瓊林。神光流輝於九元，金音虛朗於紫天。""文威焕赫，氣布紫庭，衆真晏禮，稱慶上清。"

自然之字

《玉帝七聖玄記》云："爾乃《廻天九霄》，白簡青籙，上聖帝君受於九空，結飛玄紫氣自然之字，玄記後學得道之名。靈音韻合，玉朗稟真，或以字體，或以隱音。上下四會，皆表玄名，空生刻書，廣靈之堂。舊文有十萬玉言，字無正類，韻無正音。自非上聖，莫能意通。積七千年而後，題[39]崑崙之室，北洞之源，字方一丈，文蔚焕爛，四合垂芒，虛生晻曖，若存若亡。流光紫氣拂其穢，黃金冶鍊瑩其文。遂經累劫，字體鮮明。至上皇元年九月十七日[40]，七聖齊靈，清齋長宮，金青盟天，跪誓告靈，奉受靈文。高上解其曲滯，七聖通其妙音。記爲《廻天九霄》得道之篇，刻以白銀之簡，結以飛青之文，藏於雲錦之囊，封以啓命之章，付於五老仙都左仙公，掌錄瓊宮"也。

四會成字

《玉帝七聖玄記》云："《七聖玄記廻天上文》，或以韻合，或以支類相參，或上下四會以成字音，或標其正諱，或單復相兼，皆出玄古空洞之中，高真撰集以明靈文。"後學之人，若有玄名者，得見此文，青空揀[41]初角切名，四司所保，五帝記名也。

琅簡蘂書

《八素經》云："西華宮有琅簡蘂書，當爲眞人者乃得此文。"

石磧

《三洞珠囊》云："西王母以上皇元年七月，於南浮洞室下教，以授清虛真人王君，傳於夏禹。禹封文於南浮洞室石磧之中。"磧亦有作此碩者。故《五符》云，《九天靈書》猶封於石磧是也。今檢諸字類，無此碩字也。《玉訣》下云"《五老真文》封題玉磧"，亦其例也。孔靈符《會稽記》云："會稽山南有宛委山，其上有石，俗呼爲石匱。壁立干雲，累梯然後至焉。昔禹治洪水，厥功未就，齋於此山。發石匱得金簡字，以知山河體勢。於是疏導百川，各盡其宜也。"

【校記】

〔1〕"初",《敦煌道經圖録編·通門論》卷下作"之"。

〔2〕"爲衆書之文",上書作"爲書之先"。

〔3〕"自然飛玄之炁,結空成文",上書作"自然凝飛玄之炁,結炁成文"。

〔4〕"肇於諸天之内",上書作"筆於未天之中"。

〔5〕"玉虚",《三洞神符記》作"玉清",《道藏》本《洞玄靈寶自然九天生神章經》作"紫虚"。

〔6〕"之例是也",《敦煌道經圖録編·通門論》卷下作"則五篇方丈内音八字例是也","方丈"疑爲"真文"之譌,或其上脱"真文"二字。

〔7〕"五"原作"其",據《赤書玉訣妙經》卷上及《赤書玉篇真文天書經》卷上改。

〔8〕"官"原作"宫",據上二書改。

〔9〕"人"原作"八",據《三洞神符記》及《道藏輯要》本改。

〔10〕"其六十三字",原無"六"字,據《敦煌道經圖録編·通門論》卷下增。

〔11〕"无"原作"元",據上書改。

〔12〕"龍書",上書作"地書"。

〔13〕"仿"原作"傍",據上書改。

〔14〕"之文"二字原無,據上書增。

〔15〕"天"後,上書有"十方衆域也"五字。

〔16〕"六曰鳥篆,翻言也",許慎《説文叙》作"六曰鳥蟲書,所以書幡信也"。《晉書·衛恒傳》則無"蟲"字。

〔17〕"故二儀三景",《敦煌道經圖録編·通門論》卷下作"故二儀既判,三景以别"。

〔18〕"顯",上書作"體"。

〔19〕"草蓻",上書作"摹䂓"。"䂓"疑當作"範"。

〔20〕"而就本文"至"事中復有事",上書作"而就本文,理中復更明理,如解真文中更盟感通之理,定志更出思微之義也。二者事中復有事"。

〔21〕"自然見空,其上",《諸天內音自然玉字》作"自然而見空玄之上,五色光中"。

〔22〕"非凡書之體",上書作"非天書之無形"。

〔23〕"蓋",上書作"真"。

〔24〕"絓音",本書卷一〇二《赤明天帝紀》作"之音"連上句。

〔25〕以上引文,《赤書玉訣妙經》卷下無"王"字,"下"前有"舍"字。

〔26〕"之",《五符序》卷上作"丹"。

〔27〕"付震水洞玄之君",上書作"命川澤水神以付震水洞室之君"。

〔28〕《諸天內音自然玉字》無"注解"二字,"曰"作"日"。

〔29〕"之",上書作"文"。

〔30〕"章"字《太平經‧王者賜下法第一百》無,後"龍有文章"中"章"字同。

〔31〕"刻"原作"訓",據《道藏輯要》本改。

〔32〕"名"字原缺,據本書卷八《釋三十九章經》第七章補。

〔33〕"太帝靈都宮"原作"太常靈神都宮",據《洞真金房度命綠字迴年三華寶曜內真上經》改。

〔34〕以上引文,上書"金"作"黃金","之"作"結","書編"作"書文"。

〔35〕"導",《赤書玉訣妙經》卷下作"遵"。

〔36〕"九天"原作"元天",據《智慧消魔真經》卷一改。

〔37〕"靈闕",上書作"虛闕"。

〔38〕"宮",上書作"臺"。

〔39〕"題"字原缺,據《上清玉帝七聖玄紀迴天九霄經》補。

〔40〕"上皇",上書作"中皇","十七日"作"七日"。

〔41〕"揀",上書作"揀"。

雲笈七籤卷之八

三洞經教部

經　　釋

釋三十九章經

《大洞真經》云：高上虛皇道君而下三十九道君，各著經一章，故曰《三十九章經》，乃《大洞》之首也。

第一章

高上虛皇君曰：元氣生於九天之上，名曰辟非。辟非之煙，下入人之身，而爲明梁之氣。居人五藏之中，處乎心華之下。此至氣之所在，長煙之所託。能知辟非之由者，乃得領祖太無。領祖太無者，盡體虛玄之大，冠道素之標矣。益元羽童，乃人鼻之神也。"裹風亂玄[1]"，人鼻之氣也。"四清撫閑"，乃鼻下口上之間也。當令鼻氣恒閑，又當數加手按。讀此篇，捻鼻間，乃高上之正座，天嶽之混氣。氣之來也解百結，鼻神翩翩，列坐緑室。緑室者，唇上人中之際也。是以"帝一上景"，攝煙連裹，長契虛運，反華自然矣。易有者，九天之上，西北之門名也。若既登易有之門，乃得昇帝堂之會。然後五塗既化，森羅幽鬱，音暗一云音響。太和，萬唱幽發，百混九廻，還而順一耳。太一隱生之寳，人之心也。乃明梁之所舘，辟非之所棲。是故七祖反生，道濟帝簡，高上之旨，理於此矣。讀高上之洞經既畢，乃口祝曰："三藍羅、波逮臺。"此九天之祝言，高上之內名也。夫"三藍羅、波逯臺"者，於地上之音曰："天命長、人常寧"也。易有者，於地上之音曰長臺。

第二章

上皇玉虛君曰："玄歸"者，於九天之音曰泥丸也。天晨、金霄，帝一雌雄之道，天晨爲雌，金霄爲雄。雄一之神曰晨，雌一之神曰霄〔2〕。玉州〔3〕黃籙者，帝之金簡也。德刃者，九天之臺名也。

第三章

皇上玉帝君曰："玉帝有玄上之幡。"一名反華之幡，皆玉帝之旌旗，招仙之號令也。以制命九天之階級，徵召四海五嶽之神王也。九天真人呼日爲濯耀羅，三天真人呼日爲圓光蔚。玉清天中有樹似松，名曰空青之林。得食其華者，身爲金光。自非妙尋雲景，而金房不登；自非重誦洞章，而玉賓弗見也。若既陟其塗，則可以窺森然晃朗之門，而手掇空青之華也。

第四章

上皇先生紫晨君曰：太冥在九天之上，謂冥氣遠而絕乎九玄，惟讀《大洞玉經》者可以交接其間也，故謂洞景，寄以神道耳。又玉清天中有綺合臺，下有萬津之海，其水波湧如連嶽焉。

第五章

太微天帝君曰：九天真人呼風爲浮。金房在明霞之上，九戶在瓊闕之內，此皆太微之所舘，天帝之玉宇也。

第六章

三元紫精君曰：紫精之天，處太無之中。三元之氣，在上景之衢。秀朗者，玉清天中臺名。太混者，玉清天中殿舘名。羽明者，上清天人之車名也。

第七章

真陽元老玄一君曰：真陽者，上清之舘名。玉皇者，虛無之真人。逸宅者，真氣之明堂。丹玄乃泥丸之所在也。若能七轉《洞經》於震靈之上，三回帝尊於白氣之中，則真人定錄，而魔王立到。則注生籍於玉關，招五老於金臺矣。太上有瓊羽之門，合延爲胎命之王，玄一爲三氣之尊，元老爲上帝之賓，並扶兆身，神臺刊名於《福連之簡》也。太上金簡玉札，名爲《福連之書》。

第八章

上元太素三元君曰：太素三元宮中有三華之氣，生於自然也，似芙蓉之暉。晨燈者，乃玉真天中明氣之光，洞照於三元之臺也。廣靈堂者，上清之房名。兆若能存雌一於夙夜，誦《洞章》以萬遍者，則太微小童負五圖於帝側，絳宮真人承五符於胎尊，合變於三素之氣，得形於晨燈之光，則人無哭兆，終身不亡矣。

第九章

上清紫精三素君曰：上清紫精天中有樹，其葉似竹而赤，其華似鑑而明，其子似李而無核，名曰育華之林。食其葉而辟飢，食其華以不死，食其實即飛仙，所謂絳樹丹實，色照五藏者也。自非長冥眇思，棲神太無，而育華之實，不可得而食也。上清玉房生七寶之雲，雲色七重，其氣九扇。以童子辟非、童女宣彌，得乘此寶雲上入玉清之天也。而辟非者，太微之內神；宣彌者，玉清之神女。若兆能離合百神，間關帝一，變化九魂，混暢五七者，則辟非可賴，宣彌可致。七度死厄，三光所利，五老延日以曲照，太上三便以相入矣。三便者，太上金房之名也。

第十章

青靈陽安元君曰：青靈者，真人之位號。八氣者，雲色之相沓。元君者，虛皇之司命。三華者，玉清之房名，乃陽安元君之所處也。

第十一章

皇清洞真道君曰：皇清乃上清三仙皇之真人也，洞真乃上清元老之君也，皆俱合生於太無之外，俱合死於廣漠之上[4]。能生能死，是以"皇清洞真，三帝合生"，理出於此矣。日母者，玉清之老母，主胞胎於尊神也，名曰正薈條。兆能知日母之名，則胞結自解，七祖罪消。

第十二章

高上太素君曰：高上皇人，常宴紫霄之上。玉根者，玉清天中山名也，乃五老上真之所治。太素真人拂日月之光於帝一之前。太素天中呼日爲眇景也。玉門蘭室，並是上清宮中門戶名也。月中樹名騫樹，一名藥王，凡有八樹在月中也。得食其葉者爲玉仙。玉仙之身，洞徹如水精瑠璃焉。

第十三章

皇上四老道中君曰：皇上四老真人在日中無影，呼日名爲九曜生，常乘明玉之輪，轉宴於日中也。廣霞者，玉清天中山名，乃九日之所出矣，日帝之所司也。

第十四章

玉晨太上大道君曰：道君保形景於法化之内，回晒鏡於上清之上，解襟帶於玉映之室，乘八素入於四明之門，反日中之神王，併月中之高靈矣。玉映者，玉晨之宮名。四明者，上清玉帝之南門也。

第十五章

太清大道君曰：太清天中，有山名浮絕，三天神王之所治也。彼天人呼日爲太明。又有金華樓，諸受真仙玉錄者，皆在此樓之中。

第十六章

太極大道元景君曰：太極有元景之王，司攝三天之神仙者也。太漠者，太清之外也。太極真人呼日爲圓明。

第十七章

皇初紫元君[5]曰：皇初紫元之天，常有暉暉之光，鬱鬱如薄霞焉。乃九日之所出，有如一日之照耳。六淵者，乃元君之宮名。寒童者，山名也。故曰：登寒童之嶽，會六淵之中矣。

第十八章

無英中真上老君曰：無英中真上老君處上真之宮，領五帝之籍，解兆五符於重結，化兆五神於胎骨，常遊紫房明堂之内也。

第十九章

中央黄老君曰：中央黄老君，三元之真皇也。圓華者，黄老之宫名也。玉壽者，太微天中之山名也。皆黄老君之理所。

第二十章

青精上真内景君曰：青精之宫有上華之室，室中有自然青氣，號曰返香之煙，逆風聞三千里。紫空者，内景之山名也。青精君常乘羽逸之車，攜玄景之童，登紫空之山，入玉室之内也。

第二十一章

太陽九氣玉賢元君曰：太陽九氣者，變化三晨之上，策駕紫軿於微玄之下。微玄者，日中之神名，曰玉賢天中或呼日爲微玄也。"開陰太漠"者，是胎神之所在也。胎門既塞，乃滯血之所穢。胎門既開，而嬰神之所棲。太漠爲玄重之根，開陰爲常生之源。若胎開而明潔，則帝一之氣全也。若太漠之内修，則五老之宴歡。故云："開陰太漠，長保陽源。"陽源者，猶人之有勢也。兆能使陽源不傾，玄泉不動，淡然淵停，潭然天静，亦廻老駐年，與靈均氣也。

第二十二章

太初九素金華景元君曰：太初天中有華景之宫，宫有自然九素之氣。氣煙亂生，雕雲九色。入其煙中者易貌，居其煙中者百變。又有慶液之河，號爲吉人之津。又有流汩之池，池廣千里，中有玉樹。飲此流汩之水，則五藏明徹，面生紫雲。

第二十三章

九皇上真司命君曰：九皇上真者，玉虚之元君也。四司者，天帝之禁宫也。晨暉者，玉虚司命之宫名也。飛霞者，玉虚天中之山名。《逸錄》者，仙皇之符籙也。

第二十四章

天皇上真玉華三元君曰：天皇上真者，是上清真人之典禁主，玉華仙女之母，故號曰玉華三元君也。乘神徊之車，登雲颷之宫，入流逸之室。神徊者，是真人一輪車名。"九曲下户"者，是男女之陰地也，男曰九曲，女曰下户。此陰地常生白雲之氣，以薰黃庭之間，是得道之候驗也。

第二十五章

太一上元禁君曰：太一上元君者，萬仙之司，主方嶽真氣也。主除死籍，刻書生簡。赤氣王者，日中之上神，其名曰將車梁[6]。能知赤氣王名者不死。

第二十六章

元虛黃房真晨君曰：元虛黃房者，是真晨仙君之所治也。玉宮者，是得道符籍之所在也。九元鎮真者，是九元太帝之名也。太帝名鎮字真，兆能知之者不死。

第二十七章

太極主四真人元君曰：太極元君乘凌羽之車，結雲氣以雕華，控九龍以齊驥，揚威於高上之天，轉轂於太明之丘，鳴鍾於朱火之臺。

第二十八章

四斗中真七晨散華君曰：玉清天中有散華之臺，是四斗七晨道君之所治也。七晨天中有反生之香，氣反衝於三寶之山。山在四斗之中，上有金琅之舘，名曰映清夷之宮[7]。其中上皇真人皆項負寶曜，體映圓光，氣合三寶，靈洞五藏也。洞經所謂"香風扇三寶，五藏映清夷"。

第二十九章

辰中黃景元君曰：辰中真人帶迎延之符，登太霄之庭，飛羽輪於滄浪之臺[8]，佩玉章之文於太霞之宮。

第三十章

金闕後聖太平李真天帝上景君曰：金闕之中有上景之氣，氣色鬱鬱，暉照十方，乃後聖之靈都，太平之所會也。種年祚於日氣之中，植三命於月宮之庭，五毒絶於沈没，解結生於天堂。

第三十一章

太虛後聖無[9]景彭室真君曰：太霞之中有彭彭之室，結白氣以造構，合九雲而立宇，紫煙重扉，神華所聚，故號曰彭彭之室，而太虛元君之所處焉。

第三十二章

太玄都九氣丈人主仙君曰：太玄都九氣丈人乘晨徊之風，登蕩滯之山，煥鬱然之煙，入太暉之宮。伐胞樹於死戶，養胎氣於冥初，濟五毒於常關，定三命於金書。

第三十三章

上清八皇老君曰：上清之天在絕霞之外，有八皇老君運九天之仙而處上清之宮也。乘廣琅之車，把鳳羽之節，登華便之山，入太老之堂。上清真人呼日月爲太寶、九華。

第三十四章

東華方諸宮高晨師玉保王青童君曰[10]：東華者，仙真之州也，在始暉之間，高晨玉保王所治也。東華真人呼日爲紫曜明，或曰圓珠。青童君乘雕玉之軿，御圓珠之氣，登雲波之山，入東華之堂。

第三十五章

榑桑太帝九老仙皇君曰：九老京者，山名也，在榑桑之際。九老仙皇處榑桑之際，治九老之京。太帝君治榑桑之杪，會方丈之臺也。二道君時乘合羽之車，合羽車者，雲沓之色，登榑桑之杪，會九老之京，出《靈戶之符》，召大魔之王矣。

第三十六章

小有玉真萬華先生主圖玉君曰：小有玉真天中有萬華之宮，小有先生主圖玉君之所治也。此宮之中，藏錄上帝之寶經，玉清之隱書也。又有洞觀之堂，懸在太無之中。重泉曲者，魔王之陰府也。兆既得洞一之道，乃拔死於泉曲之籍，書仙名於靈羽之錄。

第三十七章

玄洲二十九真伯上帝司禁君曰：玄洲有三溺[11]之津，非飛仙而莫越也。又有羽景之堂，在太無之庭。又有絕空之宮，在五雲之中。玉[12]靈仙母金華仙女常所遊也。司禁真伯上帝玉君時乘日月之軿，披虎文之裘，登重漠之山，入宴羽景之堂，濯纓帝川之池，會仙絕空之宮也。

第三十八章

太無晨中君刊[13]峨崛山中洞宫玉户太素君曰：太無在洞景之表，太素在幽玄之上，九宫列金門於太素之表，丹樓沓七重於太無之庭，乃太素三元君所遊也。

第三十九章

西元龜山九靈真仙母青金丹皇君曰：崑崙山有九靈之舘，又有金丹流雲之宮，上接璇璣之輪，下在太空之中，乃王母之所治也。西元龜山在崑崙之西，太帝玉妃之所在。

釋太上大道君洞真金玄八景玉籙

經釋題曰："東華上仙曰[14]《太上八素隱書》，南華上仙曰《大洞真經》，西華上仙曰《金真玉[15]光映天洞觀玉經》，北華上仙曰《蕭條九曜豁落七元上經》，玉皇中仙[16]曰《太上高聖八景玉籙》。中央黃老君南極元君藏錄二經於太素瑤臺玄雲羽室，封以鬱林[17]之笈、玉清三元之章。乃命北寒金臺龍華玉女七百人，又命白空虞宮西靈玉童七百人侍衛焉。""晉永和十一年，歲在乙卯，九月一日夜半，受經於紫微王夫人。凡二萬二百三十字，其《大洞真經》一萬字。"

上清高聖太上道君金玄八景玉籙

"上清高聖太上大道君者，蓋二晨之精氣，慶雲之紫煙。玉暉輝煥，金映流真，結化含秀，苞凝玄神，寄胎母氏，育形爲人。諱闓天真，字開元[18]。母姙三千七百年，乃誕於西那天鬱察山浮羅嶽丹玄之阿。""於是受書玉虛，眺景上清，位爲太上高聖玉晨大道君，治藥珠日闕舘七暎紫房，玉童玉女各三十萬人侍衛。""於是振策七圖，揚青建朱，騰空儷旃，駕景騁颷，徘徊八煙，盤桓空塗，仰簪日華，拾落月[19]珠，摘絳林之琅實，餌玄河之紫藥，偃蹇靈軒，領理帝書，萬神入拜，五德把符，上真侍晨，天皇抱圖。"乃仰空而言曰："子欲爲真，當存日中君，駕龍驂鳳，乘天景雲，東遊桑林[20]，遂入帝門。若必昇天，當思月中夫人，駕十飛龍，乘我流鈴，西朝六領[21]，遂詣帝堂。

精根運思，上朝玉皇。薈薈敷《鬱儀》以躡景，晃晃散《結璘》以暨霄。"雙皇合輦，後天而凋。"夫大有者，九天之紫宮；小有者，清虛三十六天之首洞。"於是太上大道君初乘一景之輿，駕八素紫雲，攝希微倉帝名録豐子俱東行，詣鬱悅那林昌玉臺天見玉清紫道虛皇上君，受《九暉大晨隱符》。

太上大道君次乘二景之輿，駕七素絳雲，攝中微赤帝名定無彥俱南行，詣高桃厲沖龍羅天見玉清翼日虛皇太上道君，受《觀靈元晨隱符》。

太上大道君次乘三景之輿，駕六素紅雲，攝紫微白帝名渠淵石俱西行，詣碧落空歌餘黎天[22]見玉清昌陽始虛皇高元君，受《總晨九極隱符》。

太上大道君次乘四景之輿，駕五素青雲，攝玄微黑帝名齊元旋俱北行，詣㰽摩坦婁于醫天見玉清七靜道生高上虛皇君，受《沓曜旋根隱符》。

太上大道君次乘五景之輿，駕四素黃雲，攝始微上帝名接空子俱東北行，詣扶刀蓋華浮羅天[23]見玉清太明虛皇洞清君，受《玄景晨光[24]隱符》。

太上大道君次乘六景之輿，駕三素綠雲，攝靈微中帝名秉巨文俱東南行，詣具謂耶渠初默天見玉清始元虛皇太霄君，受《合暉晨命隱符》。

太上大道君次乘七景之輿，駕二素紫雲，攝宣微下帝名宏膚子俱西南行，詣沖容育鬱離沙天見玉清七觀無生虛皇金靈君，受《齊暉晨玄隱符》。

太上大道君次乘八景之輿，駕一素靈雲，攝洞微真帝名泂澄攄俱西北行，詣單綠察寶輪法天見玉清八觀高元虛皇淳景君，受《高上龍煙隱符》。

太上大道君又乘洞景玉輿，駕太霞紫煙玄景之暉，攝九微内帝君名申明閑及上皇九玄九天諸真仙王等，俱仰登彌梵羅臺霄絕寥丘飛元雲根之都玉清上天見玉清紫暉太上玉皇明上大道君,受《高清太虛無極上道君隱符》。

釋太上神州七轉七變儛天經

神州在天關之北,日月廻度其南,七星輪轉其中央。晝左廻八緯,夜右轉七經。七星運周,天光廻靈。此上皇紫晨受化之庭[25],修七轉之法,位登於玉清。

七轉七變之道,上皇紫晨君受於九天父母,修行道成,以傳玄感清天上皇君,皇君以傳三天玉童,玉童以傳紫極真元君,紫極真元君傳天帝君,天帝君傳南極上元君,南極上元君傳太微天帝君,太微天帝君傳後聖金闕君,後聖金闕君傳上相青童君,承真相系,皆經萬劫一傳。小有天王後撰一通,以封於西城山中。得者皆奉迎聖君於上清宮,給玉童玉女各二十一人,典衛靈文,營護有經者身。

《神州玉章》凡十四章,"乃十四帝君洞野之曲,百神内名,玉天之玄象,三晨之精誦。其章玉響,激朗上元。""誦之萬遍,白日昇天。"

釋神虎上符消魔智慧經

神者,靈也。靈變無窮,陰陽不測,名之曰神也。虎者,威也。威震九遐之域,神光煥乎上清。上者,太上,祕乎靈都上宮,神虎七千,備于玉闕,因以爲名。符者,信也。太上之信,召會羣靈。消魔者,滅鬼也。凡有玉簡紫名,得修上經,莫不爲衆邪所乘,鬼魔所試。兆當諷詠此經,則激百陽以生電,鼓千陰以吐威,六天失氣,九魔消摧也。"智者,日中之星也[26]。慧者,宜以生生爲急也。故慧字有兩生并[27],而共乘一急之象者也。"誦經五千遍,則神智開朗,聖慧明發,命八景以高登,騁神虎以飛昇。此大威變之道,故以消魔爲名。

釋太上素靈洞玄大有妙經

太者，大也。彌綸而不可極，故曰太也。上者，處乎無窮之表，故曰上也。是道君之號也。素靈者，房名也。洞者，洞天洞地，無所不通也。玄者，幽冥之所出也。大有者，宮名也。妙者，微之極也。經者，營也，弘暢幽極，經理神關，故謂之經。而有玄丹上化三真元洞之道，本與玄氣同存，元始俱生，三精凝化，結朗玉章，構演三洞之府，總御萬真之淵。乃祕在九天之上大有妙宮，金臺玉室素靈之房，蓊藹玄玄之上，蕭蕭始暉之中。是時上聖衆帝清齋三月，仰禀太冥，玄思感於大寂，積稔啓於上清而受焉。因經所藏之處而以爲名。

釋廻元九道飛行羽經

廻元者，運星元之綱輪也。輪空洞之大輻，調四氣之長存。九道者，北斗九星也。九星之運，觀渙五常，五行乘之以致度，萬物禀之以得生，皆九道之運也。《飛行羽經》者，九天父母太真丈人同宴景龍之輿，息駕無崖之端，忽致玄靈瑞〔28〕降白鸞之車，黑翮之鳳，口御素章，登空步虛，經歷無窮，因名《白羽黑翮飛行羽經》。

釋九靈太妙龜山元錄

龜山在天西北角，周廻四千〔29〕萬里，高與玉清連界，西王母所封也。元錄者，九靈〔30〕上真始生變化大妙之法記爲名錄也。皆刻書龜山流精紫閒〔31〕金華瓊堂。其旨隱奧，其音宛妙，蓋九天書錄，名題龜山。

釋大有八禀太丹隱書

大有，宮名也，在九天之上。八者，八節也。禀者，授節度也。太丹，南宮名也。隱，藏也。書，文也。言八節吉辰，天上宴會，八禀開真，大慶之日。其時乃萬神集議，皆列言大有之宮。爲學之士，以其日清齋首過，即上生於南宮也。

釋七聖玄記廻天九霄經

七聖者，高聖玉帝君、高聖太上大道君、上聖紫清太素三元君、上聖白玉龜臺九靈太真西王母、上聖中央黃老君、上聖榑桑太帝君、後聖金闕帝君也。玄記者，七聖各逆注得道之人玄名也。廻天者，太上道君"攜契玉虛紫賓，廻天傾光[32]，上登九層七映朱宮，徘徊明霞之上，蕭條九空之中。""列七範於仙錄[33]，刻玉[34]名於隱篇。"九霄，九天也，一名九空。"上聖帝君受命於九空，結飛氣[35]成自然之字，玄記後學得道之名。靈音韻合，玉朗稟真，或以字體，或以隱音，上下四會，皆表玄名。"

釋曲素訣辭五行祕符

曲者，臺名也。素者，八方之素也。"玄都上有[36]九曲崚嶒鳳臺，皆[37]結自然鳳氣，而成瓊房玉室[38]。處於九天之上，玉京之陽，虛生八會交真之氣，十折九曲，洞達八方，上招扶搖之翮，傍通八素之靈。"故以曲素爲名。訣者，旨詣也。辭者，憂樂之曲也。"結九元正一之氣，以成憂樂之辭。"上慶神真之歡，下悲兆民之憂，故曰憂樂之辭也。五行者，金木水火土也。祕者，藏於上清瓊宮也。符者，文也。五色流精，凝而成文也。混化萬真，總御神靈。

釋天關三圖七星移度經

天關三圖者，九天之上有關玉臺，一名天關，一名天圖，一名天開，是九天之生門，關之樞機也[39]。其西五千里則金闕宮，東九千里則青華宮，上去玉清宮七千里，是眾真之所經，神仙之所歷，學者之所由也[40]。七星者，斗星也。移度者，歷轉也。日月廻周其境，七星歷轉其關，上運九天明皇之氣，下潤流灑梵行諸天，高上玉帝出入遊宴之道，乃學者簡錄所通之門，上相所撰，以挾後學。有知上帝宮舘之次第，上真所遊處，剋成真人也。

釋除六天玉文三天正法

除者，罷也。六天者，赤虛天、泰玄都天、清皓天、泰玄天、泰玄倉天、泰清天。此六天起自黃帝以來，民人互興殺害，不禀自然，六天之理，於茲而興。太上給以鬼兵，使於三代之中，驅除惡民。而六天臨治，轉自偽辭。太上下玉文，遂截六天之氣，更出《三天正法》，割惡救善。三天者，清微天、禹餘天、大赤天是也。

釋青要紫書金根衆經

青要者，紫清帝君之別號也。紫書者，紫筆繕文也。金者，金簡也。根者，日根也。衆經者，科集衆經之最要也。蓋玉帝命高上侍[41]真總仙君科集寶目，採日根之法，合爲衆經，以紫筆繕文，金簡爲篇也。

釋石精金光藏景錄形經

石精者，妙鐵也。石者鐵之質，精者石之津，治之爲劍而發金光。金者劍之幹，光者刃之神。藏景者，隱身也。錄形者，代身也。

釋太上九赤斑符五帝內真經

太上者，是無極大道之號也。九赤者，乃九元之氣也。九元者，五嶽四海也。山海色雜，目之斑也。符者，真文也。五嶽得之以鎮，四海得之以潤，五帝得之以靈，人得之以神仙也。

【校記】

〔1〕"衆風亂玄"，《太洞玉經》作"宗風胤玄"。

〔2〕"雄一之神曰晨，雌一之神曰霄"與上文"天晨爲雌，金霄爲雄"不合。又《大洞玉經》亦云："天晨者雌一君之名，金霄者雄一君之名"，"晨""霄"似宜互乙。

〔3〕"玉州"，《大洞真經》《大洞玉經》均作"玉洲"。

〔4〕"皇清乃上清"至"廣漢之上"，《大洞玉經》作"皇清元君，女之高仙；洞真真人，男之高仙。即雌一、雄一之異名，二真與太一合化於廣漢之境"。

〔5〕"皇初紫元君"，《大洞真經》及《大洞真經玉訣音義》等均作"皇初紫靈元君"。

〔6〕"將車梁"，《大洞玉經》作"將軍梁"。

〔7〕"映清夷之宮"，上書無"映"字。"映"字宜刪。

〔8〕"滄浪之臺"，上書作"滄溟之臺"。

〔9〕"無"，《大洞真經》《大洞玉經》等均作"元"。

〔10〕"玉保王青童君曰"原作"玉保仙王曰青童君"，據上二書等改。

〔11〕"溺"，《大洞玉經》作"弱"。

〔12〕"玉"原作"王"，據《道藏輯要》本改。

〔13〕"刊"，《大洞雌一玉檢五老寶經》作"判"。

〔14〕"曰"原作"名"，據《上清高聖太上大道君洞真金元八景玉籙》改。

〔15〕"玉"原作"王"，據上書改。

〔16〕"玉皇中仙"，上書作"玉皇中華上仙"。

〔17〕"林"，上書作"森"。

〔18〕"閶天真字開元"，上書作"閶簋字上開元"。

〔19〕"月"原作"日"，據上書改。"拾落"，本書卷一〇一《上清高聖太上玉震大道君紀》作"俯拾"。按作"俯拾"是。

〔20〕"桑林"，上書及《太上玉晨鬱儀結璘奔日月圖》均作"希林"。

〔21〕"西朝六領"，《太上玉晨鬱儀結璘奔日月圖》作"西到六嶺"。

〔22〕"碧落空歌餘黎天"原作"碧空歌飲黎天"，據《洞真金元八景玉籙》

《上清高上金元羽章玉清隱書經》及《洞真八景玉籙晨圖隱符》改。

〔23〕"扶刀蓋華浮羅天"原作"扶力蓋浮羅天"，據上三書改。

〔24〕"光"，《洞真金元八景玉籙》及本書卷一〇一本紀均作"平"。

〔25〕"庭"，《洞真上清七轉七變舞天經》作"度便"。

〔26〕"日中之星也"，《智慧消魔真經》卷一作"知日中之上皇也"。

〔27〕"并"，上書作"共併"。

〔28〕"瑞"，《白羽黑翮靈飛玉符》作"垂"。

〔29〕"千"，《上清元始變化寶真上經九靈太妙龜山玄籙》及《上清元始變化寶真上經》均作"十"。

〔30〕"靈"原作"虛"，據上二書改。

〔31〕"間"，上二書作"闕"。

〔32〕"廻天傾光"，《上清玉帝七聖玄紀廻天九霄經》作"廻駢丹霄瓊輪"。

〔33〕"列七範於仙錄"，上書作"列七紀於上錄"。

〔34〕"玉"原作"王"，據《道藏輯要》本改。

〔35〕"飛氣"，《上清玉帝七聖玄紀廻天九霄經》作"飛玄紫炁"。

〔36〕"上有"，《上清高上玉晨鳳臺曲素上經》無。

〔37〕上書無"皆"字。

〔38〕"而"，上書作"以"，無"玉室"二字。

〔39〕"九天之上"至"關之樞機也"，《上清道寶經》作"玉清天中有三關玉臺，治在西南角，一名天關，一名天圖，一名天闕，九土之生門，開闔之鈕機"。

〔40〕"天關三圖者"至"學者之所由也"，《洞真上清開天三圖七星移度經》卷上及《洞真上清青要紫書金根衆經》卷下均作"天關者，是九天之生門也，治在九天東南角，一名天圖，一名天關（疑作開），故爲三關也。衆真之所經，神仙之所歷，學者之所由也。其去金闕五千里，玉清上宮七千里"。

〔41〕"侍"，《洞真上清青要紫書金根衆經》作"值"。

雲笈七籤卷之九

三洞經教部

經　釋

釋太霄琅書

《太霄琅書妙經》云："九天九王，萬炁之本宗，衆帝之祖先，乃九氣之精源。以天地未凝，三晨[1]未明，結自然而生於空洞之内，溟涬之中。歷九萬[2]劫而分氣各治，置立天地[3]，日月星辰，於是而明。萬氣流演，結成道真，元始上皇高上玉虛並生始天之中，三十九帝，二十四真，遂有宮闕次序之官。上皇寶經，皆結自然之章，以行長生之道。不死之方，符章玉訣，皆起於九天之王，傳於世代之真。至三五改運，九靈應期，後聖九玄道君推校本元，以歷九萬億九千累劫。上皇典格，多不相參。道君以中皇元年九月一日，於玉天瓊房金闕上宮，命東華青宮尋俯仰之格，揀校古文，撰定靈篇，集爲寶經三百卷，以付上相青童君，使傳後學玉名合真之人。"

釋太微黄書

《太微黄書》八卷素訣，乃含於九天玄母，結文空胎，歷歲數劫，以成自然之章。太皇中歲，成《洞真金真玉光八景飛經》。"元始天王名之《八景飛經》，廣生太真名之《八素上經》，青真小童名之《豁落七元》，太上道君曰[4]《隱書玉訣金章》。"

釋太上金書祕字

《金書祕字》出乎混洞太無，紫氣練真，鋒芒豔乎日月，斷諸邪闇，飛綵空玄。太上有命，付諸天君。青真小童奉受修習，傳太極真人清虛真人南嶽赤松子劉子先等。寶祕尤嚴，得者勿泄。

釋太上上皇民籍定真玉籙

凡欲定心，當受《上皇民籍定真玉籙》。此籙至要，爲學之先，先能定心，仙名乃定，仙名者由此籙焉。是三天正一先生所佩，以定得仙之名，傳於玉帝三十九真也。

青童君請問太上道君曰："治心入道，科術參羅，各云要妙，由之有緣。未審今之所最要，何方爲勝？"太上答曰："勝理雖多，其有最者。治心之要，在乎慚愧。動心舉目，轉體安身，常懷慚愧，不忘須臾，心神乃定。定則入道，此爲最要也。"

青童君[5]曰："何所慚愧而得入道？"太上曰："心有神識，識道可尊，尊由無爲，而我有爲。有爲有累，志願無爲，無爲無累，不可便及。力進苦遲，負累稍至，爲此慚愧，不離心中。又當思我稟生，生由父母，父母鞠[6]養，辛苦劬勞。而我成長，學術不深，無奇方異法，令父母延年[7]，長生不死，同得神仙。此期未克，供養又虧，公私愆過，父母垂憂。思慮不精，功行怠退，爲此慚愧，不離心中。又父母愛念，令其攜誘[8]，從師學問，智慧通神，求得仙聖，爲道種人。師又[9]勸勵，方便抑揚，善誘善接，既練既陶。而任欲肆心，負違師訓，或將成而罷，叛正入邪，攻伐師友，反道破經，罪延尊上，禍滅己身，災殃將至，不知改悛；或不自覺悟，以僞爲真[10]，苦及方悔，悔無所追，爲此慚愧，不離心中。又君王賞德，搜賢訪美，舉其宗鄉，拔其萃類，爵祿光厚，宴集綢繆。不能竭力盡忠，贊宣聖化，貪榮慕勢，阿諛面從，佞媚自進，抑絶高明，嫉害勝己，結對連仇，災凶賊害，毒至不知，知不能脱，誤及親友，爲此慚愧，不離心中。又崇道不忘，事親能孝，奉君必忠，不負幽顯。而前身宿障，否病相纏，公私口舌，誹謗橫生；或鬬訟牢獄，非意而及；或執勤守慎，清直異羣，君上所憎，衆邪所怨；或事師敬友，往還身心，而[11]遭罹凶醜，惡鬼惡人，交互劫掠，憎脅中傷；或爲善成惡，捨財致怨，盡禮爲佞，竭誠爲姦[12]；或起立館舍，繕寫經圖，堂宇雖立，不得常安，篇部雖多，不得披覽，公私罣礙，風火去失[13]，慘疾飢寒，不從本志[14]，白日空去，素願未成，一失生道，方向冥冥，幽苦煩惱，未測還期，今欲救之，未得要訣，爲此慚愧，不離心中。心中有神，不知慚愧，則馳競遑遑，無時得定。定由慚愧，慚愧既立，常在心中。心中有慚愧，俯仰思道。思道不忘須臾，則神明定乎内。内定則罪去，罪去則福來，福來則成真，成真則入道。入道由慚愧，慚愧則入神也。"

青童君曰："慚愧在心，謹聞命矣。請問慚愧在迹，其狀可聞乎？"太上曰："善哉善哉，要爾[15]之問也。夫有形則有心，有心則有事，有事則有迹，有迹則有狀，有狀則有言，有言則有法，有法則有道，有道則法可陳矣。學士治心，慚愧在内。慚愧之迹，其狀在外。"豫兮若涉冬川[16]，猶兮若畏四鄰"，是其狀也。慎言語，懼恫愡也。節飲食，慮貪饕也。衣麤而淨，在素潔也。居陋而隱，守靜篤也。恭敬一切，避凌辱也。不敢爲先，免嫉謗也。始終貞信，潛化導也。進止和光，密行教也。挫鋭解紛，明道有時也。出處變化，見神應之緣也。各有其法，同是慚愧之狀也。"

釋太上倉元上籙

《倉元上籙》一名《太清内文》，又名《玉鏡寶章》，又名《金圖瓊字》，又名《破淹洞符》，又名《玄覽寶籙》，又名《人鳥山經》，又名《金生策文》，又名《威武太一扶命》。玉晨君所修，祕于素靈上宮。得而奉行，能飛能沈，能隱能顯，位爲真人。

釋太上太素玉籙

《太素玉籙》者，玉晨君所修，五帝神使祕於素靈上宮大有之房。得者飛行太空，能隱能藏，給玉童玉女各二人。密修即驗，泄露致災，精加謹慎，諦憶師言[17]也。

釋太上神虎玉符

老君[18]曰："《神虎玉符》，太真九天父母所出，太真丈人以傳東海小童九天真王[19]，九天真王以傳太上道君，太上道君常所寶秘，藏於太微[20]靈都瓊宮玉房之裏，衛以巨獸，捍以毒龍，神虎七千，備于玉闕"也。

"神虎班其匠[21]，金虎亙其真，智慧標其幹，消魔演其源。微旨幽邃，妙趣難詳。皆署天魔隱諱，或標百神內名。誦其章千精駭動，詠其篇萬祅束形。以三天立正之始，傳付太微天帝君，使威制六天，斬馘萬神，攝山召海，束縛羣靈，威魔滅試，廻轉五星。"

符在本經

晉興寧三年乙丑歲七月一日，桐柏真人授道士許遠遊，言至甲申、乙亥、壬辰、癸巳歲，九月一日、七月一日、四月八日，當有道士著七色法衣，手持九曲策杖，或在靈壇之所，或在人間告乞，或詠經詩，或作狂歌。子若見之，勤請其道，必授子《神虎上符》，此南嶽真人，太上常使其時下在人間，察視學者[22]之心也。

釋太上金虎符

此符本刻于上清玉簡《智慧篇》中，有七萬言。靈音道妙，微旨難詳。或著天魔隱諱，或表萬神內名，或釋幽喻疑[23]，決[24]于瓊音也。小有王君抄出此符及威神內文之法，以制天地羣靈，有一百言耳。此呪甚祕，名曰《三天虎書太元上籙》。受之者先齋七十日，賫金虎玉鈴素錦[25]玄羅三十尺，以爲金真之誓，盟天地不宣之約。依《四極明科》，聽使七百年中得傳三人。

符在本經

釋太上金篇虎符

太微天帝君以傳金闕帝君。朱書白素，盛以紫錦囊。佩之頭上以行，則制命天地羣靈，神仙敬伏，玉華執巾，天丁衛軀，山嶽稽精。加勑威神之祝，玉清之章，便得斬馘九魔，千妖滅形矣。此上清禁符，不傳於世。得佩之者，飛昇上清。

釋太上玉清神虎內真隱文

太上道君曰："李山淵德合七聖，爲金闕之主。方當參謁十天，理命億兆，定中元於玄機，制陰陽[26]以齊首。拔真擢領，封河召海，斷任死生，把執天威，馘滅六天，總罰三官。"

"既以説之以智慧，又復記之以消魔。智慧可以驅神，消魔可以滅邪。復授之以《神虎真符》"，"助之以散穢去患也"。文辭在本經中。

釋太上三元玉檢布經

《高上三元布經》[27]乃上清三天[28]真書上真玉檢飛空之篇，《上元檢天大籙》，《下元檢地玉文》，《中元檢仙真書》。如是寶篇，高上皆刻金丹書，貯以自然雲錦之囊，封以三元寶神之章，藏於九天之上大有之宮金臺玉室九曲丹房，南極上元君主之。以上元朱宮玉女七百人侍衛。

釋洞真太上九真中經

《太上九真中經》一名《天[29]上飛文》，一名《外國放品》，一名《神州靈章》。雖有四號，故一書耳。

釋洞真玉晨明鏡金華洞房雌一五老寶經

一名《三元玉晨法》，一名《雌一隱玄經》。

釋洞真中黃老君八道祕言經

太虛真人南嶽赤松子曰："此經或名《九素上書》，或名《太極中真玉文》，或名《八道金策》。"

釋洞神祕籙

《小有經》下記曰：三皇治世，各受一卷。以天下有急，召天上神、地下鬼，皆勅使之，號曰《三墳》。後有八帝，次三皇而治。又各受一卷，亦以神靈之教治天下。上三卷曰《三精》，次三卷曰《三變》，次二卷曰《二化》。凡八卷，號曰《八索》。

釋玄真文赤書玉訣

《東方九氣青天真文赤書》，一名《生神寶真洞玄章》，一名《東山神呪》，《八威策文》。

《南方三氣丹天真文赤書》，一名《南雲通天寶靈鈐》，一名《九天神呪》，一名《赤帝八威策文》。

《中央黃天真文赤書》，一名《寶劫洞清九天靈書》，一名《黃神大呪》，一名《黃帝威靈策文》。

《西方七氣素天真文赤書》，一名《金真寶明洞微篇》，一名《西山神呪》，一名《八威召龍文》。

《北方五氣玄天真文赤書》，一名《元神生真寶洞[30]文》，一名北山神呪》，一名《八威制天文》[31]。

釋紫度炎光神玄經

《紫度炎光神玄經》者，非紫度炎光有本文[32]，乃是神經自生空虚之中，凝氣成章，玄光炎映，積七千年，其文乃見。太微天帝君以紫簡[33]結其篇目，金簡刻書其文。仍記爲《紫度炎光神玄變經》者，從玄中變而名焉。

釋胎精中記

九天丈人告三天玉童曰："《九丹上化胎精中記[34]》，乃生九玄之初，結太空自然之氣以成寶文，二十四真、三十九帝悉所修行。"一名《瓊胎靈曜經》，一名《洞真太丹隱書》，一名《帝君七化變景九形經》，一名《太一二[35]度帝寶五精經》。

釋隱地八術

《隱地八術》乃紫清帝君遊隱之道，玄變之訣。舊文乃有八卷，變化八方[36]，藏形隱影之事。

釋外國放品經

《外國放品經》皆玄古洞空[37]之書，自然之章，是上真帝皇以下及學仙得道者，莫不受音於太空[38]。

釋四十四方經

《太上黃素四十四方》，皆九天之上書，八會之隱文也。是以太上大道君命上清高仙太極真人，科集品目，陳其次序，合爲《黃素神方四十四首》。

釋八素真經

《八素真經》，乃玄清玉皇之道。又有《地仙八素經》，論服玉氣吐納之道也。又有《九素經》，論召鬼、使精、行廚、檢魂魄之事。

釋三九素語

《三九素語玉精真訣》，上相青童君曰："《三九素語》，出[39]九帝三真命呪之辭，理氣停年，開解靈關，五藏華鮮。"

釋紫鳳赤書

《龍景九文紫鳳赤書》曰："太上閑居崚嶒之臺金華九曲之房，説《龍景九文紫鳳赤書》。"

釋靈飛六甲

《瓊宮五帝靈飛六甲內文》，一名《太上六甲素奏丹符》，一名《五帝內真通靈之文》，一名《玉精真訣》，一名《景中之道》，一名《白羽黑翮隱玄[40]上經》。《靈飛左右六十上符》，並生於九玄之中，結清陽之氣以成玉文。

釋元始洞玄靈寶赤書五篇真文

《五老靈寶五篇真文元始天書》，生於空洞之中，爲天地之根。又云：《元始赤書五篇真文》，上清自然之書，九天始玄化空洞之靈章，成天立地，開張萬真。

釋洞玄智慧大誡經

《洞玄智慧大誡經》，元始天尊以開皇元年七月一日於西那玉國鬱察山[41]浮羅之嶽長桑林中，授太上大道君《智慧上品大誡法文》。

釋洞玄通微定志經

天尊曰："卿並還坐，吾欲以思微定志旨訣告卿。其要簡易[42]，得悟不亦快乎！"二真曰："思微定志爲有經耶[43]？"天尊曰："都無文字。"二真曰："斯徒解[44]壁無底，大癡。如無文字，何從得悟？"答曰："即時一切經書，本無文字也[45]。今日之言，不亦經乎？"

釋洞真黃氣陽精三道順行經—名藏天偃月經

南極上元君曰："吾受[46]高上《順行三道》之要，《黃氣陽精》之道。服[47]御靈暉，口啜皇華，仰餐飛根。存七曜於紫庭，行三道於金門，洞闚狹於淵景，明日月之方圓，覿朱階於洞陽，入練湯於廣寒，登七寶於玄圃，攀飛梯於靈關，回陽精於浮黎，採黃氣於鬱單，傍金翅於高木，回石景以映顏。修御靈圖，遂感神真。乃三景垂映，七精翼軒，五靈交帶，四司結篇，西龜定錄，名題高晨，故位登南極上元之君。此道高妙，非庸夫狹學所可言論。今集其所禀，粗說高上玉帝口言，以標玄虛自然靈文，付上相青童君掌錄玄宮。經萬劫之後，當授玄記白簡青錄之人。"

釋洞真玉珮金璫太極金書上經

玉珮者，九天魂精，九天之[48]名曰晨燈，一名太上隱玄洞飛寶章。金璫者，九天魄靈，九天之名曰虹映，一名上清華蓋陰景之內真。

釋洞玄太極隱注經

《太上玉經隱注》曰："上清之高旨，極真之微辭，飛仙之妙經也。《靈寶經》或曰《洞玄》，或云《太上昇玄經》，皆高仙之上品，虛無之至真，大道之幽寶也。《三皇天文》或云《洞神》，或云《洞仙》，或云《太上玉策》。此三洞經符，道[49]之綱紀，太虛之玄宗，上真之首經矣。豈中仙之所聞哉。"

釋七經并序

《道學七經》。經者，徑也、由也、常也、正也[50]、成也。徑直易行，由之得進，常通不塞，正以治邪，轉敗爲成，經緯相會也。玄素黃帝容成彭鏗巫咸陳赦習學七經，演述陰陽，生生爲先。先仁之志，非但七人。七人迹多，亦號七經。天門玉子，皆傳斯道。外儒失道，不知道爲儒本，儒爲道末。本末不知，致無長壽之人，遂爲淫亂之俗也。至於外儒，五經備有。《詩》首《關雎》，《禮》貴婚嫁，傳嗣之重，歷代所同。無後之罪，三千莫大。而不[51]知男女氣數，陰陽興衰，聞之疑怪，蛬鄙成災，良可痛念。智者悟之，能歸內道，救理外儒。《詩》《禮》《傳》《易》，至于《尚書》，《禮》《樂》《孝經》，斂末崇本。本孝合乎道，習樂同乎德。道德弘深，仁義備舉，禮智恒用，信不蹔虧。緣末入本，引外還內，上學之功，於此乎在。

《七經》者：一曰《仁經》。男女婚嫁，恩愛交接，生子種人，永世無絶。

二曰《禮經》。既生當長，壯不可恣，夫清婦貞，內外分別，尊卑相敬，和而有節。

三曰《信經》。既知禮節[52]，親疎相間[53]，朝野忠直，無相違負。

四曰《義經》。既知忠直，有與有取，罰惡賞善，更相成濟。

五曰《智經》。既知賞罰，防有枉濫，抑揚通流，除邪入正。

六曰《德經》。治邪保正，五德均平，無偏無苦，常樂長存。

七曰《道經》。常樂長存，騰泰無上，上德不德，教化立功。功成身退，權變無窮。

凡人學道，共修七經。經有所明，各有多少。仁經恩多，餘事皆少。少不受稱，多故立名，名爲《仁經》。亦有《禮》《義》《信》《智》《德》《道》，六[54]同若斯，唯《道》獨多，少行均平，故號大道，一切所宗也。"

【校記】

〔1〕"晨"，《洞真太上太霄琅書》卷一作"景"。

〔2〕"萬"原作"黃"，據上書改。

〔3〕"天地"，上書作"九天"。

〔4〕"太上道君曰"，《上清金真玉光八景飛經》作"太上大道君名曰"。

〔5〕"青童君"，"君"字原缺，據《洞真太上上皇民籍定真玉籙》增。下同。

〔6〕"鞠"原作"鞠"，據上書改。

〔7〕"年"，上書作"命"。

〔8〕"攜誘"，上書作"雋秀"。

〔9〕"又"，上書作"友"。

〔10〕"以偽為真"原作"以為真正"，據上書改。

〔11〕"而"字原缺，據上書補。

〔12〕"盡禮為佞，竭誠為姦"原作"盡禮佞竭誠為為姦"，據上書改。

〔13〕"去失"原作"志夫"，據上書改。

〔14〕"志"原作"忘"，據上書改。

〔15〕"爾"，上書作"矣"。

〔16〕"涉冬川"原作"冬涉川"，據《老子道經》改。

〔17〕"言"原作"宮"，據《洞真太上太素玉籙》改。

〔18〕"老君"，《洞真太上神虎玉經》作"王君"。

〔19〕"九天真王"，《洞真太上神虎玉經》及《洞真太上金篇虎符真文經》均無。

〔20〕"微"原作"陵"，據上二書改。

〔21〕"匠"，《洞真太上金篇虎符真文經》作"像"。

〔22〕"學者"，《洞真太上神虎玉經》及《洞真太上金篇虎符真文經》均作"學道者"。

〔23〕"喻疑"原作"論凝"，據《洞真太微金虎真符》改。

〔24〕"決"，上書作"訣"。

〔25〕"玉鈴素錦"原作"玉金素金"，據上書補。

〔26〕"陽"後原有"於不測"三字，據《洞真太上神虎隱文》及《智慧消魔真經》刪。

〔27〕"高上三元布經",《道藏》本作"上清三元玉檢三元布經"。

〔28〕"三天",疑当作"三元"。

〔29〕"天",《上清太上帝君九真中經》作"太"。

〔30〕"洞",《太上洞玄靈寶赤書玉訣妙經》卷上作"明"。

〔31〕"一名八威制天文"七字原無,據上書增。

〔32〕"文"原作"元",據《洞真太上紫度炎光神元變經·紫度炎光序》改。

〔33〕"簡",上書作"蘭"。

〔34〕"記"字後,《上清九丹上化胎精中記經》有"一名《瓊胎靈曜》"六字。

〔35〕"二",《洞真太一帝君太丹隱書洞真玄經》篇首作"三"。

〔36〕"方"後,《上清丹景道精隱地八術經》卷下有"上妙三法"四字。

〔37〕"洞空",《上清外國放品青童内文》卷下作"空洞"。

〔38〕"太空",上書作"太真"。

〔39〕"出"字後,《洞真太上三九素語玉精真訣》有"於"字。

〔40〕"玄",《上清瓊宮靈飛六甲左右上符》作"遊"。

〔41〕"鬱察山",《太上洞真智慧上品大誡》作"鬱刹之山"。

〔42〕"易"後,《太上洞玄靈寶智慧定志通微經》有"從易"二字。

〔43〕"耶"原作"也",據上書改。

〔44〕"解",上書作"觸"。

〔45〕"本無文字也",上書作"本有文字耶"。

〔46〕"受"原作"愛",據《上清黃氣陽精三道順行經》改。

〔47〕"服"原作"喻",據上書改。

〔48〕"之"後,《太上玉珮金璫太極金書上經》有"上"字,下一"之"字亦然。

〔49〕"道"前原有"上"字,據《上清太極隱注玉經寶訣》刪。

〔50〕"正也"二字原缺,據《洞真太上太霄琅書》卷九補。

〔51〕"不"字原缺,據上書補。

〔52〕"禮節",上書作"和節"。
〔53〕"相間",上書作"相關"。
〔54〕"六",上書作"五"。

雲笈七籤卷之十

三洞經教部

經

老君太上虛無自然本起經[1]

道者，謂太初也。太初者，道之初也。初時爲精，其炁赤盛，即爲光明，名之太陽，又曰元陽子丹。丹復變化，即爲道君，故曰道之初。藏在太素之中，即爲一也。太素者，人之素也。謂赤氣初變爲黃氣，名曰中和。中和變爲老君，又爲神君，故曰黃神，來入骨肉形中，成爲人也。故曰人之素。藏在太始之中，此即爲二也。太始者，氣之始也。謂黃氣復變爲白氣，白氣者，水之精也，名太陰，變爲太和君。水出白氣，故曰氣之始也。此即爲三氣也。

夫三始之相包也，氣包神，神包精。故曰白包黃，黃包赤。赤包三，三包一，三一混合，名曰混沌。故老君曰：“一生二，二生三，三生萬物。”又曰：混沌若雞子，此之謂也。夫人形者主包含此三一，故曰三生，又曰三精，又曰三形。元包含神，神得氣乃生，能使[2]其形，安止其氣。如此三事，當相生成。

夫道爲三一者，謂虛無空。空者白也，白包無。無者黃也，黃包赤，赤爲虛。何爲虛？虛者精光明，明而無形質。譬若日月及火，其精明，然而無有形質，故爲虛。何謂無？無者炁也。炁有形可見，無質可得，故爲無。何謂空？空者，未有天地、山川，左顧右視，蕩蕩漭漭，無所障礙，無有邊際，但洞白無所見，無以聞，道自然從其中生。譬若琴瑟鼓簫之屬，以其中空，故出聲音。是以聖人作經，誡後賢者，欲使守道，空虛其心，關閉其耳目，不復有所念。若有所念思想者，不能得自然之道也。所以者何？道未變爲神時，無端無緒，無心無意，都無諸[3]欲澹泊，不動不搖。及變爲神明，神者外其光明，多所照見；使有心意，諸欲因生，更亂本真。或曰思想不能復還反于道，便入五道，無有休息時。何謂五道？一道者，神上天爲天神。二道者，神入骨肉形爲人神。三道者，神入禽獸爲禽獸神。四道者，神入薜荔，薜荔者，餓鬼名也。五道者，神入泥黎，泥黎者，地獄名也。神有罪過，入泥黎中考。如此五道，各有劫壽歲月。是以賢者學道，當曉知虛無自然。守虛無者，得自然之道，不復上天也。常在世間，變化見死生，爲世人師。守神者能練骨肉形爲真人，屬天官，當飛上天，此謂中自然也。守氣者能含陰陽之氣以生毛羽，得飛仙道，名曰小自然。故神有廣狹，知有淺深，明有大小。由是言之，學道讚誦聖文，尋逐明師，開解愚冥也。

夫守道之法，當熟讀諸經，還自思惟，我身神本從道生。道者清靜，都無所有。乃變爲神明，便有[4]光明，便生心意，出諸智慧。智慧者，謂五欲六情。五欲者，謂耳欲聲，便迷塞不能止；目欲色，便淫亂發狂；鼻欲香，便散其精神；口欲味，便受罪入[5]網羅；心欲愛憎，便偏邪失正平。凡此五欲，爲惑亂覆蓋。六情者，謂形識知痛癢，欲得細滑，耳聞聲，心樂之；目見色，心欲之；鼻聞香，心逐臭；口得味，心便喜；身得細滑衣被，心便利之；得所愛，心便悅之。坐此六情以喪，故復名六情喪。人神但坐此六情所牽引，迷亂淫邪，垢濁闇蔽，使神明不暢達。便有肉人不能識別，聽視不聰明，情志閉塞，皆坐此五欲六情之所惑亂，受罪展轉入五道，死生無有休息時。以是故當熟自思此意，其神本自清淨，無此情欲。但思念此意，諸欲便自然斷止。斷止便得垢濁盡索[6]。垢濁盡索便爲清淨，便明見道，與道合，便能聽視無方，變化無常。人若復不解此意，且聽吾説。譬如此類若鏡，其師本作鏡時，極令清明。至於人買鏡持歸，不肯護之，至使令冥，無所光照。乃復令摩鏡師以藥摩之，乃復正明，以明能見人形影。人神亦如此。神本從道生，道者清淨，故神本自清淨。而使以情欲迷惑，陷於闇冥。其鏡冥者，藥摩之便明。人神以欲自蔽冥者，亦當以經法自摩，諸欲乃得自然斷止，而復清淨，乃有所見。又若天新雨之水皆擾濁，若收此水置一器中，初時水尚渾濁，無所照見，久久稍自澄清便明，明便可於其中照見形影。人神以諸欲亂時，如此濁水。人能斷此情欲者，如澄清水。諸欲斷，便自然清淨澄明，明便爲得道。當曉知其本者，諸欲便自然斷。其餘外道不曉知其本清淨，而反常相教斷情欲。

夫情欲非有形質也，來化無時，不效有形之物，可得斷截，使不復生。此神情欲思想，出生無時，不可見知，不可預防遏，不得斷截。不效懸懸之緒，可得寄絕；不效草木，可得破碎；不效光明，可得障蔽；不效水泉，可得壅遏。故神無形，呼吸之間，丹沜萬封。以是故不可得斷絕。但曉知其本清淨無欲，自然斷止。而不曉知其本，強欲自斷情欲，終不能斷絕之。譬如斷樹木使不生，當掘出其根本。根本已出，便不復生。癡人不曉之，而但齊地斫之，其根續生如故。人不曉情欲之本，而強斷絕其末，如此情欲絕不斷也，會復生如故。外道家不曉人神本清淨，而反入室強塞耳目斷情欲，不知情欲本在於心意。心意者，神也。神無形，往來無時。情欲從念中生出，生出無時，以無形故，不得斷絕。但當曉知其本，自當斷止，其意不復生。爲道當熟明此意，若不明知[7]此，但自勞傷其精神耳。

夫爲道既知此情欲，當復解知道德經行之法。夫道者，謂道路也。經者，謂徑路也。行者，謂行步也。德者，謂爲善之功德也。法者，謂有成道經，可修讀而得道也。謂有成道路之徑，可隨而行之。夫有德之人，念施行諸善行者，謂舉足從徑行，乃得大道。此欲賢者，因經法思念十善，施行功德，功德已行爲得道。譬如舉足，因成之[8]徑，行步以前，當得大道。假令人堅坐在家，殊不行步，何時得道？賢者若不思經法，施行功德，何能得道乎？人爲道，但守一不移，而不作功德，譬若人生在家，未嘗出入，不能見道路也。愚者雖守道，不作功德，亦不能得道也。故老君作《道經》，復作《德經》，使忠信者奉行之。假令但守道便可得遂聖人，但作一言之訣，何須並作諸經云耶？

夫道得三乃成，故言三合成德。自不滿三，諸事不成。夫三者，謂道、德、人也。人爲一，當行功德。功德爲二。功德行乃爲道，道爲三。如此人入道、德，三事合乃可得。若有人但作功德不曉道，而無功德亦不得道也。若但有道德而無人，人亦不得道也。譬若種穀，投種土中，不得水潤，何能生乎？譬若釀酒，有麴有米而無水，何猶成酒乎？譬若有君臣而無民，當何宰牧乎？譬若有火有水而無穀食，人當何以自活乎？譬若有車有馬而無人御之，何能自隨行乎？如此譬喻，皆得三乃能成道。

夫道者有三三一，爲三一，爲三皇，爲三神，爲三太一。三太一謂上太一、中太一、下太一，爲三元。其三元各自有三三一，如此三三之一爲九一，故有九宮。從一始，到九終。九、陽氣，從十月冬至始生黃泉之下，到新年六月更終。從十月到六月，合爲九月，陽氣便終，故陽數九。故言九天。子午亦數，爲道當知此九一之變化，始終之上下。

夫人形體爲一，神爲二，炁爲三，此三三一乃成人。又神爲一，炁爲二，精爲三，此三三一乃復成神。又天爲一，地爲二，人爲三，此三三一乃復成道德天地之本。三一者，謂虛爲一，虛中有自然，已立身也，亦道君，亦元陽子丹也，亦貴人也，亦神人也。其左方之一者，亦天也，亦日也，亦父也，亦陽也，亦得也，亦師也，亦魂也，爲人主作政也。其右方之一者，亦地也，亦月也，亦母也，亦陰也，亦形也，亦司命鬼，爲邪爲魔，主爲人作邪惡。賢者當曉了此三三一，分別善惡邪正，覺知此者，便能得道。

夫道當曉知此左右之一，善惡之教。中央之一，正自我身神者，即道子也。左右之一，輔相我爲善惡。左方之一，日日[9]關告我爲善，其功德日日盛強，我便爲正道。右方之一，不能復持邪事反戾我也，不能使我爲惡也。右方之一，日日教告我爲惡事，牽引我惡日日深大，便繫屬邪。右方之一，此爲屬邪，日與惡通。賢者爲道，但曉知其道，而不作功德，便當屬邪，不能自出於邪部界。邪則日日迷亂入，便暗冥怒作妄語，邪精邪鬼神日來附近人。賢者不曉此邪，而強爲靜，閉塞耳目，欲斷情欲。此諸邪鬼便姦亂人，又爲人造作邪念，前念適滅，後念復起，如此之間，無有解已。若有功德之人，至於靜時，便爲左方之一，不能持邪事來干亂人也。以是言之，無功德之人，而強爲靜，欲斷情欲，則終爲邪所亂，情欲不得定也。

夫自然有三法。守太虛無，謂高學功德之人，解道根元，深洞微妙。曉知三元九一之變化，玄中之玄始祖，無中之無極道，知其所始，見其所終。天地人物，皆各有形，物既有形，故有成敗死生。精神無形，展轉變化故無止，故曰常在。不惑世所聞，不迷世所知，能知之明，覽虛無之自然。故澹泊無憂喜，情欲不能傾。所以者何？此人但曉解其本，故不惑其末，但爲與人並有內形耳。智慧無窮極，此乃爲虛無也。亦從學而知之，非有素自然也。其靜守道時，當少食，正閉耳目，還神光明著絳宮，絕去諸念，不得強有所視思想也。久久喘息稍微，從是以往，不復自覺喘息，泊然不自知有身無身。從是以往，爲得定道之門。道者，虛也。當爾之時，神在天上虛無中，左顧右視，但皓然正白，中無所見。有狀如雨雪時，四向樹亦白，山亦白，地亦白，一切都白，皆無所見。所以者何？神出天上，前向視，不復見日月、星宿、山川、河海。如此爲復命返道，還入虛無也。若得是當下視，乃見天下諸事，便當廻心念師言，爲道當濟度天下。但見是念故便止，前所見白更冥，神便來還形中。不如此者，神便入道中，散形與道合，便爲天下骨肉，形便蹌踤[10]。故老君曰："知白守黑，爲天下式。"見白者爲見空，守黑者發心下視，念天下以有之故便冥，是謂守黑。爲天下式[11]，謂神還形中，長在天下，爲人道師，是謂大虛無之自然也。

夫守中自然之法，不能曉知天地人物所從出，不能知道之根源，變化所由，緣不能及、不能知虛空之事。其所見聞，心便疑惑怪之，且迥然不知道，獨坐無能生於自然。直受師言告身中道云，言當守神者，亦當除情欲，閉塞耳目，還神絳宮，下視崑崙山。或有教令將神昇崑崙山，視其上，想見中黃道君。始時想見，久而見之，久久悉見諸神。與神語言，講說天上事，無復有世俗之念。身中骨腦血日變，成萬神盛強，共舉身而上天受籙署，不得下在人間，此謂真人道也，名曰中虛無之自然也。

夫守小虛無自然之法，亦當除去情欲，閉塞耳目，還神絳宮，下視崑崙山。和合天地、日月、陰陽、雌雄、魂魄之精炁，以養真人。以吾身陰陽炁凝，精骨潤光，便生毛羽，飛上五山。時有奉使，按行民間，亦不得久止也。此謂小虛無自然也。

夫從此大虛無、中虛無、小虛無以下，便有爲之法，不及虛無也。

夫有爲者，謂厯藏導引，動作諸氣，飛丹合藥，吞符跪拜，帶印禁忌，隨日時王相，醮祭名號精靈，使人解占候，此謂有爲，不能知道何所謂也。亦有得仙，亦有住年，亦有得尸解。從此已下，便爲鬼道，非得長生也。

夫得大虛無自然之道者，不屬天，但屬道君耳。便能散形與道合，能變化，聽視無方，所在作爲。欲得此道者，當行道教化，作功德，奉行經誡，平等其心。無所貪著，無親無疎，一心等之，如天如地。不得殺生，所以者何？夫蜎飛蠕動之類，道皆形之大虛無象，有曉道而殺生者爲害道〔12〕，是以禁之。其守中自然者爲守中神，尚頗有殺生。所以者何？神有虛無，所以有虛形。故有食，有殺生祀祭。道無有，故無祭祀不殺生。

夫得道者但能已得。夫人耳目，聽有聲之聲，見有形之形，不能聽視無形無聲也。所以者何？神赤，赤者陽，陽者離。離爲日爲目，但能見前，不能見後，亦不能見頭上。日者，天目也。但能照天內，不能照天外也，亦不能照覆冥之中。是以得神道上天者，但能以天耳。夫道耳目所聽視，無前無後，無覆冥，無障蔽，洞徹見無數天下事，能聽無聲之聲，能見無形之形。夫作仙道者，當故持天耳目聽視，乃能有所見。假令不故持天耳目聽視，但獨見目前事。所以者何？仙人持骨肉去故。

夫欲知神何以養象，神赤，但有光，以光爲虛形。譬若鏡中水中所見景，是爲無所有。其所治止，常在天上爲生君，其壽有劫數，終不得在人間也。其天上壽續盡，當復入五道，更形生死如故耳。或時壽盡，取道便滅矣。

夫真人者，有形景，屬天爲吏，壽歲有萬數。治天上時，時有奉使人間。天上壽盡，便或上補神人。則不入五道中，受形生死矣。

夫守太虛無，得自然之道，住身天上，劫有千數。壽盡變化滅，神亦盡。神續入五道中，受形生死如故。天神都無死生也，但展轉在五道耳。唯有朕兆，常知智神。譬如火滅，無所復有。故取道夫爲道所已。神有滅盡者何？此皆道人爲不曉知道本空靜，專心守空便著空，使人空滅盡。

夫守神之人，不能知曉道本空靜，但自信有不信無。以故自守神爲守有，爲著不還道。何以故？神展轉入五道中，無有滅盡時。唯有善譬最爲功，覺有曉了，知道本空靜，亦不守有，亦不守無，亦不念實，亦不念空。遍在三界中間，有慈哀之心，欲度脫勤苦者，不肯入空取道。因是乃有功德，便自然之道，無有壽也。亦不復入五道生死，亦不滅盡常在，久後功滿，當補道君。賢者爲道，當熟解此意，當知優劣，各有所致到。賢者學道，若知枝末，自謂深足，不肯復講問窮究淵深，是不知道。乃獨各自用有所致到[13]，深淺微妙不齊等，聞仙便呼得道。賢者學道，譬若上山下視，言獨是高徑。住上至頂，乃復前有高處。住上高頂，直復見前有高高處。學道亦如此，從小師學道，得至中師，見大師乃知道根元。以是言之，學不可呼爲足也，當努力求明師。爲道切，若[14]言爾等何不取大道乎？而於小道止，是闇冥淺近哉！

夫賢者學道，不廣聞深見，更閱眾師者，此人學不足言也。夫日月不高，所照不遠，江海不廣，不能含納。出名寶學之人，譬若陂中魚，遊到池四塞之下，自謂窮盡天下之水，終日終夜，不能學大水之魚，交會語言，不知外乃有江湖淮濟河海恒溺之水也。譬若深山中有癡人，從生至老，不行出入，無所見聞，安知外方人士之學問尊卑差序、車馬衣服鮮綺甘香乎？譬若學經書之人，但聞天下九州共一天子，云言四邊但有夷狄，以謂天地界際極盡於此，安能知其外復何等有乎？學道亦如此，從師受道，以謂盡於此，安能知其[15]學道修行，書不能記載也。

夫學仙道，自謂爲足，定得飛仙上天，乃自知道不及真人也。學真人道，亦自謂爲足，定得真人，乃自知道不及神人也。學神人道，亦自謂爲足，定得神人，乃自知不及大道也。學既[16]得大道，之中當復有尊卑者，謂知不等也。是以言之學，學無有極，天下神尚後行從君學道，何況內政滅，神光明，變化各有所主，有所入，各有所致[17]。

夫爲太虛無之道，得無象無聲，教無思想，都無識念之欲。守時亦法教道，不得取景夢候劾也。或時神相見，尚不得與神共語言。所以者何？或有邪神來試人，此處無象，自然求道不求神也。略小取大，故可得自然。故老君曰：有光而不曜。謂欲養其光明，至於徹視，不欲小電曜光精，獨與一神相見也。如此不能悉見天下之事矣。

【校記】

〔1〕標題《道藏》本作"太上老君虛無自然本起經"。

〔2〕"使"後，《太上老君虛無自然本起經》有"者"字。

〔3〕"諸"字，上書無。

〔4〕"有"，上書作"見"。

〔5〕"人"，上書作"於"。

〔6〕"索"，上書作"素"。下同。

〔7〕"知"，上書作"之"。

〔8〕"之"，上書及《道藏輯要》本均作"人"。

〔9〕"日"原作"月"，據上二書改。

〔10〕"踔"，《太上老君虛無自然本起經》作"辟"。

〔11〕自"見白者"至"天下式"三十字，上書無。

〔12〕"道"字，上書無。

〔13〕"到"字，上書無。

〔14〕"若"字，上書作"苦"。

〔15〕"知其"原作"如"，據上書改。

〔16〕"既"，上書無。

〔17〕"致"，上書作"政"。

雲笈七籤卷之十一

三洞經教部

經

上清黃庭內景經

梁丘子《注釋叙》
夫萬法以人爲主，人則以心爲宗。無主則法不生，無心則身不立。心法多門，取用非一。有無二體，隨事應機。故有凡聖淺深，愚智真假，莫匪心神辯識運用之所由也。但天下之道，殊塗而同歸，百慮而一致。從麤入妙，權實則有二階；胐跡符真，是非同乎一見。《黃庭內景經》者，東華之所祕也，誠學仙之要妙，羽化之根本。余襞習未周，而觀想粗得。裁靈萬品，模擬一形，義有四宗，會明七字，指事象諭，內外兩言。絀聰隳體之餘，任噓從呬之暇，舐筆摩墨，輒貽原笢。

務成子《注叙》
扶桑大帝君命暘谷神仙王傳魏夫人
　　暘谷神王當是大帝之臣，授此經之時，與青童君俱來。夫人初在修武縣中也。
《黃庭內景》[1]者，
　　脾爲黃庭命門，明堂中部老君居之，所以云"黃庭內人服錦衣"也。自臍後三寸，皆號黃庭命門。故下一云，命門中有黃庭元王玄

闕大君。又云：坐當命門。猶如頭中亦呼爲泥丸洞房中也。此經以
　　虛無爲主，故用黃庭標之耳。其景者，神也。其經有十三神，皆身
　　中之内景名字。又別有老君《外景經》，總真云：《黃庭内外》；涓
　　子云：《黃庭内經、外經》者，皆是也。此神名與八景不同。又遞
　　述有無者，蓋所施用處異也。名服既殊，源本亦別。太極太微者，
　　品號域也。
一名"太上琴心文"，
　　"琴，和也。誦之可以和六府，寧心神，使得神仙。"此十七字本
　　經所注也。
一名"大帝金書"，
　　"扶桑大帝君宮中盡誦此經，以金簡刻書之，故曰《金書》。"此
　　二十一字本經所注也。
一名"東華玉篇"，
　　"東華者，方諸宮名也，東海青童君所居也。其中玉女仙人皆誦詠
　　之，刻玉書之爲《玉篇》。"此三十三字本經所注。夫此二宮之神
　　仙猶誦之者，非復以辟邪，正謂和神耳。但誦萬遍畢，當得洞經。
　　不信此義，亦爲一滯也。
當清齋九十日，誦之萬遍。
　　此謂先齋九十日，乃就誦之。非九十日齋，令誦得萬遍也。誦日數
　　無定限，若專此一法，日夜自可二十遍。若兼以餘事者，乘閑正可
　　四五遍耳。計得十遍，亦可依法禮拜。若遍限既畢，未能通感者，
　　但更精心誦之，勿便止也。
使調和三魂，制鍊七魄，除去三尸，安和六府，五藏生華，色反孩童，
百病不能傷，災禍不得干。萬過既畢，自然洞觀鬼神，内視腸胃，得見
五藏。其時當有黃庭真人中華玉女教子神仙焉。此不死之道也。
　　臨目外觀，則鬼神摽形；接手内視，則藏腑洞別。乃得表裏無隔，
　　棲真降靈。然後禀受玄教，施行妙訣也。既曰不死，則天地長存，
　　復何索乎！

子有仙相，得吾此書。
　　吾者，應是暘谷神王自稱也。
此文羅列一形之神室，處胎神之所在耳。
　　於形中諸神乃不都盡，而目其室宅，亦備窮委密矣。胎神即明堂三老君，所謂胎靈大神也。此最爲黃庭之本。
恒誦詠之者，則神室明正，胎真安寧，靈液流通，百關朗清〔2〕，血髓充溢，腸胃虛盈。
　　無復滓穢爲虛，津液常滿爲盈，所謂"六氣盈滿神明靈"也。
五藏結華，耳目聰明，朽齒白髮，還黑更生〔3〕。所以却邪痾之紛若者，謂我已得魂精六緯之姓名也。
　　紛若者，猶亂雜也。今五藏并膽，是爲六緯，並神魂之精爽矣。
形充魂精，而曰欲死，不可得也，故曰《內景黃庭》爲不死之道。
　　人之死也，常在形神相離。今形既恒充，則神棲而逸。神既常寧，則形全無毀。兩者相守，死何由萌？雖曰欲逝，其可得乎！此道乃未能控景登虛，高宴上清。而既無死患，形固神潔，內徹身靈，外降英聖，隱芝大洞，於是而至，端坐招真，不俟遊涉，筌蹄之妙，豈復踰此！
受者齋九日，或七日，或三日，然後受之。授者爲師，受者奉焉。
　　此師及弟子俱應結齋，齋日多少，隨其身事。若履涉世塵，宜須積日自潔。其山居清整者，三日便足也。
結盟立誓，期以勿泄。古者盟用玄雲之錦九十尺，金簡鳳文之羅四十尺，金鈕九雙，以代割髮歃血勿泄之約。此物是神鄉之奇帛，非赤縣之所有也。今錦可用白絹，羅可用青布，鈕可用金鐶，亦足以誓信九天，制告三官矣。
　　諸經中信用金龍玉魚之例，多是寶貴，非寒棲能辦，故許聽以世中易得物比之。今羅錦異類，事絕人工，理宜准代。猶應選極精潔者，絹九丈，當使連織。鐶小細於鈕，以上金九分作九雙，於豐儉爲適。

皆奉有經之師，散之寒棲。違盟負約，七祖受考於暘谷[4]河源，身爲下鬼，考於風刀。

"暘谷神仙王口訣"，此七字本經中所注。

一人受書，得傳九人。

諸經多云：七百年傳三人。此非世上之格。今此雖限人數，不制年期，當是止就一生之身爲言也。

審視形氣，必慈仁忠信，耽玄注真，不毀真正，敬樂神仙者，乃可示耳。自非其才，是爲漏泄。謹量可授，亦誠難也。

人雖不可常保，或始勤而末怠，初善而後惡。但本性既能慈仁惠信，耽玄樂仙，應當無復爲過咎矣。此六德則未可全親，故後云"寧慎密之"。

又當先求感應，推訊虛靈者，乃佳也。審可傳者，亦將得夢以告悟，臨時之宜，亦玄解於心矣。宣泄之科既重，傳之者良爲嶮巇。有《黄庭内經》之子，寧慎密之。

"清虛真人口訣：夫《内景黄庭經》者，扶桑太帝君之金書，鍊真祕言矣。"二十六字本經所注。案此二篇是説傳授科格，非扶桑東華金書玉字本文，止是二匠授南真時口訣。故並題注言之也。

讀《黄庭内景經》者，常在別室燒香潔淨，乃執之也。

凡欲讀此經，皆當如此。施高座，東向燒香，沐浴束帶，舒經於案格之上。微其音響，吟諷研[5]詠，無使輟誤。輟誤之時，當依消摩法，重却前三十字更讀也。記其遍數，十過則應起拜。

諸有此經，能辟百邪。若入山林空闊之地，心中震怖者，正心向北讀《内經》一過，即神静意平，如與千人同旅而止。

邪却則神安，故無復疑懼之患。

能讀之萬過，自見五藏腸胃，又見天下鬼神，役使在己。

内視既朗，則外鑒亦徹，玉女尚來降授，鬼神何足役使也。

若困病者，心存讀之，垂死亦愈。

不能執書，故心存讀之。若不堪首尾周遍，但取神名處誦之。涓子云，靈元是脾神，長四寸，坐脾上，如嬰兒，著黃衣，位爲中部明堂老君。若體中有疾及飢飽不和適之時，但存中部老君之服色，便髣髴在脾，三呼其名畢，咽液七過，萬病如願也。此即經中所云："三呼我名神自通"者也。

大都通忌食六畜及魚臊肉，

六畜，牛馬猪羊鷄犬也。魚臊當謂生臊耳，故爲禁也。

忌五辛、

生蔥、蒜、薤、韭、葫荾也。

淹洿之事。

世間所可爲淹穢事者，皆宜避之，不復曲辯之也。

若脫履淹洿之者，沐浴盥漱，燒香於左，讀經一過，百痾除也。

其餘飲食所忌，學者本不待言。若脫遇淹穢，則可以桃竹而解之。燒香於左，以陽消陰。若不如此，則當致故氣，百痾難除矣。按經後云"入室東向讀《玉篇》"，而序云北向讀《内景經》一過者，此謂却邪折惡時，與和神召靈時異也。今若依法恒讀，自可依前所注東向之事也。又小君言：山世遠受孟先生法，暮卧先讀《黃庭内景經》一遍乃眠，使人魂魄自制。但行此二十一年亦仙矣。是爲合萬過也。夕得三四過乃佳[6]。北岳蔣夫人云：讀此經亦使人無病，是不死之道也。如此暮臨卧，每燒香東向，於寢床而誦之。旦夕一過者，至二十七年，正得萬遍耳。今云二十一年，或是字誤。若不爾，則夕不恒一過也。故復云：夕三四過乃佳。計此十遍畢，亦可禮。所以云萬過，亦是取其限義也。讀不患數，患人不能勤耳。

釋題

《黃庭内景》

黃者，中央之色也；庭者，四方之中也。外指事，即天中、人中、地中。内指事，即腦中、心中、脾中，故曰黃庭。内者，心也；景者，象也。外象諭即日月星辰雲霞之象，内象諭即血肉筋骨藏府之象也。心居身内，存觀一體之象色，故曰内景也。

誦《黃庭經》訣

入室誦《黃庭內景玉經》，當燒香清齋，身冠法服，入戶北向四拜，長跪叩齒二十四通，啓曰：上啓高上萬[7]真玉晨太上大道君，臣今當入室，誦詠《玉經》，鍊神保藏，乞胃宮榮華，身得乘虛，上拜帝庭。畢，次東向揖四[8]太帝，又叩齒十二通，啓曰：上啓扶桑太帝暘谷神王，臣某甲今入室披詠《玉經》，乞使靜室神芝自生，玉華寶輝[9]，三光洞明，萬遍胎仙，得同帝靈。呪畢，東向誦經十遍爲一過。便還北向四拜，東向四揖，不須復啓。

上清黃庭內景經

上清章第一

上清紫霞虛皇前，太上大道玉晨君，

　　上清者，三清名也。虛皇者，紫清太素高虛洞曜三元道君內號也。太上即高聖太真玉晨玄皇大道君也。理在上清協晨觀蘂珠之房，紫霞煥落，瑞氣交映也。

閑居蘂珠作七言，

　　蘂珠，上清境宮闕名也。述作此經，皆以七言爲句也。

散化五形變萬神，

　　散化形體，變通萬神，明此經祕妙矣。

是爲《黃庭》曰《內篇》，

　　真言歎美，又曰《內篇》也。

琴心三疊儛胎仙。

　　琴，和也。三疊，三丹田，謂與諸宮重疊也。胎仙即胎靈大神，亦曰胎真，居明堂中，所謂三老君，爲黃庭之主。以其心和則神悅，故儛胎仙也。

九氣映明出霄間，

　　九天之氣，入[10]於人鼻，周流腦宮，映明上達，故曰出霄間。《九天生神經》曰：三元育養，九氣結形。

神蓋童子生紫煙，

　　神蓋謂眉也，童子目神也，紫煙即目光氣也。

是曰《玉書》可精研，詠之萬過昇三天。

　　此經亦曰《玉書》，謂精心研慮，誦滿萬遍，即自昇天矣。三天者，太清、上清、玉清也。

千災以消百病痊，不憚虎狼之凶殘，亦以却老年永延。

　　真經尊重，持誦蒙恩，災病自除，虎狼不犯，衰年轉少，壽命延長。《道經》曰："攝生者，毒蟲猛獸不搏也。"此一章初說經之旨也。此經蓋是太上弟子所撰記耳，猶如《孝經》《禮記》稱孔子閑居也。

　　　　　　上有章第二

上有魂靈下關元，

　　魂，魂魄也；靈，胎靈也。魂在肝，魄在肺，胎靈在脾。關元，臍也，臍爲受命之宮。則魂魄在上，關元居下。

左爲少陽右太陰，

　　少陽，左目也。太陰，右目也。

後有密户前生門，

　　密户，腎也。腎爲藏精宫，當密守之，使不躁泄。生門，命門也。

出日入月呼吸存。

　　謂常存日月於兩目，使光與身合，則通真矣。《九真中經》曰：夜半生氣或雞鳴時，正坐閉氣，存左目出日，右目出月，兩耳之上爲六合高牕，令日月使照一身，内徹泥丸，下照五藏，腸胃之中，了了洞見，内徹外合[11]，一身與日月光共合。良久，叩齒九通，咽液九過，微祝曰：太上玄一，九皇吐精。三五七變，洞觀窈冥。日月垂光，下徹神庭。使照六合，太一黄寧。帝君命簡，金書不傾。五老奉符，天地同誠。使我不死，以致真靈。却遏萬邪，禍害咸[12]平。上朝天皇，還老返嬰。太帝有制，百神敬聽。

四氣所合列宿分，

四氣，四時靈氣也。列宿，三景也。謂常存元氣合於身，兼思日月斗星，分明焕照，久則通靈。

紫煙上下三素雲，

　　三素者，紫素、白素、黄素也。常存三元妙氣，上下在身，則形神通感。

灌溉五華植靈根，

　　五華者，五方之英華，即氣也。靈根，舌本也。謂漱咽津液，兼吸引五氣而服之，則靈根永存，神府清暢。

七液洞流衝臚間。

　　臚間，兩眉間，謂額也。七液者，謂四氣三元，結成靈液，流潤藏府，氣衝腦盛也。

迴紫抱黄入丹田，

　　丹田，上丹田，在兩眉間却入三寸之宮，即上元真一所居也。紫、黄者，三元靈氣也。

幽室內明照陽門。

　　幽室，腎也。陽門，命門也。謂存念腎臟，令其內明，專氣保精，無使泄散，朗照內外，兼守命門也。此一章先説黄庭宮府所在，氣液周流，上下相通。

　　　　　口爲章第三

口爲玉池太和官，

　　口中津液爲玉液，一名醴泉，亦名玉漿。貯水爲池，百節調柔，五藏和適，皆以口爲官主也。一本有作"太和宮"，於文韻不便也。《大洞經》云：心存胃口有一女子，嬰兒形，無衣服，正立胃管，張口承注魂液，仰吸五氣。當即漱漏口中內外津液，滿口咽之，遣直入玄女口中。五過畢，叩齒三通，微呪曰：玉清高上，九天九靈。化液在玄，下入胃清。金和玉映[13]，心開神明，服食日精，金華充盈。

漱咽靈液災不干，

靈液真氣，邪不干正。
體生光華氣香蘭，
不食五穀，無穢滓也。
却滅百邪玉鍊顏，
肌膚若冰雪，綽約若處子。
審能修之登廣寒。
廣寒，北方仙宮之名，又云山名，亦曰廣霞。《洞真經》云：冬至之日，月伏於廣寒之宮，其時育養月魄於廣寒之池，天人採青華之林條，以拂日月光也。
晝夜不寐乃成真，
勤修静定，則爲真人。
雷鳴電激神泯泯。
泯泯，取平聲讀。調神理氣，魂魄恬愉，雖遇震雷而不驚慴。又曰雷鳴電激爲叩齒，叩齒[14]存思，乃是神用，不得言泯泯。

黃庭章第四

黃庭内人服錦衣，
黃庭内人謂道母，黃庭真人謂道父，人身備有之。錦衣具五色也，即謂五藏之真氣也，三庭之中備有之。
紫華飛裙雲氣羅，
《十方經》云：高上玉皇衣文明飛雲之裙，即神仙之所服也。
丹青綠條翠靈柯。
五色雜氣共生枝條，仙衣之飾。
七蕤玉籥閉兩扉，
外象諭也。七竅開闔，以諭關籥，用之以道，不妄開也。蕤，籥之飾。存神必閉目，故名曰閉兩扉也。
重扇金關密樞機，
金取堅剛也。故經云："善閉者無關楗而不可開。"言養生者善守精神不妄洩也。

玄泉幽關[15]高崔巍。

　　玄泉，口中之液也，一曰玉泉，一名醴泉，一名玉液，一名玉津，一名玉漿。兩眉間爲闕庭，兩腎間爲幽關，如門之左右象魏，中間闕然爲道。腎在身中，故曰幽關也。據腎在諸藏之下，而云高者，形狀[16]存神，即在丹田之上，故言高也。

三田之中精氣微，

　　內指事也。丹田之中，神氣變化，感應從心，非有無不可爲象也[17]。從麤入妙，必其有係，故以氣言之。氣以心爲主，因主立象，至精至微，不可數求也。《道機經》云：天有三光日月星，人有三寶三丹田。三丹田中氣，左青右黃，上白下黑也。

嬌女窈窕翳霄暉，

　　《真誥》云：嬌女，耳神名。言耳聰朗徹明掩玄暉也。

重堂煥煥明八威，

　　重堂，喉嚨名也，一曰重樓，亦曰重環。本經云："絳宮重樓十二級。"絳宮，心也。喉嚨在心上，故曰重堂。喉嚨者，津液之路，流通上下，滋榮一體，煥明八方。八卦之神曰八威也。

天庭地關列斧斤，

　　兩眉間爲天庭，紫微夫人祝曰："開通天庭，使我長生。"列斧斤，言勇壯。

靈臺盤固永不衰。

　　心爲靈臺，言有神靈君之。靜則守一，動則存神，體安不衰竭矣。

中池章第五

中池內神服赤珠，

　　膽爲中池，舌下爲華池，小腹胞爲玉池，亦三池之通名。《膽部》曰："龍旂橫天擲火鈴。"赤珠者，火鈴之服。

丹錦雲袍帶虎符，

　　丹錦雲袍，心肺之色。在膽之上，故曰雲袍。符，命也。《九真經》云：皇老君[18]佩玄龍神虎符，帶流金之鈴，並道君之服也。

横津三寸靈所居,

　　内指事也。臍在胞上,故曰橫津。臍下三寸爲丹田,真人赤子之所居也。

隱芝翳鬱自相扶。

　　謂男女之形體也。隱翳交合,自然之道。按《内外神芝訣》云:五藏之液爲内芝,内芝則隱芝也。又云:隱,奥者也。

　　　　天中章第六

天中之岳精謹修,

　　天中之岳謂鼻也,一名天臺。《消魔經》云:鼻欲數按其左右,令人氣平。所謂溉灌中岳,名書帝録。

雲宅[19]既清玉帝遊,

　　面爲雲宅,一名尺宅。以眉目鼻口之所居,故爲宅也。修之清通,則神仙矣。《洞神經》曰:面爲尺宅。字或作赤澤。

通利道路無終休。

　　《太素丹景經》曰:一面之上,常欲兩手摩拭之,高下隨形不休息,則通利耳目鼻口之氣脉。

眉號華蓋覆明珠,

　　明珠,目也。

九幽日月洞空無。

　　《五辰行事訣》云:眉上一寸[20]直入一寸爲玉瑠紫闕,左日右月。又《玉曆經》云:"太清上有五色華蓋九重,人身亦有之。"當存目童如日月之明也。

宅中有真常衣丹,

　　真謂心神,即赤城童子也,亦名真人,亦名赤子,亦名子丹。心存見之,常在目前,與心相應。衣丹,象心氣赤色也。

審能見之無疾患。

　　元陽子曰:"常存心神,則無病也。"

赤珠靈裙華蒨粲,

玄膺之象也，外諭也。
舌下玄膺生死岸，
　　内指事也。玄膺者，通津液之岸也。本經云："玄膺氣管受津府。"
出青入玄二氣煥，子若遇之昇天漢。
　　謂吐納陰陽二氣，煥然著明也。人能善遇吐納之理，則成天仙矣。
　　　　　　至道章第七
至道不煩决存真，
　　專心則至。
泥丸百節皆有神。
　　神者，妙萬物而爲言，因象立名，則如下説。
髪神蒼華字太元，
　　白與黑謂之蒼，最居首上，故曰太元。
腦神精根字泥丸，
　　丹田之宫，黄庭之舍，洞房之主，陰陽之根。泥丸，腦之象也。
眼神明上字英玄，
　　目諭日月，在首之上，故曰明上。英玄，童子之精色，内指事也。
鼻神玉壟字靈堅，
　　陰壟之骨象玉也。神氣通天，出入不竭，故曰靈堅。
耳神空閑字幽田，
　　空閑幽静，聽物則審。神之所居，故曰田也。
舌神通命字正倫，
　　咽液以舌，性命得通，正其五味，各有倫理。
齒神崿鋒字羅千，
　　牙齒堅利如劍崿刀鋒，摧羅衆物而食之也。
一面之神宗泥丸。
　　腦中丹田，百神之主。
泥丸九真皆有房，

《大洞經》云：三元隱化，則成三宮。三三如九，故有三丹田、又有三洞房，合上三[21]元爲九宮。中有九真神，三九二十七，神氣相合，人當存見之。亦謂天皇九魄，變成九氣，化爲九神，各居一洞房。

方圓一寸處此中，

房有一寸，故腦有九宮。

同服紫衣飛羅裳。

九真之服，皆象氣色，飛猶輕也。

但思一部壽無窮，

存思九真，不死之道也。

非各別住俱腦中，

丹田之中，衆神所居。

列位次坐向外方，

神繞丹田，而外其面，以扞不祥。《八素經》云：真有九品。向外列位，則當上真上向，高真南向，太真東向，神真西向，玄真北向，仙真東北向，天真東南向，靈真西南向，至真西北向。夫[22]真者，不視而明，不聽而聰，不言而正，不行而從。

所存在心自相當。

心存玄真，內外相應。

心神章第八

心神丹元字守靈，

內象諭也。心爲藏府之元，南方火色，棲神之宅，故言守靈也。

肺神皓華字虛成，

肺爲心之華蓋。皓，白也，西方金之色。肺色白，其質輕虛，故曰虛成也。

肝神龍煙字含明，

肝位木行，東方青龍之色也，於藏主目。日出東方，木生火，故曰含明。

翳鬱導煙主濁清。

　　翳鬱，木象也。得火而煙生，得陽而氣生。清則目明，濁即目暗。有別本無此一句。

腎神玄冥字育嬰，

　　腎屬水，故曰玄冥。腎精爲子，故曰育嬰也。

脾神常在字魂停，

　　脾，中央土位也，故曰常在，即黃庭之宮也。脾磨食消，神康力壯，故曰魂停。

膽神龍曜字威明。

　　膽色青黃，故曰龍曜。主於勇捍，故曰威明。外取東方青龍雷震之象也。

六腑五藏神體精，

　　資係[23]一身，廢一不可，故曰神體精。心、肝、肺、腎、脾爲五藏，膽、胃、大腸、小腸、膀胱、三焦爲六府。所言府者，猶府邑之府，取中受物之義，故曰府也。藏者，各是一質，共藏於身，謂之藏也。言三焦者多矣，而未的言其所在。蓋心、肝、肺三藏之上，係管之中，爲三焦。《中黃經》云："肺首爲三焦。"當指其所也。又據五方之色，脾爲黃，應爲五藏之主。而今共以心爲主者何也？答曰：心居藏中，其質虛受也。夫虛無者，神識之體，運用之源，故徧方而得其主，動用而獲其神，不可以象數言，不可以物類取也。

皆在心内運天經，

　　五藏六府各有所司，皆有法象同天地，順陰陽自然感攝之道，故内[24]運天經也。

晝夜存之自長生。

　　依上五神服色，思存不捨，不死之道也。仙經曰：存五藏之氣，變爲五色雲，常在頂上，覆蔭一身。日居於前，月居於後，左青龍，右白虎，前朱雀，後玄武，即去邪長生之道也。

肺部章第九

肺部之宮似華蓋，
　　金宮也，肺在五藏之上，四垂爲宇也。
下有童子坐玉闕，
　　童子名皓華，肺形如蓋，故以下言之。玉闕者，腎中白氣，上與肺連也。
七元之子主調氣，
　　元陽子曰：“七元之君，負甲持符，辟除凶邪，而布氣七竅，主耳目聰明。”七元，七竅之元氣也。
外應中岳鼻齊位。
　　中岳者，鼻也，又爲臍也。臍爲崑崙之山，鼻爲七氣之門，位猶主也。
素錦衣裳黃雲帶，
　　素錦衣裳，肺膜之色也。黃雲帶者，肺中之黃脈，蔓延羅絡，有象雲氣。
喘息呼吸體不快，
　　有時而然。
急存白元和六氣，
　　白元君主肺宮也。《大洞經》云：白元君者，居洞房之右是也。
神仙久視無災害，
　　邪不干正。
用之不已形不滯。
　　常存此道，形氣華榮，至誠感神之所致也。

心部章第十

心部之宮蓮含華，
　　火宮也，心藏之質，象蓮華之未開也。
下有童子丹元家。
　　心神丹元字守靈。神在心內，而云下者，據華蓋而言。

主適寒熱榮衛和,

　　寒熱,陰陽静躁之義也。人當和適,以榮衛其身。《老子經》云:"躁勝寒,静勝熱,清淨以爲天下正。"

丹錦飛裳披玉羅,

　　象心藏之色也,有肺之白氣象玉羅。

金鈴朱帶坐婆娑。

　　金鈴,肉[25]藥之象;朱帶,血脉之象。坐婆娑者,言神之安静也。《九真經》云:黄老君"帶流金之鈴",仙服也。

調血理命身不枯,

　　心安體和,則無病矣。

外應口舌吐五華,

　　心主口舌,吐納五藏之液,辨識五行之味,故言外應。

臨絶呼之亦登蘇,

　　人有病厄,當存丹元童子朱衣赤冠,以救護之也。

久久行之飛太霞。

　　常行此道,能獲飛仙。

　　　　肝部章第十一

肝部之宫[26]翠重裹,

　　木宫也。肝色蒼翠,大小相重之象也。

下有青童神公子,

　　肝東方木位,主青,故曰青童。左位爲公子,公子一名含明。上有華蓋,故曰下。

主諸關鏡聰明始。

　　於時主春,青陽之本始。於竅主目,五行之關鏡。故曰聰明之始。

青錦披裳佩玉鈴,

　　青錦,肝之色。玉鈴,白脉垂之象也。《昇玄經》云:"三天玉帝帶火玉之珮。"《素靈經》云:"靈耀君衣青錦單裳。"皆神仙之服也。

和制魂魄津液平，

　　內指事也。東春和煦，萬物生成。

外應眼目日月清。

　　肝位屬眼，象日月明。

百痾所鍾存無英，

　　左爲無英，肝神在左，故存之。一本爲无英。无英者，物生之象也。

同用七日自充盈。

　　五藏兼在，故言同用。七日爲一竟，一竟一復也。故《周易》曰"七日來復"是也。

垂絶念神死復生，

　　存念青衣童子，形如上說。

攝魂還魄永無傾。

　　《太微靈書》云：每月三日十三日二十三日夕，三魂棄身遊外，攝之者當仰眠，去枕伸足，交手心上，瞑目閉氣三息，叩齒三通，存心中有赤氣如雞子，從內出於咽中，赤氣轉大覆身，變成火以燒身使帀。覺體中小熱，呼三魂名曰：爽靈、胎光、幽精，即微呪曰："太微玄宮，中黃始青，內鍊三魂，胎光安寧。神寶玉室，與我俱生，不得妄動，鑒者太靈。若欲飛行，唯詣上清。若有飢渴，得飲玄水玉精。"又每月朔望晦日，七魄流蕩，交通鬼魅。制檢還魄之法，當此夕仰眠伸足，掌心掩兩耳，令指相接於項上，閉息七遍，叩齒七通，心存鼻端白氣如小豆大，須臾漸大，冠身上下九重。氣忽變成兩青龍在兩目中，兩白虎在兩鼻孔中，皆向外。朱鳥在心，上向人口。蒼龜在左足下，靈蛇在右足下。兩玉女著錦衣，手把火光，當兩耳門。畢，咽液七過，呼七魄名曰：尸苟、伏矢、雀陰、吞賊、非毒、除穢、臭肺，即微呪曰："素氣九回，制魄邪姦。天獸守門，嬌女執關。鍊魄和柔，與我相安。不得妄動，看察形源。若有飢渴，聽飲月黃日丹。"

腎部章第十二

腎部之宮玄闕圓，

　　水宮也。玄闕圓者，腎之形狀也。玄，水色。内象諭也。

中有童子冥上玄，

　　腎爲下玄，其神玄冥字育嬰。心爲上玄，上玄幽遠，氣與腎連，故言冥上玄。

主諸六府九液源。

　　五藏六府，九液交連，百脉通流，廢一不可。六府如上[27]説，九液，九竅之津液。

外應兩耳百液津，

　　腎宮主耳，氣衰則聾。陰陽和合，血液流通。

蒼錦雲衣舞龍幡，

　　蒼錦，腎色之象也。雲衣，腎膜之象也。龍幡，青脉之象也。《九真經》云："道君服青錦衣蒼華之裙也。"

上致明霞日月煙。

　　腎氣充足，耳目聰明，陰陽不衰。外象諭也。

百病千災急當存，

　　元陽子曰："寒暑相生，男女相形，腎中二神常衣青。左男戴日，右女戴月，存想見之，則永[28]無災患者也。"

兩部水王對生門，

　　腎藏雙對，故曰兩部。腎宮水王，則化爲赤子，故曰對生門。

使人長生昇九天。

　　赤子化爲真人，而昇九天者，謂九氣青天，其氣主生者也。

脾部章第十三

脾部之宮屬戊己，

　　土宮也。戊己，中央之辰也。

中有明童黃裳裏，

　　明童謂魂停。黃裳，土之色。

消穀散氣攝牙齒。

　　脾爲五藏之樞，脾磨食消，性氣乃全。齒爲羅千，故攝牙齒。

是爲太倉兩明童，

　　太倉，肚府。此明童謂肚神，神名混康。

坐在金臺城九重，

　　注念存思，神狀當然。

方圓一寸命門中。

　　即黃庭之中，丹田之所也。

主調百穀五味香，

　　口中滋味，脾磨之所致也。

辟却虛羸無病傷，

　　内指事也。食消故也。

外應尺宅氣色芳，

　　尺宅，面也。飢飽虛羸，形乎面色。

光華所生以表明。

　　亦知虛實。

黃錦玉衣帶虎章，

　　脾主中黃，謂黃庭真人服錦衣也。《玉清隱書》云："太上道君佩神虎大章也。"

注念三老子輕翔，

　　三老謂元老、玄老、黃老之君也。念脾中真人，自然變化。子，謂受《黃庭》之學。

長生高仙遠死殃。

　　《莊子》曰："方生方死，方死方生。方可方不可，方不可方可。"以此而談，其理均也。故長生者不死，寂滅者不生。不死不生，則真長生。不生不死，則真寂滅。何死殃之所及也。

膽部章第十四

膽部之宮六府精，

膽、胃、大腸、小腸、膀胱、三焦，爲六府也。《太平經》云："積清成精[29]。"故膽爲六府之精也。

中有童子曜威明，

又云：膽神龍曜字威明，勇捍之義也。

雷電八振揚玉旌，

八方雷震，有威怒之象也。玉旌，則氣之色也。

龍旂橫天擲火鈴，

膽，青龍之色。旌旂，威戰之具也。火鈴者，膽邊肉珠之象也。怒則奮張，故言擲也。

主諸氣力攝虎兵。

膽力互用，主於捍難，故攝虎兵。

外應眼童鼻柱間，

內指事也，心之喜怒，形於眉目之間。

腦髮相扶亦俱鮮。

人之震怒，髮上衝冠。

九色錦衣綠華裙，

青錦，東方九氣之色也。綠華裙，膽膜之象。

佩金帶玉龍虎文，

膽神威明之服飾也。

能存威明乘慶雲，

內象諭也。思存膽神不倦，則仙道可致也。

役使萬神朝三元。

三元道君各處三清之上，諸天神仙並朝宗之故也。

脾長章第十五

脾長一尺掩太倉，

太倉，胃也。《中黃經》云："胃爲太倉君。"元陽子曰："脾正橫在胃上也。"

中部老君治明堂，

脾，黃庭之宮也。黃老君之所治，上應明堂，眉間入一寸是也。

厥字靈元名混康，

脾磨食消，內外相應。大腸為胃之子，混元而受納之康安也。

治人百病消穀糧。

胃宮榮華，則無病傷。

黃衣紫帶龍虎章，

脾居胃上，故曰黃衣也。紫帶龍虎章，胃絡之象。

長精益命賴君王。

太倉混康，為君為王。

三呼我名神自通，

存思胃府之神，則心虛洞鑒也。

三老同坐各有朋。

上元老君居上黃庭宮，與泥丸君、蒼華君、青城君及明堂中君臣〔30〕、洞房中父母及天庭真人等，共為朋也。又中玄老君居中黃庭宮，與赤城童子、丹田君、皓華君、含明君、玄英君、丹元真人等，為朋也。下黃老君居下黃庭宮，與太一君、魂停君、靈元君、太倉君、丹田真人等，為朋也。常存三老，和合百神，流通部位，營衛無有差失也。

或精或胎別執方，

《玉曆經》云：“下丹田者，人命之根本，精神之所藏，五氣之元也。在臍下三寸，附著脊，號為赤子府。男子以藏精，女人以藏胎，主和合赤子，陰陽之門戶也。其丹田中氣，左青右黃，上白下黑〔31〕。”

桃孩合延生華芒。

桃孩，陰陽神名，亦曰伯桃。仙經曰：命門臍宮中，有大君名桃孩字合延，衣朱衣，巾紫芙蓉冠。暮臥存之，六甲六丁來侍人也。生華芒，謂陰陽之氣不衰也。

男女徊九有桃康，

男女合會，必存三丹田之法。桃康[32]，下神名，主陰陽之事。佪三爲九，故曰佪九。《大洞眞經》云：三元隱化，則成三宮。三宮中有九神，謂上中下三元君、太一、公子、白元、無英、司命、桃康，各有宮室，故曰有桃康。

道父道母對相望，

陰陽兩半成一，故曰相望。

師父師母丹玄鄉。

道爲宗師，陰陽之主也。丹玄鄉，謂存丹田法也。

可用存思登虛空，

學仙之道。

殊途一會歸要終。

合三以爲一，散一以爲三，道之要。《玄妙內篇》云："兆欲長生，三一當明。"

閉塞三關握固停，

經云："口爲天關精神機，手爲人關把盛衰，足爲地關生命扉。"又臍下三寸爲關元，亦曰三關。言固精護氣，不妄施泄。

含漱金醴吞玉英，

金醴、玉英，口中之津液。《大洞經》云：服玄根之法，心存胃口有一女子，嬰兒形，無衣服，正立胃管，張口承注魂液，仰禽五氣。當漱漏[33]口中內外津液，滿口咽之，遣入玄女口中。五過畢，叩齒三通，咽液九過也。

遂至不飢三蟲亡，

《洞神訣》云："上蟲白而青，中蟲白而黃，下蟲白而黑。人死則三蟲出爲尸鬼，各化爲物，與形爲殃，擊之衝破也。其餘衆蟲，皆隨尸而亡。故學仙者精謹備於五情之氣，服食藥物，以去三蟲。"又云："上尸彭琚，使人好滋味，嗜欲癡滯；中尸彭質，使人貪財寶，好喜怒；下尸彭矯，使人愛衣服，耽婬女色。亦名三毒。"

心意常和致欣昌。

道通無礙。
五岳之雲氣彭亨，
　　五藏之氣爲五岳之雲。彭亨，流通無擁之稱也。
保灌玉廬以自償，
　　玉廬，鼻廬也。言三蟲既亡，真氣和洽，出入玄牝，綿綿不絕。故曰自償。
五形完堅無災殃。
　　五體五藏，自然相應故也。

　　　　　　　上覩章第十六
上覩三元如連珠，
　　三元謂三光之元，日、月、星也，非指上、中、下之三元也。
落落明景照九隅，
　　三光在上，而下燭九隅。九隅，九方也。言常存日月，洞照一身也。
五靈夜燭煥八區。
　　五靈，謂五星也。炳煥羅列一身，常能存之，則與天地同休也。
子存内皇與我遊，
　　大道無心，有感則應。
身披鳳衣御虎符，
　　仙官之服御也。
一至不久昇虛無。
　　一者，無[34]之稱也。學道專一，與靈同體，神仙可致也。《莊子》云："人能知一萬事畢[35]。"
方寸之中念深藏，
　　方寸之中[36]，下關元，在臍下三寸，方圓一寸，男子藏精之所，言謹閉藏之。
不方不圓閉牖牕，
　　方止圓動，不動不靜，但當杜塞，不妄洩也。

三神還精老方壯,

　　還精神於三田,則久壽延年也。

魂魄內守不爭競。

　　魂陽魄陰,各得其一,故《易》曰:"一陰一陽之謂道。"

神生腹中御玉瑯,

　　腹心內明,口吐珠玉。按《五辰行事訣》云:"兩眉間直上一寸入一寸[37]爲玉瑯紫闕。"竊觀文意,未應是此也。

靈注幽闕那得喪,

　　存神守一,無橫夭也。

琳條萬尋可蔭仗,

　　外象諭也。琳條玉樹,萬尋高遠,象身形同真,則神明之所庇蔭者也。

三魂自寧帝書命。

　　真道既成,名書帝錄。

靈臺章第十七

靈臺鬱藹望黃野,

　　靈臺,心也。謂心專一,存見黃庭,則黃野也。

三寸異室有上下,

　　三丹田,上、中、下三處各異。每室方圓一寸,故云三寸。今人猶謂心爲方寸,即一所。

間關營衛高玄受,

　　三田之間,各有間關[38],營衛分部,至高至玄,心當受以存念之也。

洞房紫極靈門戶,

　　《大洞經》云:兩眉直上,却入三分爲守寸雙田,入骨際三分有臺闕,明堂正深七分,左爲青房,右爲紫戶,却入一寸爲明堂宮,左有明童真君,右有明女真官,中有明鏡神君。却入二寸爲洞房,左有無英君,右有白元君,中有黃老君。却入三寸爲丹田宮,亦名泥丸宮，左有上元赤子，右有帝卿君。却入四寸爲流珠宮，有流珠真人居之。却入五寸爲玉帝宮，有玉清神母居之。其明堂上一寸爲天庭宮，上清真女居之。洞房上一寸爲極真宮，太極帝妃居之。丹田上一寸爲玄丹宮，中黄太一真君居之。流珠上一寸爲太皇宮，太上真君〔39〕居之。故曰靈門户也。

是昔太上告我者。

我者，扶桑大帝君自謂也。言我道成，昔承道君授以《黄庭》之術也。言此道不遠，止在丹田，故却言是昔也。

左神公子發神語，

按《大洞經》云："左有無英。"此云公子，亦互言耳。發神語者，用心專一，則教之以道。

右有白元併立處，

右爲學道者之侍者也。

明堂金匱玉房間，

皆上元之宮，釋如下説也。

上清真人當吾前。

上元部神，想在天庭之際。

黄裳子丹氣頻煩，

謂中元童子處於赤城，頻煩氣盛不衰竭。

借問何在兩眉端。

明堂之前。

內俠日月列宿陳，

《五辰行事訣》云：太上真人招五辰於洞房，南極元君受傳。每夜半坐卧，心"存西方太白星在兩眉間，直上一寸入一寸爲玉璫紫闕，左日右月。又次存北方辰星在帝鄉玄宮，在髮際下五分直入一寸也。又次存東方歲星在洞闕朱臺，洞闕朱臺在目後一寸直入一寸是也。又次存南方熒惑星在玉門華房，玉門華房在兩目眥際直入五分是也。又次存中央鎮星在金匱黄室長谷，黄室長谷在人中直入二分是也。存之綴懸於上。畢，叩齒五通，咽液二十五過，微呪曰：高元紫闕，中有五神，寶曜敷暉，放光衝門。精氣積生，化爲老人，道巾素容，綠帔絳裙。右帶流鈴，左佩虎真。手把天剛，散絳飛晨。足躡華蓋，吐芒練身。三景保守，令我得真。養魂制魄，乘飈飛仙"。是其事也。內象諭。

七曜九元冠生門。

七曜七星，配人之七竅；九元九辰，配人之九竅。廢一不可，故曰生門。

三關章第十八

三關之中精氣深，九微之內幽且陰。

謂關元之中，男子藏精之所也。又據下文，口、手、足爲三關。又元陽子以明堂、洞房、丹田爲三關。並可以義取。而存之則成三宮，是名太清、太素、太和。三三如九，故有三丹田，又有三洞房，合上三元爲九。宮中精微，故曰九微。言九微幽玄，而不可見也。

口爲心[40]關精神機，

言發於情，猶樞機也。

足爲地關生命扉[41]，

言運用己身而生也。扉或爲扉。

手爲人關把盛衰。

縱捨由己。

若得章第十九

若得三宮存玄丹，

三丹田之宮，故曰三宮。玄丹，丹元，謂心也。存思在心，故偏指一所也。

太一流珠安崑崙，

太一流珠謂目精。《洞神經》云："頭爲三台君"，又爲崑崙，指上丹田也。又云："臍爲太一君"，亦爲崑崙，指下丹田也。言心存三丹田諸神，皎然在目前。本經曰："子欲不死修崑崙。"崑崙，山名也。

重中樓閣十二環，

　　謂喉嚨十二環，相重在心上。心爲絳宮，有象樓閣者也。

自高自下皆真人。

　　高下三田、十二樓閣，皆有真神。文如上説。

玉堂絳宇盡玄宮，

　　絳宮、明堂，上下相應，皆宮室也。

璇璣玉衡色蘭玕，

　　喉骨環圓，動轉之象也。蘭玕，其色也。

瞻望童子坐盤桓，

　　存見赤城童子、丹皇真人。坐，言其神安静。

問誰家子在我身，

　　言已有之。

此人何去入泥丸。

　　與上元諸神上下相應。《洞神經》云："腦爲泥丸宮。"

千千百百自相連，

　　神本出於一，一生二，二生三，三生萬物，變化不離身心。

一一十十似重山。

　　存見萬物，重疊安坐。山，象坐形。

雲儀玉華俠耳門，

　　雲儀玉華，鬢髮之號，言耳居其間。經曰：髮神名蒼華。凡言華者，上[40]敷榮之義，猶草木之花。

赤帝黄老與己魂，

　　赤帝者，南方之帝君也。黄老者，中黄老也。魂爲陽神，魄爲陰神，陰陽相推，故言與我魂。《太微靈書》云："人有三魂：一曰爽靈，二曰胎光，三曰幽精。"常呼念其名，則魂安人身也。

三真扶胥共房津，五斗焕明是七元。

五斗，五星；七元，北斗也。又《靈寶經》有五方之斗，亦爲五斗。《洞房訣》云："存九元、七元者，眠起、初卧及食畢，微呪曰：五星五通[43]，六合紫房，迴元隱道，豁落七辰。生魂者玄父，父[44]變一成神。生魄者玄母，母[45]化二生身。攝吾筋骨者公子，爲吾精氣者白元，長生久視，飛仙十天。"

日月飛行六合間，

天地内爲六合。存念身中，日月星辰，森羅萬象，一如天地户間[46]，了了然也。

帝鄉天中地户端，

眉上髮際五分，直入一寸，亦爲帝鄉。又明堂上一寸爲天庭，天庭即天中也。又鼻爲上部之地户，心存日月星辰等諸神皆當在其端。端謂鼻之上，髮際之下也。

面部魂神皆相存。

内外星神，自相應也。

呼吸章第二十

呼吸元氣以求仙，

探飛根，採玄暉，吞五牙，挹九霞，服食胎息之道。皆謂天地、陰陽、四時、五行之氣。

仙公公子已可前，

此《洞房訣》也。洞房宫左爲無英君，一名公子。仙公直指《黄庭》學者，言學《黄庭》仙公，復行洞房之訣，而存見公子，故言在前。

朱鳥吐縮白石源。

朱鳥，舌象。白石，齒象。吐縮，導引津液。謂陰陽之氣流通不絶，故曰源。

結精育胞化生身，

本已之所從來也。

留胎止精可長生。

《真誥》曰："《上清真人口訣》：夫學仙之人，安心養神，服食治病，使腦宮填滿，玄精不傾，然後可以存神服氣，呼吸二[47]景。若數行交接，漏泄施寫者，則氣穢神亡，精靈枯竭，雖復玄挺玉籙，金書太極者，將亦何解於非生乎？在昔先師常戒於斯事，云：學生之人，一交接則傾一年之藥勢，二交接則傾二年之藥勢，過此以往，則不止之藥都傾於身。是以真仙常慎於此，以爲生生之大忌也。"

三氣右徊九道明，

　　三氣，謂三丹田之氣。右徊，言周流順緒，調和陰陽，則四關九竅，通流朗徹，而無病也。

正一含華乃充盈。

　　存正守一，神氣華榮，故能充滿六合，乘物而變。

遥望一心如羅星，

　　存見赤城童子居在城中，如星之映羅縠。

金室之下可不傾，

　　謂心居肺下，肺主金，其色白，故曰金室。常能存之，長生不死也。

延我白首反孩嬰。

　　内指事也。謂童顔不老也。

瓊室章第二十一

瓊室之中八素集，

　　謂上元清真。瓊室，體骨之象也。

泥丸夫人當中立。

　　經云：洞房中有父母，母即夫人也，亦名道母。泥丸、洞房，上已釋。

長谷玄鄉繞郊邑，

　　長谷，鼻也；玄鄉，腎也；郊邑，謂五藏六府也。言鼻中之氣出入，下與腎連，周繞藏府。心居赤城，存想内外。郭外曰郊，故爲

　　　　象諭也。
六龍散飛難分別。
　　　　言六府之氣，微妙潛通，難可分別，當審存之也。
長生至慎房中急，
　　　　氣亡液漏，髓腦枯竭，雖益以畎澮，而泄以尾閭，不可不慎也。
何爲死作令神泣？
　　　　房中不慎，傷精失明，故神泣也。
忽之禍鄉三靈歿，
　　　　禍鄉，死地。三靈，三魂也。謂爽靈、胎光、幽精歿亡者也。
但當吸氣録子精。
　　　　呼吸吐納，閉房止精。
寸田尺宅可治生，
　　　　謂三丹田之宅，各方一寸，故曰寸田。依存丹田之法以治生也。經
　　　　云寸田尺宅，彼尺宅謂面也。
若當決海百瀆傾，
　　　　謂房中婬泄，不知閉止也。
葉去樹枯失青青，
　　　　象人死無生氣。
氣亡液漏非己形。
　　　　仙經云：閉房練液，不多言，不遠唾，反是亡[48]矣。
專閉御景乃長寧，
　　　　專閉情欲，存服日光。老子曰："善閉者無關楗，而不可開。"又
　　　《上清紫文靈書》有《採飛根之法》[49]："常以日初出，東向叩齒
　　　　九通，畢，陰呪日魂名、日中五帝字曰：'日魂珠景，照韜緑映，
　　　　迴霞赤童，玄炎飈象。'祝呼此十六字畢，瞑目握固，存日中五色
　　　　流霞，來繞一身。於是日光流霞，俱入口中。"名曰日華飛根玉胞
　　　　水母也。向日吞霞四十五咽畢，又咽液九過也。
保我泥丸三奇靈，

泥丸，上丹田也。《大洞經》云："三元隱化，則成三宮。"一曰太清之中三君，二曰三丹田之神，三曰符籍之神，故曰三奇靈也。

恬惔閉視內自明，

　　謂存思三丹田之法，一如上說。

物物不干泰而平。

　　行道真正，邪物不干。

愨矣匪事老復丁，

　　猛獸不據，攫鳥不搏，老者反壯，病者皆強，愨矣必然。

思詠玉書入上清。

　　精研內景，必獲仙道。

常念章第二十二

常念三房相通達，

　　三房謂明堂、洞[50]房、丹田之房也，與流珠、玉帝、天庭、極真、玄丹、泥丸、太皇等諸宮，左右上下，皆相通達。

洞得視見無內外，

　　存思三丹田，三三如九，合九爲一，明玄洞徹，無有內外也。

存漱五牙不飢渴。

　　《靈寶》有服御五牙之法[51]。五牙者，五行之生氣，以配五藏元精。經云：常以立春之日雞鳴時入室，東向禮九拜，平坐，叩齒九通，思存東方安寶華林青靈始老帝君九千萬人[52]下降室內，鬱鬱如雲，以覆己形，從口中入，直下肝府。祝曰："九氣青天，元始上精，皇老尊神，衣服羽青。役御天官，煥明歲星。散耀流芳，陶溉我形。上食明霞，服引木精。固養青牙，保鎮朽零。肝府充盈，玉芝自生。延年駐壽，色反童嬰。五氣混合，天地長并。"畢，引青氣九咽止，便服《東方赤書玉文》十二字也[53]。

神華執巾六丁謁，

　　神華者，《玉曆經》云："太陰玄光玉女，道之母也。衣五色朱衣，在脾府之上[54]，黃雲[55]華蓋之下。"六丁者，謂六丁陰神玉女也。《老君六甲符圖》云："丁卯神司馬卿，玉女足曰之[56]；丁丑神趙子玉，玉女順氣；丁亥神張文通，玉女曹漂之；丁酉神臧文公，玉女得喜；丁未神石叔通，玉女寄防；丁巳神崔巨卿，玉女開心之。"言服鍊飛根、存漱五牙之道成，則役使六丁之神也。

急守精室勿妄泄。

精室謂三丹田，上下資運而不絕，制之在心。心即中丹田也，緩急之所由，真妄之根本也。

閉而寶之可長活，

積精之所致也。

起自形中初不闊，

調心使氣，微妙無形。

三官近在易隱括。

謂三丹田真官近在人身，隱括精氣，常以心爲君主者也。

虛無寂寂空中素，

外指事也。素有二說。

使形如是不當污。

使形輕淨如懸縑素於空中也。又云：身中虛空，使如器之練素，虛靜當然。污，謂有其事也。

九室正虛神明舍，

九室，謂頭中九宮之室，及人之九竅。使上宮榮華，九竅真正，則衆神之所止舍也。《洞神經》云："天有九星，兩星隱，故稱九天。地有九宮，故稱九地。人有九竅，故稱九生。"言人所由而生也。

存思百念視節度，

存念身中百神，呼吸上下，一如科法。文云"千千百百似重山"[57]，皆神象。

六府修治勿令故，

按《洞神經》云："六府者，謂肺爲玉堂宮尚書府，心爲絳宮元陽府，肝爲清泠宮蘭臺府，膽爲紫微宮無極府，腎爲幽昌宮太和府，脾爲中黄宫太素府。"異於常六府也。

行自翱翔入天路。

謂昇仙羽化也。

【校記】

〔1〕"黄庭内景",《道藏》本梁丘子《黄庭内景玉經註》(以下簡稱《道藏》本)作"黄庭内景玉經",《修真十書》本梁丘子《黄庭内景玉經註》(以下簡稱《修真十書》本)作"黄庭内景經"。

〔2〕"朗清",《道藏》本、《修真十書》本均作"調暢"。

〔3〕"朽齒白髮,還黑更生",上二本作"白髮還黑,朽齒更生"。

〔4〕"暘谷",《道藏》本作"湯谷"。

〔5〕"研"原作"斫",據《道藏》本、《道藏輯要》本梁丘子《黄庭内景玉經註》(以下簡稱《輯要》本)改。

〔6〕"又小君言"至"乃佳",《道藏》本作"右小君言:暮卧先讀《黄庭經》一過乃眠,使人魂魄自制,鍊得三四過乃佳也"。

〔7〕"萬",本書卷十二《推誦黄庭内景經法》作"天"。

〔8〕"四"字,上書無,宜移至"揖"前,作"四揖"。

〔9〕"輝",上書作"耀"。

〔10〕"入"原作"人",據《輯要》本改。

〔11〕"了了洞見,内徹外合",《洞真太一帝君太丹隱書洞真玄經》作"皆覺見了了,洞徹内外"。

〔12〕"咸",上書及本書卷二十三《服日月氣法》均作"滅"。

〔13〕"映"後,本書卷二三《服日子三五七九玄根氣法》及《上清九天上帝祝百神内名經》均有"先自虛生。名曰淳鑪,字曰靆精。制魂拘魄"十六字。

〔14〕"叩齒"二字原缺,據《道藏》本、《輯要》本、《修真十書》本增。

〔15〕"關",上三本作"闕"。

〔16〕"狀",上三本作"伏"。

〔17〕"非有無不可爲象也"，《道藏》本、《輯要》本均作"非有非無不可爲色象"，《修真十書》本作"非有非無不可爲也"。

〔18〕"皇老君"，《上清太上帝君九真中經》作"中央黄老君"。

〔19〕"雲宅"，《道藏》本、《輯要》本、《修真十書》本作"靈宅"，下同。

〔20〕"一寸"原無，據《上清紫微帝君南極元君玉經寶訣》及《上清紫精君皇初紫靈道君洞房上經》增。

〔21〕"三"字原缺，據《道藏》本、《輯要》本、《修真十書》本及《洞真太一帝君太丹隱書洞真玄經》補。

〔22〕"夫"原作"天"，據《道藏》本、《輯要》本、《修真十書》本改。

〔23〕"係"，上三本作"保"。

〔24〕"内"，上三本作"曰"。

〔25〕"肉"，上三本作"内"。

〔26〕"宫"原作"中"，據上三本改。

〔27〕"上"疑當作"下"，見《膽部章第十四》首句"膽部之宫六府精"注。

〔28〕"永"原作"充"，據《道藏》本、《輯要》本、《修真十書》本改。

〔29〕"積清成精"，《道藏》本、《輯要》本作"積精成青"，本書卷十二《隱藏章》作"積清成青"。

〔30〕"臣"，《道藏》本、《輯要》本作"居"。

〔31〕"在臍下"至"上白下黑"，本書卷十八《老子中經·第十七神仙》作"赤子之府，男子以藏精，女子以藏月水，主生子，合和陰陽之門户也。在臍下三寸，附著脊膂，兩腎根也。丹田之中，中赤左青右黄，上白下黑"。

〔32〕"桃康"後，《道藏》本、《輯要》本、《修真十書》本有"丹田"二字。

〔33〕"漏"，《道藏》本、《輯要》本作"滿"。

〔34〕"無"，《道藏》本、《輯要》本、《修真十書》本作"無二"。

〔35〕"人能知一萬事畢"，《莊子·天地篇》作"記曰：通於一而萬事

畢"。

〔36〕"中"字後,《道藏》本、《輯要》本有"謂"字。

〔37〕"上一寸",《道藏》本、《輯要》本、《修真十書》本均無。"兩眉間直上一寸入一寸",《上清紫精君皇初紫靈道君洞房上經》及《上清紫微帝君南極元君玉經寶訣》均作"眉上一寸直入一寸"。本書卷五二《五辰行事訣》亦同。

〔38〕"間關"原作"關關",據《道藏》本、《輯要》本、《修真十書》本改。

〔39〕"太上真君",本書卷四三《思修九宮法》、卷五十《三一九宮法》均作"太上君后"。太皇宮爲雌宮,宜作"太上君后"。

〔40〕"心",本書卷八一《穎陽書》下篇作"天"。

〔41〕"棐",上書作"扉"。

〔42〕"上"字《道藏》本無。

〔43〕"五通"原作"開道",據《上清太上九真中經絳生神丹訣》《上清紫精君皇初紫靈道君洞房上經》《上清太上迴元隱道除罪籍經》改。

〔44〕"父"字原無,據上三書增。

〔45〕"母"字原無,據上三書增。

〔46〕"户間",疑當作"之間"。

〔47〕"二"原作"三",據《道藏》本、《輯要》本、《修真十書》本及《真誥·協昌期》改。

〔48〕"亡"字原無,據《道藏》本、《輯要》本增。

〔49〕"採飛根之法",《太上玉晨鬱儀奔日赤景玉文》引《靈書紫文》作"採服飛根吞日氣之法"。

〔50〕"洞"原作"明",據《道藏》本、《輯要》本、《修真十書》本改。

〔51〕"五牙之法"四字原缺,據上三本增。

〔52〕"九千萬人",《太上洞玄靈寶赤書玉訣妙經》無"千"字。

〔53〕此後《道藏》本、《輯要》本有"餘南方、西方、北方、中央,依按靈寶服御五牙之法而行之"。

〔54〕"在脾府之上",本書卷十八《老子中經·第十一神仙》作"正在脾上中斗中也"。

〔55〕"黄雲",上書作"黄雲氣"。

〔56〕"足曰之",《祕藏通玄變化六陰洞微遁甲真經》作"足日之"。

〔57〕"千千百百似重山",《若得章第十九》作"千千百百自相連,一一十十似重山"。

雲笈七籤卷之十二

三洞經教部

經

上清黃庭内景經

治生章第二十三

治生之道了不煩，

　　無爲清簡，約以守志。

但修《洞玄》與《玉篇》，

　　《洞玄》[1]，謂《洞玄靈寶》；《玉篇》，真文《黃庭》也。

兼行形中八景神，

　　《玉緯經》云："五藏有八卦大神，宿衛太一。八使者，主八節日。"八卦合太一爲九宮。八卦外有十二樓，樓爲喉嚨也。臍中爲太一君，主人之命也，一名中極[2]，一名太淵，一名崑崙，一名特樞[3]，主身中萬二千神也。

二十四真出自然。

　　天有二十四真氣，人身亦有之。又三丹田之所，三八二十四真人，皆自然之道氣也。

高拱無爲魂魄安，

　　行忘坐忘，離形去智。

清静神見與我言。
　　能清能静，則心神自見，機覽無外，而與己言，即謂黃庭真人。
安在紫房幃幙間，
　　紫房幃幙一名絳宮，謂赤城中童子所安之處。存思神其狀如此。
立坐室外三五玄。
　　謂八景及二十四真神，營護人身，則三田五藏，真氣調柔，無災病也。
燒香接手玉華前，
　　玉華即華蓋之前，謂眉間天庭也。百神之宗元，真人之窟宅，從面[4]而存之也。
共入太室璇璣門。
　　《洞房經》云：天有太室玉房雲庭，中央黃老君之所居也。玉房一名紫房，一名絳宮，通名明堂。上有華蓋東西宮，洞通左右黃庭之內，人身具有之。如上文說。璇璣，中樞名。
高研恬惔道之園，
　　研精恬惔，真氣來遊。
內視密盼盡覩真，
　　入静存思，百神森森。
真人在己莫問隣，
　　《玉曆經》云：“老子者，天地之魂，自然之君，常侍道君左右”，人身備有之也。
何處遠索求因緣。
　　《道經》曰：“大道汎兮，其可左右。”言不遠也。

隱影章第二十四

隱影藏形與世殊，
　　學仙之士，含光藏輝，滅跡匿端。
含氣養精口如朱。
　　肌膚若冰雪[5]，綽約若處子。

帶執性命守虛無，
　　虛静恬惔，寂寞無爲。
名入上清死録除。
　　得補真人，列象玄名。
三神之樂由隱居，
　　理身無爲則神樂，理國無事則人安。三神，三丹田之神也。
倏欻遊遨無遺憂，
　　倏欻，疾發也。下文云："駕欻接生宴東蒙。"或云：倏欻，龍名也。無遺憂，謂懸解。
羽服一整八風驅。
　　八風，八方之風。先驅，掃路也。羽服，仙服也。按上清寶文，仙人有五色羽衣。又《飛行羽經》云：太一真人衣九色飛雲羽章。皆神仙之服也。
控駕三素乘晨霞，
　　外指事也。三雲九霞，神仙之所御也。
金輦正立從玉輿，
　　《元録經》云：上清九天玄神八聖駿駕九鳳龍車。玉輿金輦，皆仙人之服器。
何不登山誦我書？
　　書即是《黄庭經》也。
鬱鬱窈窕真人墟，
　　山中幽邃。
入山何難故躊躇，
　　責[6]志不決。
人間紛紛臭帤如。
　　人間世不可君[7]。帤，弊惡之帛也。
　　　　　　　五行章第二十五
五行相推反歸一，

五行謂水、火、金、木、土。相推者，水生木，木生火，火生土，土生金，金生水，水又生木，周而復始。又相刻法，水刻火，火刻金，金刻木，木刻土，土刻水，水又刻火，周而復始，相推之道也。反歸一者，水數也，五行之首，萬物之宗。《道經》云："道生一，一生二，二生三，三生萬物。"又"《易》有太極，是生兩儀"。太極者，一也。兩儀，天地。天地生萬物，又終而歸一。一者，無[8]之稱，萬物之所成終，故云歸一。

三五合氣九九節。

《玄妙經》[9]云：三者，在天爲日、月、星，名曰三光；在地爲珠、玉、金，名曰三寶；在人爲耳、鼻、口，名曰三生。天地人凡三，而各懷五行，故曰三五。其常精也，合三者[10]爲九宮。夫三五所懷，順稟類也。調和萬物，理化陰陽，覆載天地，光明四海。風雨雷電，春秋冬夏，寒暑温涼，清濁之氣，諸生之物，不得三五不立也。故曰：天道不遠，三五復返。三五者，天地之樞蒂，六合之要會也。九宮之氣節，九九八十一爲一章云云。

可用隱地迴八術，

九宮中有隱遁變化之法，《太上八素奔晨隱書》，是曰八術。又《太微八錄術》云：太微中有三君：一曰太皇君，二曰天皇君，三曰黃老君。三元之氣混成之精，出入上清太素之宮。能存思之，必得長生。

伏牛幽闕羅品列。

伏牛，腎之象，腎爲幽闕。《中黄經》云："左腎爲玄妙君，右腎爲玄元君。"羅品列，存思見之。

三明出華生死際，

天三明，日、月、星；人三明，耳、目、口；地三明，文、章、華；是生死之際。際音節也。

洞房靈象斗日月。

存三光於洞房。洞房、明堂，已釋於上者也。

父曰泥丸母雌一，

  明堂[11]中有君臣，洞房中有夫婦，丹田中有父母。泥丸，腦神名。《道經》云："知其雄，守其雌。"雌，無爲，一也。

三光煥照入子室，

  明白四達。

能存玄真萬事畢，

  《莊子》曰："通於一而[12]萬事畢"也。

一身精神不可失。

  常存念之，不捨須臾。

高奔章第二十六

高奔日月吾上道，

  吾，道君也。《上清紫文吞日氣法》，"一名《赤丹金精石景水母玉胞經》。其法常以日初出時，東向叩齒九通，畢，微呪日魂名，日中五帝字曰：'日魂珠景，照韜綠映，迴霞赤童，玄炎飆象。'呼此十六字畢，瞑目握固，存日中五色流霞來接一身，於是日光流霞俱入口中。"又《上清紫書》有《吞月精之法》："月初出時，西向叩齒十通，微呪月魂名，月中五夫人字曰：'月魂曖蕭，芳豔翳寥，婉虛靈蘭，鬱華結翹，淳金清瑩，炅容臺摽[13]。'呪呼此二十四字畢，瞑目握固，存月中五色精光俱入口中。又月光中有黃氣大如目童，名曰飛黃月華[14]玉胞之精也。能修此道，則奔日月而神仙矣。"

鬱儀結璘善相保，

  鬱儀，奔日之仙，結璘，奔月之仙。同聲相應，同氣相求，故二仙來相保持也。

乃見玉清虛無老，

  昇三清之上，與道合同也。

可以迴顏填血腦。

  魂魄反嬰，得成真人。

只銜靈芒携五皇，

　　口吐五色雲氣，光芒四照，與五皇老君同遊六合也。

腰帶虎籙佩金璫，

　　仙人之服也。《九真經》云："中央黄老君腰佩玄龍神虎符[15]，帶流金之鈴，執紫毛之節。"籙，符籙也。

駕欻接生宴東蒙。

　　欻，倏欻。言乘風氣忽發而徃。或云：欻也，龍名也。東蒙，東海仙境之山也。接生，長生也。與生氣相接連，欻然而遊其處。

玄元章第二十七

玄元上一魂魄鍊，

　　資一以鍊神，神鍊以合一。

一之爲物叵卒見，

　　一者，無[16]之稱也。心恬惔以得之，知得之而不可見。

須得至真始顧盻。

　　守真志滿，一自歸己。

至忌死氣諸穢賤，

　　凡飛丹鍊藥、服氣吞霞等事，皆忌見死屍殗穢之事，此衛生家之共悉[17]也。然至道沖虛，本無淨穢。未獲真正，則淨穢有殊。殊而不齊，則是非起於内，生死見於外。則清淨者，生之徒；濁穢者，死之徒，故爲養生之所忌也。

六神合集虛中宴。

　　六甲六丁六府等諸神俱在身中。身中虛空，則晏然而安樂，不則憂泣矣。

結珠固精養神根，

　　結珠，謂咽液，先後相次如結珠。固精，不妄洩。神根，形軀也。夫神之於身，猶國之有君，君之有人。人以君爲命，君以人爲本，互相資藉，以爲生主，而調養之也。

玉笈金籥常完堅。

《道經》云："善閉者無關楗，而[18]不可開。"籥，鎖籥。鈚，或爲匙也。

閉口屈舌食胎津，

屈舌導津液，食津而胎仙，故曰胎津。

使我遂鍊獲飛仙。

積功勤誠之所致也。

仙人章第二十八

仙人道士非有神，

修學以得之也。

積精累氣以爲真。

有本或無此句，遂闕注。

黃童妙音難可聞，

黃童，黃庭真人，一名赤城童子。妙音，謂黃庭真人之妙音也。

《玉書》絳簡赤丹文。

《黃庭經》一名《太帝金書》，一名《東華玉篇》也。

字曰真人巾金巾，

真人即黃童也。金色白，在西方，主肺。肺白，在心上，故曰巾金巾。《九真經》曰：青帝"衣青玉錦衣帔蒼華飛裙，芙蓉丹冠巾金巾"。又元陽子曰："真人憑午居子，履卯戴酉。"酉者，金也。

負甲持符開七門。

《老君六甲三部符》云：甲子神王文卿，甲戌神展子江[19]，甲申神扈文長[20]，甲午神衛上卿，甲辰神孟非卿，甲寅神明文章，存六甲神名，則七竅開通，無諸疾病。

火兵符圖備靈關，

《赤章斬邪籙》皆役使三五火兵。又《衛靈神呪》曰："南方丹天，三氣流光，熒星轉燭，洞照太陽。上有赤精，開明靈童，總御火兵，備守三宮。"即火兵三五家事也。符者，《八素》《六神》《陽精玉胎鍊仙》《陰精飛景》《黃華中景內化》[21]《洞神鑒乾》等諸符也；圖謂《太一混合三五圖》《六甲上下陰陽圖》《六甲玉女通靈圖》《太一真人圖》《東井沐浴圖》《老君内視圖》《西昇八史圖》《九變含景圖》《赤界》等諸圖，可以守備靈關。靈關[22]即三關四關等，身中具有之。

前昂後卑高下陳，
　　列位之形象也。
執劍百丈舞錦幡。
　　神兵幡劍之狀。
十絶盤空扇紛紜，
　　空中作氣，煒曄揮霍。
火鈴冠霄隊落煙，
　　金精火鈴，冠徹霄漢，部伍隊陣，狀如落煙屯雲之勢。
安在黄闕兩眉間，
　　存思火兵氣狀俱在天庭。天庭一名黄闕，兩眉間是。
此非枝葉實是根。
　　學仙之本。

紫清章第二十九

紫清上皇大道君，
　　亦名玉晨君也。
太玄太和俠侍端。
　　太玄、太和，真仙之嘉號也。
化生萬物使我仙，
　　道氣之功勳也。
飛昇十天駕玉輪。
　　乘歘而徃。
晝夜七日思勿眠，
　　至誠則感。
子能行此可長存。

延年神仙之道。
積功成鍊非自然，
　　學以致其道也。
是由精誠亦由專。
　　守一如初，成道有餘。
內守堅固真之真，
　　不失節度也。
虛中恬惔自致神。
　　神以虛受。

百穀章第三十

百穀之實土地精，
　　草實曰穀，陰之類也。
五味外美邪魔腥。
　　非清虛之真氣。
臭亂神明胎氣零，
　　胎氣謂無味之味，自然之正氣也。服氣有胎息之法。零猶失也。
那從反老得還嬰！
　　言不可得髮白反黑，齒落更生。此一句應在自存神之下，超此不類者。
三魂忽忽魄糜傾，
　　忽忽，不恬惔。糜傾，朽敗也。
何不食氣太和精？
　　進勸服鍊之道。
故能不死入黃寧。
　　黃寧，黃庭之道成也。

心典章第三十一

心典一體五藏王，
　　神以虛受，心爲棲神之宅，故爲王也。

動静念之道德行。

  謂念丹元童子也。夫念爲有，忘爲無。念則易心而後語，忘則灰心而神全。故道德行。

清潔善氣自明光，

  常念之故。

坐起吾俱共棟梁。

  神以身爲屋宅，故云棟梁。吾，丹元子也。

晝日曜景暮閉藏，

  《莊子》云："其覺也形開，其寐也魂交。"交，閉也。

通利華精調陰陽。

  謂心神用捨，與目相應。華精，目精也。心開則目開，心閉則目閉。晝陽而暮陰，故云調陰陽。

經歷章第三十二

經歷六合隱卯酉，

  舉心之用捨，陰陽之所由也。晝爲經歷，暮爲隱藏。六合，天地內上下四方。卯酉爲朝暮，幽隱屬也[23]。

兩腎之神主延壽。

  腎神玄冥字育嬰，配屬北方，主暮夜。人能止精則長壽。河上公曰腎藏精。

轉降適斗藏初九，

  九，陽數也。斗，北辰也。北辰主陰，謂陽氣下與陰合。《易》曰：乾元[24]在無首。無首，藏也。

知雄守雌可無老，

  守雌，則藏九之義也。

知白見黑急坐守。

  《道經》云："知其雄，守其雌。知其白，守其黑。"皆藏九之義也。

肝氣章第三十三

肝氣鬱勃清且長，
  肝位東方，東方木主春，生氣之本也。清長，氣色之象。
羅列六府生三光。
  存想生氣，徧照五藏六府，如日月星辰，光曜明朗也。
心精意專內不傾，
  能知一也。
上合三焦下玉漿。
  言肝氣上則與三焦氣合，下則爲口中之液。亦猶陰氣上則爲雲，下則爲雨。雨潤萬物，玉漿潤百骸九竅也。
玄液雲行去臭香，
  真氣周流，則無災病。
治蕩髮齒鍊五方，
  雲行雨施，無所不通。五方，五藏也。
取津玄膺入明堂。
  咽液之道，必自玄膺下入喉嚨。喉嚨一名重樓，重樓之下爲明堂，明堂之下爲洞房，洞房之下爲丹田。此中部。
下溉喉嚨神明通，
  身命以津氣爲主也。
坐侍華蓋遊貴京，
  華蓋，肺也。肝在肺之下。貴京，丹田也。
飄颻三帝席清涼。
  三帝，三丹田中之道君也，亦名真人。言肝氣飄颻，周流三丹田之所也。肝氣爲目精，故言席清涼。
五色雲氣紛青葱，
  肝氣與五藏相雜，上爲五色雲。
閉目內眄自相望，
  常存念之，五藏自見。

使心諸神還相崇。

　　赤城童子與五藏真人合契同符，共相尊敬也。

七玄英華開命門，

　　七竅流通，無留滯也。

通利天道存玄根。

　　身爲根本。

百二十年猶可還，

　　當急修行，時不可失。

過此守道誠獨難。

　　去死近矣。

唯待九轉八瓊丹，

　　九轉神丹，白日昇天。《抱朴子・九丹論[25]》云："考覽養生之書，鳩集久視之方，曾所披涉，篇已千計矣，莫不以還丹金液爲大要焉。"又《黃帝九鼎神丹經》云：帝服之而昇仙，與天地相畢，乘雲駕龍，出入[26]太清。八瓊：丹砂、雄黃、雌黃、空青、硫黃、雲母、戎鹽、消石等物是也。

要復精思存七元。

　　雖服神丹，兼習《黃庭》之道。七元者，謂七星及七竅之真神也。又五帝元君及白元、無英君亦爲七元道君。《洞房訣》云：存七元者，其呪曰："迴元隱遁，豁落七辰。"乃七元也。

日月之華救老殘，

　　左目爲日，右目爲月。目主肝，配東方木行。木位春，春爲生氣，故云救老殘。

肝氣周流終無端。

　　《莊子》曰："指窮爲薪而火傳[27]，"生得納養而命續也。

　　　　　肺之章第三十四

肺之爲氣三焦起，

　　《中黃經》曰：肺首爲三焦。肺之爲氣謂氣嗽，氣嗽起自三焦，故言三焦起。説三焦者多未的其[28]實，今以五藏之上系管爲三焦。焦者，熱也。言肝心肺頭熱之義也。

視聽幽冥候童子，

童子，心神，赤城中者。元陽子曰："闞離而下存童子。"童子，是目童也。謂人欲知死生，當以手指柱目眥，候其目光。有光則生，無光則死也。

調理五華精髮齒。

五華，五藏之氣。仙經曰：髮欲數櫛，齒欲數叩也。

三十六咽玉池裏，

口爲玉池，亦曰華池。膽爲中池，胞爲玉泉。華池咽液入丹田，所謂溉灌靈根也。

開通百脈血液始。

身中血液，以口爲本始也。

顏色生光金玉澤，

百節開通[29]。

齒堅髮黑不知白。

反老還嬰。

存此真神勿落落，

專誠[30]不墮。

當憶此宮有座席，

此宮，謂肺宮也。座席，神之所安。《中黃經》云：肺首爲三焦，玄老君之所居也。

衆神合會轉相索。

衆真同聚，慮有邪精。

隱藏章第三十五

隱藏羽蓋看天舍，

此明脾宮之事。脾爲丹田黃庭，中央戊己土行也。上觀肝肺，如蓋如舍也。

朝拜太陽樂相呼，

　　謂魂神與衆仙合會也。《素靈經》云，太上神仙有太陽君、少陽君、太虛君、浩素君，羣仙宗道之遊樂也。

明神八威正辟邪。

　　八威，八靈神也。《真誥》云："《北帝殺鬼呪》曰：'七正八靈，太上皓兇，長顱巨獸，手把帝鐘，素梟三神[31]，威劍神王。'"衛法辟邪之道也。

脾神還歸是胃家，

　　脾神名常在字魂停，脾磨食消，胃家之事也。《中黄經》云：胃爲太倉。太倉，肚府也。

躭[32]養靈根不復枯，

　　脾爲黃庭，人命之根本，心專養之，延年神仙也。

閉塞命門保玉都。

　　元陽子曰：命門者，下丹田，精氣出入之處也。養童下篇護其主。[33]主，身也。身爲玉都，神聚其所，猶都邑也。

萬神方胙壽有餘，

　　胙，報也。萬神以養見報，故壽有餘也。

是謂脾建在中宮。

　　脾主中宮土德。

五藏六腑神明主，

　　以脾爲主。

上合天門入明堂，

　　存五藏六腑之氣，上合天門。天門在兩眉間，即天庭是也。眉入一寸爲明堂。

守雌存雄頂三光。

　　《道經》云："知其雄，守其雌。"雌、牝，柔弱也。三光，日月星也。

外方内圓神在中，

外方内圓，明堂之象也。
通利血脉五藏豐。
　　神恬心静。
骨青筋赤髓如霜，
　　百脉九竅，皆悉真正。
脾救七竅去不祥。
　　脾磨食消，耳目聰明。
日月列布設陰陽，
　　日陽月陰，日男月女。
兩神相會化玉英，
　　男女陰陽，自然之津液也。
淡然無味天人糧。
　　神雖合會，當味無味。
子丹進饌肴正黄，
　　饌，氣也。子丹真人進丹田之真氣。脾爲中黄，脾磨食消也。
乃曰琅膏及玉霜。
　　津液精氣之色象也。
太上隱環八素瓊，
　　謂絳宫重樓十二環，即喉嚨也。中有八素之瓊液也。
溉益八液腎受精，
　　咽液流下，入腎宫，化爲玉精也。
伏於太陰見我形。
　　太陰，洞房。謂覩瓊液之形象也。
揚風三玄出始青，
　　揚風，感風化也。陰陽二氣與和氣爲三，三生萬物，生物微妙，故曰三玄。出始青，言萬物生而青色也。《太平經》曰"積清成青[34]"也。
恍惚之間至清靈。

陰陽生氣，至微至妙。

坐[35]於飇臺見赤生，

調暢之氣，化爲赤子。赤子，真人也。飇臺，閶風臺，神仙之遊集也。

逸域熙真養華榮。

物外真氣，自然養生。

內盼沉默鍊五形，

內觀形體，神氣長存。

三氣徘徊得神明。

三丹田之氣也。

隱龍遁芝雲琅英，

《仙經》云：肝膽爲青龍，故曰隱龍。五藏九孔八脉爲內芝，故曰遁芝。雲琅英，脾氣之津液。

可以充飢使萬靈，

服氣道成，役使鬼神。

上蓋玄玄下虎章。

神仙之服御也。《元錄經》云：仙人有玄羽之蓋，神虎玉章也。

沐浴章第三十六

沐浴盛潔棄肥薰，

盛，古淨字。肥，魚肉。薰，五辛。

入室東向誦《玉篇》，

太帝在東故也。

約得萬徧義自鮮。

不出身中。

散髮無欲以長存，

《仙經》：服九霞必先散髮。又胎息法：仰臥散髮，令枕高二寸五分。屈兩手大母指握固閉目，申兩臂去身五寸。乃漱滿口中津液，咽之滿三。徐徐以鼻內氣，氣入五六息則吐之。一呼一吸爲一息。

卷之十二　三洞經教部　175

至十吐氣，可少頻申。頻申訖，復爲之。滿四九爲一竟矣。尋觀文
意，此散髮非專此道也。蓋散髮無爲自得之意，無外情欲而已。
五味皆至正氣還，
　　合五爲一，自然之道。
夷心寂悶勿煩冤。
　　悶，靜也，寂默清靜。《道經》云："其政悶悶，其民淳淳。"
過數已畢體神精，
　　專精所致。
黃華玉女告子情。
　　丹田陰神與己言也。
真人既至使六丁，
　　真人指學者身也。至謂精至。六丁如上說者也。
即授《隱芝大洞經》。
　　隱芝，謂隱者也。以仙人喻芝英。
十讀四拜朝太上，
　　《玉精真訣》曰："《東華玉篇》者，必十讀四拜。"《玉篇》謂此
　　文。
先謁太帝後北向，
　　太帝在東，七元居北故也。
《黃庭內經》玉書暢。
　　仙道成矣。
授者曰師受者盟，
　　斯文可重，故以爲盟。
雲錦鳳羅金鈕纏，
　　信誓之物。
以代割髮肌膚全。
　　契誠不假，出血斷髮。
携手登山歃液丹，

受行《黃庭》道者，必重盟而後傳。
《金書玉景》乃可宣。
　　信洽方授。
傳得可授告三官，
　　三官，天地水也。
勿令七祖受冥患。
　　傳非其人，殃及先世。"患"讀爲還也。
太上微言致神仙，
　　可尊可貴。
不死之道此真文。
　　一心敬重，奉而行之。

太上黃庭外景經序

　　《黃庭經》者，蓋老君之所作也。其旨遠，其詞微，其事肆而隱，實可爲典要。強識其情，則生之本也。故黃者，二儀之正色；庭者，四方之中庭。近取諸身，則脾爲主；遠取諸象，而天理自會。然"谷神不死，是謂玄牝"。是以寶其生也。後晉有道士好《黃庭》之術，意專書寫，常求于人。聞王右軍精於草隸，而復性愛白鵝，遂以數頭贈之，得乎妙翰。且右軍能書，繕錄斯文，頗多逸興自縱，而未免脫漏矣。後代之人，但美其書蹤而以爲本，固未覩於真規耳。余每惜太上聖旨，萬世莫測。今故纂注，以成一卷。義分三部，理會萬神。冀得聖人之教，不泯于當來矣。

太上黃庭外景經務成子註

上部經第一

老君[36]閑居作七言，
　　老子者，天之精魂，自然之君，造立神仙，萬世常存。作斯七言，以示後生。

解説身形及諸神。

上談元一，濟活一身，從頭至足，皆可得生。總統綱紀，形體常平，道無二家，究備者賢。

上有黃庭下關元，

黃庭者，目也。道之父母，供養赤子，左爲陵陽字英[37]明，右爲太陰字玄光，三合成德，相須而昇。

後有幽闕前命門，

腎爲幽闕目相連，臍爲命門三寸[38]，日出月入陰陽并，呼吸元氣養靈根也。

呼吸廬間入丹田。

呼之則出，吸之則入，呼吸元氣，會丹田中。丹田中者，臍下三寸陰陽户，俗人以生子，道人以生身。

玉池清水灌靈根，

口爲玉池太和宫，唾爲清水美且鮮，唾而咽之雷電鳴，舌爲靈根常滋榮。

審能修之可長存。

晝夜行之，去伏尸，殺三蟲，却百邪，肌膚充盈正氣還，邪鬼不從得長生，面有光。

黃庭中人衣朱衣，

目中小童爲夫婦，左王父，右王母，被服衣朱遊宴與，合會多處丹田裏，晝夜存思勿懈怠。

關元茂[39]籥闔兩扉，

冥目内視，無所不覩，閉口屈舌爲食母，含咽玉英，終身無咎。無者，氣也。齒爲茂，舌爲籥。

幽闕俠之高巍巍。

道有三元，恣意所從。下部幽闕，玄泉之常。中部幽闕，兩腎爲雙。上部幽闕，兩耳相望。金門玉户，上與天通。嬌女彈筝，盛厲宮商。
丹田之中精氣微，
　　丹田者，一室也，與明堂對。精氣微妙，難可盡分，故曰微矣。
玉池清水上生肥，
　　口中唾也。亭動口舌，白唾積聚，狀若肥焉。漱而咽之，可得遂生。
靈根堅固老不衰。
　　舌爲靈根，制御四方，調和五味，去臭取香。啄齒咽氣，化爲飲漿。
中池有士服赤朱[40]，
　　喉中若京爲元士，中和之下闕分理，朱光衣服神爲友。
橫[41]下三寸神所居。
　　明堂之宮，方圓三寸，神所居，正在目中央。眉爲華蓋，五色青葱。
中外相距重閉之，
　　中氣當出，外氣當入。當此之時，門[42]三關，二氣相距，天道自然也。
神廬之中當修治。
　　教子去鼻中毛。神道徃來，則爲廬宅。晝夜綿綿，無休息也。
玄膺氣管受精府[43]，
　　喉中之央，則爲玄膺。元氣下行，起動由之，故曰受府也。
急固子精以自持。
　　守精勿去也。
宅中有士常衣絳，
　　面爲尺宅，真人官處其中央，被服赤朱，光耀燦然赤如絳。
子能見之可不病。
　　欲令世人，深知道真，覩斯神功，終身不病也。
橫理[44]長尺約其上，

脾長一尺，約太倉上，中部明堂老君晝所遊止也。

子能守之可無恙。

　　守脾神老君，所舍深知，知其意可無恙也。

呼吸廬間以自償，

　　閉塞三關，屈指握固，呼吸元氣，皆會頭中，降於口中，含而咽之，則不飢渴，逐去三尸心意。

子保[45]完堅身受慶。

　　人人有道，不能守之。保道之家，身形常平。上覩三光，狀如連珠，落落象石。心中獨喜，故以自慶。

方寸之中謹蓋藏，

　　不方不圓，目也。閉戶塞牖，中元不有。守之守之，得道之半。

精神還歸老復壯。

　　精神欲去，常如飛雲。上精不泄，下精不脫。魂魄內守，如年壯時也。

心結[46]幽闕流下竟，

　　耳爲心聽，結連幽闕。鼻聞香則蔭强。心達志通，則流下竟也。

養子玉樹令可壯[47]。

　　身爲玉樹，常令强壯。陰爲玉莖，轉相和唱。還精補腦，可得不病，長樂無憂在也。

至道不煩無旁午，

　　大道自然，不煩不慮。照察蕩蕩，則人本根。至道難得，而易行焉。

靈臺通天臨中野。

　　頭爲高臺，腸爲廣野。元氣通天，玄母來下養我己也。

方寸之中間[48]關下，

　　目央之中玉華際，大如雞子黃在外，下入口中生五味，晝夜行之可不既也。

玉房之中神門户，

玉房一名洞房，一名紫房，一名絳宮，一名明堂。玉華之下金匱鄉，神明門户，一之所從者哉。

既是公子教我者。

左爲神公子，右爲白元君，養我育我，常欲令我得神仙。父母供養子丹，日月相去三寸間。

明堂四達法海源，

三寸三重有前後，使以日月歸中升，洞達四方，流于海也。

真人子丹當吾前。

象長一寸兩眉端，俛仰見之心勿煩。

三關之中精氣深，

口爲心關，足爲地關，手爲人關。深固靈珠，更相結連，微妙難知，固爲深焉。

子欲不死修崑崙。

頭爲崑崙，道治其中。子午爲經，卯酉爲緯。日月照明，丹焉游戲，百官宿衛也。

絳宮重樓十二環[49]，

金樓五城，十二周帀，丹黄爲郭，五彩雲集，絳宮玉堂，真一所從出入也。

瓊室之中五色集[50]。

璇璣玉衡，命立中央。五色琅玕，極陰反陽。營室之中全室也。

赤神之子中池立，

喉中之神主池精，受符復行，傳付太倉。

下有長城玄谷邑。

腸爲長城腸[51]爲邑，腎爲玄谷，上應南北也。

長生要慎[52]房中急，

房，玉房也。急而守之，共會六合。六合之中誠難語，子欲得道閉規矩也。

棄捐婬俗專子[53]精。

賢者畜精，愚者畜財。捐去衆累，一復何求。還精補腦，潤澤髮鬢也。

寸田尺宅可治生，

寸田，丹田。尺宅，面也。道之經緯，不可廢忽。努力求之，必得長生也。

雞[54]子長留心安寧，

大道混成自然子，濛濛鴻鴻，狀如雞子。專心一意，守之不解，長安寧。

推[55]志游神三奇靈，

大道游戲，琬閶琬閶，權剛執志，觀見道真。三靈侍側，彈琴鼓箏也。

行間[56]無事心太平。

恬惔無欲，以道自娛。施利不足，神明有餘，則爲太平也。

常存玉房神明達，

玉房，一室也。卧於山西，知於山東，處於幽冥，都見無窮。內外相須，故言明達也。

時思太倉不飢渴，

咀嚼太和神注含。太倉，胃管，一神名黃常子。祝[57]曰：黃常子，吾有長生之道，不食自飽，不得妄行，留爲己使。辟穀不飢所當得也。

役使六丁玉女謁，

清潔獨居，便利六丁之地。呼其神名字，玉女必來謁也。

閉子精門可長活。

陰陽交邁，此之時，精神欲去淫佚。淫佚縱情，五馬不能禁止。以手撫弦囊，引玉籥，閉金門。

正室堂前神所舍[58]，

正室之中五色雜，璇璣玉衡道所立，舍於明堂游絳宮，變爲真人丹田也。

洗心自治無敗洿[59]。

敬重天地，遠避嫌疑，閉目內視，思神徃來，不與物雜，行不敗洿。

歷觀五藏視節度，

五藏六府，各有所主。修身潔白，絕穀勿食，飲食太和，周而更始，故不失節也。

六府修治潔如素，

心不妄念，口不妄言，目不妄視，耳不妄聽，手不妄取，足不妄行。凡此六行，六府之候也。故能損之，道成德就，潔已如素也。

虛無自然道之固[60]。

虛無恍惚道之無，自然不存，俛仰自覩，常守玄素，須臾爲早，知雄守雌，魂魄不離身也。

物有自然道不煩，

自然者，天地大神。不存不想，氣自徃來也。

垂拱無爲身體安，

端殼自守，深暢元道，不犯天禁，身無災咎，永保安也。

虛無之居在幃間。

虛無之性，樂於清淨。修和獨立，與神言語。施設幃帳，惡聞人聲。觀見玄德，五色徘徊。日月照察，使以東西。三五復反，轉藏營機也。

寂寞廓然口不言，

隱藏華蓋，歸志洞虛，寂然廣視，目覩明珠。昧然獨息，不貪榮譽也。

修和獨立真人宮[61]，

太和之宮在明堂，垂華蓋之下，衣朱衣。明堂四達知者誰，真人小童衣璨爛。欲知吾居處，問太微乎？

恬惔無欲遊德園。

外如迷惑，內懷玉潔，恬惔歡樂，不貪世俗也。

清淨香潔玉女前，

　　棄捐世俗，處無人之野。焚燒香薰便溺，六丁玉女自到，徑來侍人也。

修德明達神之門。

　　德潤身，富潤屋，心達志通，視見神光，重樓綺户，金門玉堂。

中部經第二

作道優游深獨居，

　　隱身藏形，與世絕踰。含氣養精，顏如丹珠也。

扶養性命守虛無。

　　決謝祖先，避世隱居。司命定錄，死籍以除。改字易姓，堅守虛無也。

恬惔自樂[62]何思慮？

　　恬惔忽然，樂道守貧，不念不慮，至不煩也。

羽翼已具正扶骨[63]。

　　修道行仁，骨騰肉輕，道成德就，雲車來迎，玉女扶轅，徑昇太清，非生毛羽也。

長生久視乃飛去，

　　萬世常存，與一為友。玉女採芝唅之，苗食之。須臾立生毛羽，上帝徵聘，飛入滄海。

五行參差同根蒂[64]。

　　五彩騰起，或參或差，混沌不別，共生根蒂。

三五合氣其本一，

　　三五十五在中央。二友之隱，往來三陽。玄德微妙，其狀似龍。見之獨笑，勿以語人。

誰與共之斗日月。

　　雌在北極，雄在南宮。真人不遠，近在斗中。三光洞明，天地相望。子欲得一問兩童。

抱玉懷珠和子室，

　　　　琭琭如玉，連連如珠，調和室房，隨世沈浮。
子能守一[65]萬事畢。
　　　　一爲大神，天地之根，人之本命。子能知之，萬事自畢。
子自有之持無失，
　　　　人人有一，有一不知守素，損本根，愛財寶，賢者得之以爲友也。
即欲[66]不死入金室。
　　　　却入三寸爲金室，洞房之中當幽闕，變吾形爲真人，真人所處丹田中。
出日入月是吾道，
　　　　日出太陽，月入太陰，迴周返覆，受符復行。
天七地三迴相守，
　　　　天七地三，橐籥縮鼻引地氣，即上希[67]也，故迴相守。
昇降進退合乃久。
　　　　地氣上昇，天氣下降，陰陽列布，合於絳宮。或進或退，正氣從容，乃得長久。
玉石落落是吾寶，
　　　　連珠玉璧，落落如石。出於太陽，氣如火煙。搏則不得，則吾重寶。
子自有之何不守？
　　　　人自有一，不知守之。守之者日還一日，失之命消也。
心曉根基養華彩，
　　　　究備道真，深解無極，留年却老，自守本歸根。開闔陰陽，布色華彩，常若少年。
服天順地合藏精。
　　　　頭爲天，足爲地。服食天氣，灌溉身形。合人丹田，藏之腦户。天露雲雨，何草不茂！
七日之午迴相合，
　　　　行道之要，七日一合。

崑崙之上不迷誤〔68〕。

　　崑崙，頭也。上與天通，稟受元氣不迷誤。

九原之山何亭亭，

　　心爲九原，真人太一處其中也。不出戶房知四方。

中有〔69〕真人可使令。

　　真人太一小童子，金樓深藏伏不起，隱藏九原不可使。

蔽以紫宮丹城樓，

　　金樓玉城，丹黃爲郭。百官宿衛，一爲上客。絳宮玉堂，真人宅舍。

俠以日月如明珠，

　　左日右月，合精中央，五色混沌，晝如明星，暮如明珠，晃晃煌煌，曾不休哉！

萬歲昭昭非有期。

　　明珠來下，堅當守之，長生之符，萬歲昭然。非復有期，司命定錄，死籍已除。

外本三陽物自來，

　　三陽，三精也。狀若冠纓，扉玄無主，用和爲根，不呼自來，默默翻翻。

內拘三神〔70〕可長生。

　　三神，三子。拘此三神，生道畢也。

魂欲上天魄入淵，

　　暮臥，魂上天送日中三足烏，雞鳴忽朦，來還其處。魄者，形也。年七十、八十，魄欲入泉。老人愁思，形容欲別。

還魂返魄道自然。

　　拘魂制魄不得行，人善守，自然不用筋力。

庶幾結珠固靈根〔71〕，

　　結珠，連珠也。入口中含咽其精，固灌靈根。

玉籥金籥身〔72〕完堅。

玉笕，齒；金籥，舌。開口屈舌，食母之氣。不傳惡言，身保完全。

戴地懸天周乾坤，

人生地道來附已，故言戴地。玄母在天，下養萬物。不用機素，神明微妙，非俗所聞，常欲令我得神仙。迫於乾坤，不可踰蹶哉！

象以四時赤如丹。

四時五行，周則更始。真人子丹，一化爲己。被服赤珠狀若丹。

前仰後卑列其門〔73〕，

仰，高也。前高後下，背子向午，右陰生〔74〕陽，離樓門戶。

選〔75〕以還丹與玄泉，

選，取也，縮引還丹及玄泉之氣。所謂名上昇泥丸，鍊治髮根，須臾微息，其道自然。

象龜引氣致靈根。

龜以鼻取氣，極停微息，閉口咽之致靈根。

中有真人巾金巾，

金室真人巾金巾。

負甲持符開七門。

甲，子也。背子向午，要帶卯酉。制御元氣，受符復行，皇天大道君也，常窺看七門。

此非枝葉實是根，

上皇大道君，老子、太和常侍左右，化生萬物，非爲枝葉。

晝夜思之可長存。

常注意思念，自覩三光。道之至妙，近在斗中。

仙人道士非異有〔76〕，

仙人度世，非有他神。守一堅固，上精不泄，下精不脫，精神內守，千歲不死。

積精所致和專仁〔77〕。

育養精氣，專心一意，和氣仁義，德合道真。

人盡食穀與五味，
　　俗人皆啖百穀之寶，土地之精，五味香連，令飽食廚，内無真道，遂歸黃泉。
獨食太和陰陽氣，
　　陰氣上昇，陽氣下降，合會六合之中，生五味，常自服食，天相溉〔78〕。
故能不死天相溉。
　　飲食太和，不死之藥，食之不解，天自溉之。
誠說五藏各有方，
　　五藏象五行，六律腸胃方。
心爲國主五藏王。
　　身有三百六十神，心爲主。不出户，知天下；不下堂，知四方。
受意動靜氣得行，
　　志之所從，不可極也。清香潔善氣自行。
道自將我神明光。
　　座與吾俱息，起與吾同衣，我餔來食我，居不行客常〔79〕，日月三光相保守。
晝日昭昭夜自守，
　　晝日朗然，目覩景星。暮即徘徊，來歸我已。知陽者明，不知陽，妄作凶。
渴可得漿飢自飽。
　　飢食自然之氣，渴飲華池之漿，不飢不渴，可得長生也。
經歷六府藏卯酉，
　　兩腎之神最爲精，左王父，右王母，二氣交錯周六府。上會目中，左卯右酉。
通我精華調陰陽〔80〕，
　　陰陽列布若流星，流星七正益精華。
轉陽之陰藏於九，

陽主陽中，乃種其類。陰生黍粟，陽生熒火，二氣相得，更相包裹。九在口中也。
常能行之可不老。
　　知雄守雌，其德不離。知白守黑，常德不忒。
肝之爲氣修而長，
　　肝爲青龍，肺爲白虎，上與天通，故爲長。
羅列五藏主三光，
　　心精意專，五内不傾。平牀安卧，仰觀三光。
上合三焦下玉[81]漿，
　　上合三焦者，六合中也。流布四肢汗玉漿。
我神魂魄在中央。
　　拘魂制魄，不得動作，俱坐俱起，不得行止。明堂正在中央。
精液流泉去臭香，
　　精流液出，常如源泉。暮卧惺寤，蕩滌口齒，去臭取香治髮齒。
立於玄膺舍[82]明堂。
　　明堂之中，方圓三寸，生道之根。大如雞子黄如橘，過歷玄膺甜如蜜。
雷電霹靂徃相聞，右酉左卯是吾室[83]。
　　午前子後之間中央，朝發太一華蓋之卿，陽氣以下在絳宫。

下部經第三

伏於志門候天道，
　　志門，玄門也。候天道，守玄白。
近在子身還自守。
　　大道不遠，近在身中，子自有之無求他。
清静無爲神留止，
　　道爲賢者施，不爲愚者作，精心定志神明懂也。
精神上下開[84]分理。
　　精神上下，恍惚無常，求玄中之玄。

精候天道長生草[85],

　　上知天上，俯察地理。留年住命，白髮如墨，則長生草。

七竅已通不知老。

　　耳聽五音，目觀玄黃，鼻受清氣，口啖五味，不知老也。

還坐天門候陰陽，

　　天門，太陽一之門也。陰陽雌雄，微妙難覩，故坐伺候之。

下于喉嚨神明通。

　　喉嚨，咽也。啖食和氣，則神明乃下降。

過華蓋下清且涼，

　　華蓋之下，五色青葱，清靈之淵清且涼。

入清靈淵見吾形，

　　清靈之淵，微妙玄通。閉目內視，則見江海。伺候吾形，有頃相望，如照明鏡深井。對相視，樂無極也。

期成還年可長生。

　　年到四十、五十，則不住還。得其理者，日益長久；不能明者，徒自苦耳。

還過華下[86]動腎精，

　　華蓋之下多陰涼，萬神合會更相迎。引動腎氣，上布紫宮。

立於明堂望丹田。

　　明堂、丹田，相去不遠相望見。

將使諸神開命門，

　　一名大神，萬物之先。保使羣神，救護萬民，出入命門。

通利天道存靈根。

　　九九八十一首，分爲二部。從頭至足，元氣通流，周帀一身，靈根堅固，守之勿休也。

陰陽列布若流星，

　　三氣昇降，閉塞三關百脉九孔，氣候鑠鑠光晃晃，列布皮膚若犇星。

肝氣周還終無端。

　　肝爲青龍，出從吾左。肺爲白虎，住在右。神道恍惚，無有端緒。

肺之爲氣三焦起，

　　肺有三葉，三焦起，一名華蓋，紫紅色。

上座[87]天門候故道。

　　天道雄門，故道本根，存本守根，乃得長生。

津液醴泉通六府，隨鼻上下開兩耳。

　　閉氣縮鼻，長久微息，呼吸元氣，一上一下，縮鼻不止開其耳。

窺視天地存童子，

　　上窺天門，則覩三光。俛視地理，見小童子。

調和精華治髮齒，

　　精液華池，常以雞鳴，啄齒三十六下，漱咽之。常以管籥，開閉九孔，皆上頭中治髮齒。

顔色光澤不復白。

　　門戶開張，精神布合，顔色光潤，鬚髮滋榮不復白。

下于嚨喉何落落，

　　存候天道要不煩，落落如石，中心獨喜。

諸神皆會相求索。

　　大道遊戲，衆神合會，交游徘徊太素中。

下入絳宮紫華色，

　　下入絳宮丹城樓，金紫幃帳，徘徊四隅。

隱藏華蓋觀通廬[88]，

　　暮隱華蓋，晝游明堂，觀望神廬金匱鄕也。

專守心神轉相呼，

　　心爲國主太一宮，專心一意向太陽，執志清潔，衆神喜樂相呼來。

觀我神明辟諸邪。

　　一居中央，諸神宿衛。當此之時，仰觀神光，元陽子丹辟萬邪。

脾神還歸依大家，

脾神朝進明堂，暮歸其宮，故依大家太倉也。

致於胃管通虛無。

胃管，太倉口也，虛無之宮在太初。

藏養靈根不復枯，

藏養靈根使漸潤，調和滿口而咽之，内不枯燥。

閉塞命門如玉都，

關門閉牖，以知天道。耳，玉堂之陽一，神之都市，知萬物之價數也。

壽傳萬歲年有餘。

俗人有餘財，聖人有餘年，壽命無期。

脾中之神主中宮，

中宮戊己，主於土府。萬物蚑行，土地之子。脾爲明堂，神治中宮也。

朝會五藏列三光。

五藏六府，神明之主。日月朝會，長幼有序，仰觀三光日月斗。

上合天門合[89]明堂，

天門開閉，出爲雄雌。三光所生，俠在明堂。上圓下方，中無不有。

通利六府調五行，

安神養己，六府通暢，邪氣却走，正氣内守。五行之精，金木水火土爲榮。

金木水火土爲王。

五行相生，土爲其主。萬物疇類，皆歸於土。

通利血脉汗爲漿，

含氣養精，血脉豐盈，骨濡筋强，潤滋皮膚，汗出若漿。

修護七竅去不祥。

同穴異竅，各隔東西，常當修護，神明所依。辟却不祥，萬物自化。

二神相得化玉英，

　　日月之神，陰陽之反。暮宿明堂，化生黃英。下流口淡如無味，用之不可既也。

上禀天氣[90]命益長，

　　坐常仰頭，鼻受上清氣。跨座隨陽，四肢安寧。敬重天禁命益長。

日月列布張陰陽。

　　日月照察，萬物瞻仰，陰陽設張，四時調和。凡此四行，亦在己軀也。

五藏之主腎最[91]精，

　　腎之爲氣清且香。右爲王母，左爲王公。左青龍，右白虎，與天通。

伏於太陰成吾形。

　　太陰小童玄武裏，赤神之子伏不起，轉陽之陰成吾形，常存太素老小丁。

出入二竅合黃庭，

　　出入二竅兩手間，黃庭中人主神仙，欲得吾處入闕山。

呼吸虛無見吾形。

　　虛無恍惚難悉言，呼吸元氣環無端，欲覩吾形若臨淵也。

強我筋骨血脉盛，

　　精氣不泄，骨髓充滿，常自壯強。血脉平盛，行若犇馬，終身不倦。

恍惚不見過青靈。

　　恍惚中有物，青靈中有形。恍惚象大道，有一莫見其景也。

坐於廬下見小童，

　　神廬之下金匱野，顧見真人小童子，何從相求華蓋下。

内息思存神明光，

　　閉目内視，存在神明見吾光。俛仰瞻之，青赤白黃。

出於天門入無閒。

出於天門見四鄰，入於無閒覩太玄。太玄中有衆妙之門。

恬惔無欲養華莖[92]，

閑居靜處，深固靈珠。素[93]捐世俗，摧剛就深。含養五[94]莖，色如桃華。

服食玄氣可遂生。

外爲太玄，内爲大淵。若如流俗，合四海源。審能服食，可得遂生。

還過七門飲大淵，

大淵玉漿甘如飴，近在吾身子不知，何處取之蓬萊溪。

道我懸膺過青靈。

太清之淵隨時涼，青靈之臺四遠望，懸膺菀降太倉。

坐於膺間見小童，

金匱玉神小廬間坐，仙道見小童子候吾，規中道畢矣。

問於仙道與奇方[95]，

仙道謂虛無自然也。不行而至，舉足萬里，坐在立無。奇方，不死之藥也。

服食芝草紫華英[96]。

絶五穀，棄飴糧，使六丁玉女自來侍人，爲取芝草金紫華英，得乃食之。

頭戴白素足丹田，

真人致住，常欲令人得神仙，晝日頭黑至頭白如素也。足履丹田中也。

沐浴華池生靈根，

沐浴華池，鍊身丹田之中，主潤靈根。華池，玉池。

三府相得開命門。

老子太和，各爲一府，共侍道君。常開闔命門，陽明無端也。

五味皆至善氣還，

六合之中，自生五味，演而食之，正氣並來。

被髮行之可長存。

　　大道萬畢，被髮僵卧，鍊身五嶽，則得長生。

大道蕩蕩心勿煩，

　　大道蕩蕩，昭然曠然。要道不煩，煩道不要。求於無形。

吾言畢矣慎勿傳。

　　吾者，中央老君也。解説天道，從頭至足，皆可生也。勿傳非人，令道不明，慎之慎之。

太上黄庭外景經

推誦黄庭内景經法

　　當入齋堂之時，先於户外叩齒三通，閉目想室中有紫雲之氣，鬱鬱來冠兆身，玉童侍左，玉女侍右，三光寶芝，洞暎内外。呪曰："天朗氣清，三光洞明。金房玉室，五芝寶生。玄雲紫蓋，來映我形。玉童侍女，爲我致靈。九帝齊景，三光同軿。得乘飛蓋，昇入紫庭。"引氣三十九咽，畢，入户北向四拜，長跪叩齒二十四通，上啓高上天真玉晨太上道君："某甲今當入室詠誦《玉經》，鍊神寶藏，乞胃宫華榮，身得乘虚，上拜帝庭。"畢，還東向揖大帝。又叩齒十二通，上啓扶桑大帝暘谷神王："某乙今披詠《玉經》，乞使静室神芝自生，玉華寶耀，三光洞明，萬徧胎仙，得同帝靈。"畢，即東向誦十徧爲一過。竟，還北向四拜，東向揖，不須復啓也。但拜謁如法，隨誦多少，然以十數爲限。不依法而受經，虧損俯仰之格，徒勞於神，無益於求仙也。五犯廢功斷事，十犯身死於風刀之考，死爲下鬼負石之役，萬劫還生不人之道。

　　當以八節日送金環青繒九尺以奉於有經之師，師得此信，速録上學弟子郡縣鄉里姓名年紀生月日時於九尺青繒之上正中，於山嶽絶巖之側，北向奏名青帝宫，叩齒二十四通，微呪曰：

　　"天迴道氣[97]，八道運精。三五應期，九祚代傾。命真玄寂，輔臣帝靈。玉劄已御，今奏青名。謹關九府，五岳司靈。記我所列，上聞玉清。三年之後，來迎某形[98]。賜乘八景，昇上帝庭。"畢，埋青繒於絶巖之下。如此三年，有真人下降。一節不送[99]，廢功斷事，不得入仙。三節違盟，告下三官，受考無窮。清虛[100]真人曰：凡修《黃庭內景玉經》，應依《帝君填神混化之道》[101]。讀竟禮祝畢，正坐向東，瞑目內想身神形色長短大小，呼其名字，還填本宮。不修此法，雖萬萬徧，真神不守，終無感効。徒亦損氣疲神，無益於延命也。今故抄《經》中要節相示耳。

髮神蒼華字太元，形長二寸一分。腦神精根字泥丸，形長一寸一分。眼神明上字英玄，形長三寸。鼻神玉壟字靈堅，形長二寸五分。耳神空閑字幽田，形長三寸一分。舌神通命字正倫，形長七寸。齒神崿鋒字羅千，形長一寸五分。

右面部七神，同衣紫衣飛羅裙，並嬰兒形。思之審正，羅列一面，各填其宮。畢，便叩齒二十四通，咽氣十二過，祝曰："靈源散氣，結氣成神。分別前後，總統泥丸。上下相扶，七神敷陳。流形遞變，愛養華元。道引八靈，上衝洞門。衛驅攝景，上昇帝晨。"畢，次思：心神丹元字守靈，形長九寸，丹錦飛裙。肺神皓華字虛成，形長八寸，素錦衣黃帶。肝神龍煙字含明，形長六寸，青錦披裳。腎神玄冥字育嬰，形長三寸六分，蒼錦衣。脾神常在字魂停，形長七寸三分，黃錦衣。膽神龍曜字威明，形長三寸六分，九色錦衣綠花裙。

右六府真人，處五藏之內，六府之宮。形若嬰兒，色如華童。思之審正，羅列一形，叩齒二十四通，咽氣十二過，呪曰："五藏六府，真神同歸。總御絳宮，上下相隨。金房赤子，對處四扉。幽房玄闕，神室紐機。混化生神，真氣精微。保結丹田，與日齊暉。得與八景，合形昇飛。"紫微真人曰："昔孟先生[102]誦《黃庭》，修此道八年[103]，黃庭真人降之。"此妙之極也，黃庭祕訣，盡於此矣。形中之神，亦可從朝至暮，恒念勿忘，不必待誦《黃庭經》矣。

【校記】

〔1〕"洞玄"二字原缺，據《道藏》本、《輯要》本、《修真十書》本補。

〔２〕"中極",上三本作"太極"。

〔３〕"特樞",《道藏》本、《輯要》本作"持樞",《修真十書》本作"樞"。

〔４〕"從面",《道藏》本、《輯要》本作"當仰面",《修真十書》本作"從文"。

〔５〕"冰雪"原作"水虛",據上三本改。

〔６〕"責",上三本均作"情"。

〔７〕"君",《道藏輯要》本、《四部叢刊》本《雲笈七籤》作"居"。

〔８〕"無",《道藏》本、《輯要》本作"無二"。

〔９〕"玄妙經",《道藏》本、《輯要》本、《修真十書》本均作"妙真經"。

〔１０〕"合三者",《道藏》本、《輯要》本作"合三三者"。

〔１１〕"明堂"前原有"一"字,據《道藏》本、《輯要》本、《修真十書》本刪。

〔１２〕"而"字原無,據《莊子·天地篇》增。

〔１３〕"臺摽"原作"素摽",據《道藏》本、《輯要》本、《修真十書》本改。

〔１４〕"飛黄月華",《太上玉晨鬱儀結璘奔日月圖》引《上清紫書》作"飛華"。

〔１５〕"佩玄龍神虎符",《上清太上帝君九真中經》作"佩龍玄之文,神虎之符"。

〔１６〕"無",《道藏》本、《輯要》本作"無二"。

〔１７〕"悉",上二本作"忌"。

〔１８〕"而"字原缺,據《老子·道經》補。

〔１９〕"江",《太上除三尸九蟲保生經·六甲符》作"公"。

〔２０〕"長",上書作"卿"。

〔２１〕"黄華中景内化",《洞真太上八素真經服食日月皇華訣》作"皇華石景内化"。

〔２２〕"靈闕"二字原缺,據《道藏》本、《輯要》本補。

〔23〕"卯酉爲朝暮，幽隱屬也"，《道藏》本、《輯要》本作"卯酉也，北爲暮，幽隱屬也"，《修真十書》本作"卯酉以北爲暮，幽隱屬之也"。

〔24〕"元"，上三本均作"吉"。

〔25〕"九丹論"宜作"金丹論"。

〔26〕"出入"，《黄帝九鼎神丹經》作"上下"。

〔27〕"指窮爲薪而火傳"，《莊子·養生主》作"指窮於爲薪，火傳也"。

〔28〕"的其"二字原重，據《道藏》本、《輯要》本、《修真十書》本删。

〔29〕"通"原作"道"，據上三本改。

〔30〕"誠"原作"城"，據《道藏》本、《輯要》本改。

〔31〕"神"，《真誥·協昌期》作"晨"，又下有"嚴駕夔龍"四字。

〔32〕"魷"，董思靖《九天生神章經解義》卷三引作"溉"。

〔33〕此句疑有誤，據前句注云"心專養之"，此句疑當作"養，童子簹護其主"。童子，心神也。

〔34〕"清"，《道藏》本、《輯要》本作"精"；"青"，本書《膽部章》作"精"。

〔35〕"坐"，《道藏》本、《輯要》本、《修真十書》本均作"戲"。

〔36〕"老君"，《道藏》本《太上黄庭外景玉經》（下稱《道藏》本）、《道藏輯要》本梁丘子註《太上黄庭外景經》（下稱《輯要》本）作"太上"。

〔37〕"英"，《老子中经·第十二神仙》作"子"。

〔38〕註語皆爲七言，惟此句六字，按文意、音韻，句末疑脱"田"字。

〔39〕"茂"，《道藏》本、《輯要》本、《修真十書》本梁丘子《黄庭外景經註》（下稱《十書》本）作"壯"。

〔40〕"服赤朱"，上三本作"衣朱衣"。

〔41〕"橫"，上三本作"田"。

〔42〕"門"，疑當作"閉"。下面註語中有"閉塞三關"句。

〔43〕"府"，《道藏》本、《輯要》本、《十書》本作"符"。

〔44〕"理"，上三本作"立"。

〔45〕"子保"，上三本作"保守"。

〔46〕"心結",《道藏》本、《輯要》本作"俠以",《十書》本作"使以"。

〔47〕"壯"原作"杖",據上三本改。

〔48〕"間",上三本作"至"。

〔49〕"環",上三本作"級"。

〔50〕"瓊室之中五色集",上三本作"宮室之中五氣集"。

〔51〕後一"腸"字疑當作"胞",《輯要》本、《十書》本註中均有"小腸爲長城,引氣入於胞中也"。

〔52〕"慎",上二本及《道藏》本皆作"妙"。

〔53〕"子",上三本作"守"。

〔54〕"雞",上三本作"繫"。

〔55〕"推",上三本作"觀"。

〔56〕"行閒",上三本作"閑暇"。

〔57〕"祝"原作"稅",據《輯要》本改。

〔58〕"堂前神所舍",《道藏》本、《輯要》本、《十書》本作"之中神所居"。

〔59〕"洗心自治無敗洿",上三本作"洗身自理無敢洿"。

〔60〕"固",上三本作"故"。

〔61〕此句上三本無。

〔62〕"自樂",上三本作"無欲"。

〔63〕"骨",上三本作"疎"。

〔64〕"蒂",上三本作"節"。

〔65〕"守一",上三本作"知之"。

〔66〕"欲",上三本作"得"。

〔67〕"希",疑當作"昇",形近而譌。下句注云"地氣上昇",可資參證。

〔68〕"七日之午迴相合,崑崙之上不迷誤",《道藏》本、《輯要》本、《十書》本"午"作"五","上"作"山"。且此二句置之於"蔽以紫宮丹城樓"句前。

〔69〕"有"，上三本作"住"，且句後有"內養三神可長生"。

〔70〕上三本"拘"作"養"，"神"作"陰"。

〔71〕此句上三本作"璇璣懸珠環無端"。

〔72〕上三本"身"作"常"。"玉笲"，《道藏》本及《十書》本作"迅牝"。

〔73〕"列其門"，上三本作"各異門"。

〔74〕"生"疑當作"左"。

〔75〕"選"，《道藏》本、《輯要》本、《十書》本作"送"。

〔76〕"非異有"，上三本作"非有神"。

〔77〕"仁"，上三本作"年"。

〔78〕"溉"，上三本作"既"。

〔79〕以上二句疑有脫誤。

〔80〕此句《道藏》本、《輯要》本、《十書》本置於下"立於玄膺舍明堂"句後。

〔81〕"下玉"，上三本作"道飲"，且此句下有"精候天地長生道"一句。

〔82〕"舍"，上三本作"含"。

〔83〕以上二句上三本無。

〔84〕上三本"神"作"氣"，"開"作"關"。

〔85〕此句上三本無。

〔86〕"下"，上三本作"池"。

〔87〕"上座"，上三本作"伏於"。

〔88〕"觀通廬"，上三本作"通神廬"。

〔89〕"門合"，《道藏》本、《輯要》本作"氣及"，《十書》本作"氣今"。

〔90〕"天氣"，上三本作"元氣"。

〔91〕"最"，上三本作"爲"，且此句置於"伏於太陰成吾形"句後。

〔92〕"莖"，上三本作"根"。

〔93〕"素"，疑當作"棄"。

〔94〕"五"，疑當作"玉"。

〔95〕"方",《道藏》本、《輯要》本、《十書》本作"功"。

〔96〕"紫華英",上三本作"與玉英"。

〔97〕"天迴道氣",《洞真太上太霄琅書》卷三作"天迴炁射"。

〔98〕"某形"原作"某甲微形",據上書改。

〔99〕"不送"原作"不一送",據上書改。

〔100〕"虛",《黃庭遁甲緣身經誦黃庭經訣》作"靈"。

〔101〕"帝君填神混化之道",上書作"帝君寶神混化玄真之道"。

〔102〕"孟先生",《登真隱訣》下作"孟光"。

〔103〕"八年",上書作"十八年"。

雲笈七籤卷之十三

三洞經教部

經

太清中黃真經并釋題

釋題

《中黃真經》者，

中黃者，中天之君也。真者，得無爲之身也。經者，爲大道之徑也。

九仙君譔，

九仙者，天之真也，其位最崇，下管八天，上極真位，顯兩儀之成形。然大道之人，苞裹萬景，含養天地，以慈愛爲百行之源，以衆善爲資身之本。廓然洞達，存不捨之根；總察萬行，無棄絕之智。是以出五明殿，入中和宮，放無極光，洞無極景。及與黃人論無極之義，顯分聖教，須知無中不無。欲悟玄元，先了義趣。得之者同其生，失之者共其死。哀體內之莫測，病生靈之不悟。元氣分散，隨彼行之所生；體節分離，掩太陰之泉戶。依余大教，必歸雲路。

中黃真人注。

中黃者，九天之尊。余始自人間，登於聖路，保養和氣，深藏其精。慮中行未成，切厲精誠。然後用其慈愍，剪其癡怒。去捨萬端，百靈潛護。永絕愛慾，陰神私助。然可服靈氣，固真一，知神仙可學也。

亦號曰《胎藏論》。

夫《胎藏論》者，蓋以人類受形於聖路，保和於氣母，陰陽交配，隨行所成。骨肉以精血爲根，靈識以元氣爲本，故有淺深愚智禍福不同。此經辨人倫之有形，明腹內之修養。窮本見末，尋苗識根。端明五藏，然可修身。用之以人，受之以法，守之以功。若虧是行，徒擅其能，亦不可學也。

《胎藏論》者，蓋九仙君兼[1]真人之所集也。真人常觀察元氣浩然，凝結成質。育之以五藏，法五行以相應；明之以七竅，象七曜以昭晰。

夫人腹內有五行之正氣，順之即無疾，逆之即爲害。頭應於天，足應於地。天欲得高，高即日月明。七竅欲得大，七竅大者道易成。爲心氣大，骨氣大，和氣大，節氣大。此爲神宅，修道易成，亦主有壽。

其識潛萌，其神布行。

夫人受形於胎，然布情識之根，心識爲最。因心運已得，無不爲道有，存神宅皆以心識爲用。即未若無心捨損，直上九天，爲之大要。

安魂帶魄，神足而生。

魂生於天，魄生於地。入胎成形，諸神居位。嬰兒在胞，善知人事。無息無聲，合於至理。既出胎腹，六識潛萌。體襲五穀，貪恚並生。隨識所用，坐變癡盲。故《太微靈書》有還魂制魄法，皆須用心存思。若蹔有忘捨，前功悉棄。此書並不載，蓋爲捨損心識。

形神相託，神形相成。口受外味以亡識，身受內役以喪情[2]。神離形以散壞，形離神以去生。殊不知皮肉相應，筋骨乃成。肝合筋，其外爪；心合脈，其外色；脾合肉，其外唇；肺合皮，其外毛；腎合骨，其外髮。鹹傷筋，苦傷骨，甘傷肉，辛傷氣，酸傷血。

《玉華靈書》云：陽爲氣，陰爲味。味歸形，形歸氣，氣歸精。精食氣，形食味。味傷形，氣傷精。初皆相因，後皆相反。初相生成，後皆尅害。穀氣盛，元氣衰，即反壯成老。常欲得：春七十二日省酸增甘，以養脾氣；夏七十二日省苦增辛，以養肺氣；秋七十二日省辛增酸，以養肝氣；冬七十二日省鹹增苦，以養心氣；季月末，各取十八日省甘增鹹，以養腎氣。但依此養生，亦可得三百歲矣。存神亦得奔於諸天，只得爲仙官爾，不得列於尊位。

故聖人曰：先除慾以養精，後禁食以存命。是知食胎氣，飲靈元，不死之道，返童還年。此蓋聖人之所重也。且夫一士專志，下學而上達；一夫有心，覩天道之不遠。學而無志謂之愚，

准《玄籙》云："無志之夫，萬行不成矣。"

不學不知謂之蒙。

《玄元章》云："三生修道未具志，今生方遇《中黃》祕，若能閉得《養形章》，陰神永不奪人志。"學道修行，大忌輕言泄事。縱得玉籙金章，終不成道。凡人遇異書奇術，皆天神助應。自是人愚，慢其神理，難成道也。無分之人，永不相遇矣。

然三蟲未去，子踐荊榛之田。當三蟲已亡，自達華胥之國。

《玄鏡章》云："華胥國者，非近非遠乎！非人境所知，非車馬所到。此國方廣數萬里，其國無寒熱，無蟲蛇，無惡獸。國內人民盡處臺殿，上通諸天往來。人無少長，衣食自然。不知煙焰勞計之勤，不識耕桑農養之苦。所思甘膳，隨意自生。百味珍羞，盈滿堂殿。甘泉涌溜，注浪橫飛。九醖流池，自然充溢。人飲一盞，體生光滑。異竹奇花，永無凋謝。祥禽瑞獸，韻合宮商。一國人民，互相崇敬。然其國境外，有三十里，草莽荊榛，四面充[3]合。上有飛棘，羅覆數重；下有蒺藜，密布其地。欲遊是國，先度此中。不顧凡身，然可得入。少生悔意，終不見達。"凡言三十里荊棘者，爲與三尸相持，身受虛羸，寂寞思食，無味等味。及三蟲亡後，身識沖和，情理安暢，冥心內境，自達胎仙。既入華胥，方驗是跡。洞玄靈界，非凡所知。

顯章雲路，備述胎仙，知聖行之根源，辨仙官之尊位。至於霞衣羽服，玉館天廚，蓋爲志士顯言，聊泄天戒。非人妄告，殃爾明徵。

　　准《玄元教令科》：凡是祕密天籙，不可妄開，爾當有滅門之禍。輕言泄事，陰神爲慢易玄科，天奪人志。雖欲學道，多逢難事隔塞也。大忌之。

密此聖門，必登雲路。

　　《三天教》云：閉言之人，與道合神。天助其德，有其玉骨。如此之人，修道必成無疑耳。

慎無傳於淺學，誓莫示於斯文。

　　學道無成，謂之淺學。妄傳此等，當有刑禍之殃。道教禁科，大忌違誓，兼獲罪無量，誡之。

慢而折神，輕言損壽。

　　《玄格》曰：與人諍曲直，尚減筭壽，況泄天章？輕文傳示，彼既受禍，此亦獲殃。家當橫難，身備刀光。

若非志士，無得顯言。

　　夫志士學道，心跡無二。然可口傳，勿示文字。

總一十八章，列成一卷，

　　一十八章者，爲人有五藏六府，外有七竅顯應，故有十八章。不言九竅者，同於北斗九星，兩星不見。一卷者，萬行歸之於一。此皆事合形神，應於運理。

號曰《胎藏中黃經》。皆以篇目相御，文句相繼。義精於成道，言盡於養生。行顯意直，事具文切。食氣之理備載，歸天之道以[4]成。援筆錄章，列篇於後。

　　　　　　　内養形神章第一此章五句三十五言

内養形神除嗜慾，

　　《洞元經》云：修養之道，先除嗜慾，内合五神；次當絶粒，心不動摇，六府如燭。常修此道，形神自足[5]。

專修静定身如玉。

夫人心起萬端，隨物所動，常令靜居，不欲與衆混同。內絕所思，外絕所慾，恒依此道，元氣自足。

但服元和除五穀，

世人常以五穀爲肌膚，不知五穀壞身之有餘。今取春三月，淨理一室著机案，設以厚暖牀席，案上常焚名香。夜半一氣初生之時，乃靜心神。當叩齒三十六通，以兩手握固，仰臥瞑目。候常喘息出時，便合口皷滿咽氣，以咽入爲度，漸漸咽之。若入肚，即覺作聲[6]，以飽爲度，飢即更咽。但當坦然服之，無所畏懼。氣入後，如口覺乾，即服三兩盞胡麻湯，此物能潤腸養氣。其湯法：取上好苣藤三大升，去皮，九蒸九暴。又取上好茯苓三兩，細杵爲末。先下苣藤末，煎三兩沸。次下茯苓末，又煎數沸。即入少酥蜜，渴即飲一兩盞，兼止思食。或[7]四時枸杞湯，時飲一兩盞亦善。咽氣自得通暢，但覺腹中安和，咽氣漸當流滑。一切湯水，盡不要喫，自得通妙理。但服氣攻盤腸糞盡，咽氣自然如湯水直至臍下。初服氣，小便黃赤，勿恠也。心胸躁悶，亦勿懼。但心境不移，自合妙理。若不絕湯水，雖腹腸中滓盡，終不得洞曉是非。或若要絕水穀，只在自看任持，亦不量時限遠近。亦有一月，亦有五十日，亦有百日者[8]，三丹田自然相次停滿。一月下丹田滿，六十日中丹田滿，九十日上丹田滿。下丹田氣足，藏府不飢。中丹田氣滿，體無虛羸。上丹田凝結，容貌充盛，三焦平實，永無所思，神凝體清，方鑒[9]是非。下丹田滿者神氣不泄，中丹田滿者行步超越，上丹田滿者容色殊絕。既三部充實，自然身安道泰，乃可棲心聖境，襲息胎仙。此爲專氣之妙門，求仙之捷徑也。若或食或斷，令人志散。好食諸味，難遣穀氣。此二事者，習氣之所疾，求仙之大病。經曰："鹹美辛酸五藏病，津味入牙昏心境，致令六府神氣濁，百骸九竅不靈聖。"人能堅守禁絕嗜慾諸味者，九十日三丹田凝實；百日內觀五藏；三百日鬼恠不藏形，陰神不敢欺；千日名書帝錄，形入太微。

必獲寥天得真籙,

　凡飛鍊上昇,爲下天仙官。存想無爲氣神,修三一之道,得上天仙官。若真子服胎息成者,得寥天昇真籙,千乘萬騎迎子,當獲中天真尊。

百日專精食氣足。

　謂三丹田氣足也。凡食氣吞霞,言是休糧,蓋非旦夕之功。先以德行護身,次以除陰賊嗔怒,此學道之志也。陰賊未息,三蟲不除,或行非教之事,不復成矣。故《太微玄章》曰:"除嗜慾,去貪嗔,安五藏,神足矣。"

食氣玄微章第二此章二十六句一百八十二言

食氣玄微總五事,

　夫言玄微者,皆事理莫達,謂之玄妙〔10〕。言五事者,但學絕粒,即魂魄變改,三尸動搖。

大關之要莫能知。

　夫人內行未成,不知諸魔相違,謂言道法無効,蓋不達真正理也。若是先具內行人〔11〕,只服津液,由得不飢〔12〕,況於服氣乎!

元氣〔13〕初服力尚微,

　夫服氣爲有滓滯,至一七二七已來,滓穢退出,漸覺體內虛弱,百節無力,但勿爲懼。緣元氣未達腹胃中,所以覺虛弱。但咽氣使漸通流,日勝一日。但當堅志守一,候下丹田滿,頓無飢渴。假令未達,皮膚容色黃瘦,亦勿以爲畏,後當悦懌矣。如不專志兼食行,即用氣無効也,亦愛數敗,此亦爲不具內行人,即如此,有愛緣牽心,彼自使敗。

要子將心運守之。

　《太元經》曰:凡休粮諸門甚多,學道至近須九年,以下無成者。唯有服氣,堅守百日,禁諸湯水,子心不動,三尸自除,永無敗矣。只爲學者浮心未定,居二疑之端,使心神動搖,三尸齊起。百思既至,心跡難歸,雖服氣易爲退敗,裹誠必不靈矣〔14〕。

穀氣未除[15]子何別，氣則難停而易洩。

　　夫體服氣，欲速達五藏。除湯藥外，諸物禁斷。四十九日，[16]穀氣自絕。若少食諸味，即難遣穀氣。若要用氣使內藏分明，當服此元氣，經五十日，百物不食，閉目內想脾藏中氣，從心起散至四肢。仰臥呪曰："中央戊己，內藏元氣。黃色力堅，運之可治。丹陽莫辭，朱陰共議。得達四支，黃雲大起。"每至五更鷄初鳴時，常候莫令參差。如此二十七日，內見脾藏中氣，鬱鬱如黃雲，透過四支。後當使此氣滅燭吹火，百步外便使之，如大風起，可以興黃雲，閉彼形，人無見者。若不依五更初，及不能堅守，或則少一日，即無効矣。此《中黃閉氣法》。

或即體弱而心虛，或即藏虛而力劣。

　　用氣未達四肢，當有虛弱之患，但志之[17]，勿爲懼矣。《大洞經》云："守之如初，成道有餘。"

一者[18]上蟲居腦宮，

　　《洞神玄訣》：上蟲居上丹田，腦心也。其色白而青，名彭居，使人好嗜慾癡滯，學道之人宜禁制之。假令不絕五穀，常行此心[19]，一年之外，上尸自終。人不知行，空絕五穀。若不絕貪欲，焉得蟲終滅也。

萬端齊起搖子心，常思飲膳味無窮，想起心生若病容。

　　學道者不得內行扶身，却爲三蟲所惑亂也。

二者中蟲住明堂[20]，

　　《洞神玄訣》曰：中蟲名彭質，其色白而黃，居中丹田。使人貪財好喜怒，濁亂真氣，使三魂不居[21]，七魄流閉[22]。《洞玄經》曰："無喜無怒，中尸大懼。不貪不慾，和氣常足。坐見元陽，萬神來集。"

遣子魂夢神飛揚。或香或美無定方，或進或退難守常。精神恍惚似猖狂，令子坐敗食穀糧，子若知之道自昌。

　　怡然不易，其道自成也。

三者下尸[23]居腹胃，

　　下尸其色白而黑，居下丹田，名彭矯。使人愛衣服，耽酒好色。但學道之人，心識內安，三尸自死，永無敗矣[24]。

令子淡泊常無味。

　　若常守淡泊，三尸既亡，永無思慮矣。

靜則心孤多感思，撓則心煩怒多起，

　　服氣未通，被三尸蟲較力[25]。或則多怒，或則多悲思，或則多嗜滋味。

使人邪亂失情理。子能守之三蟲棄，

　　《太上昇玄經》曰：食氣堅心，一月內一蟲當死，二蟲無託。人但能服氣志守，三十日上蟲死，六十日中蟲死，九十日下蟲死。百日心不移，即體康神清，永永不敗。若或食或斷，令人志退，則無効也。

得見五牙九真氣。

　　五牙爲五行氣，生子五藏中。九真者，爲九天之道也。此五藏成，還應九天，所以五藏之氣名九天也。元氣成，當自別得[26]五行之氣，驅使無所不通也。

五牙咸惡章第三 此章六句四十二言

五牙咸惡辛酸味；

　　若五味不絕，五藏靈氣不生，終不斷思欲之想。但令水穀除，何慮不生五氣！五氣既生，即五情自暢。五藏既滿，元氣自凝。元氣既凝，五神自見。五神既見，賤惡人間，何世累之所能牽也[27]？

爲有三蟲鎮隨子，尸鬼坐待汝身死，何得安然不驚畏？

　　三尸之鬼，常欲人早終，在於人身中，求人罪狀，每至庚申日，白於司命。若不驚不懼，不早修鍊形神，制絕五穀，使年敗氣衰，形神枯悴，縱使志若松筠，亦復無成矣。一朝命絕，悔恨何及！

勸子將心捨煩事，

　　服氣人大要者，靜持心神，止捨煩務。使三蟲動而無効，神氣行而有徵。自得五神獲安，妙理潛達。

超然自得煙霞志。

能清能淨[28]，即自得志潛明，超然洞悟，烟霞之暢，在乎目前。

煙霞淨志章第四此章四句二十八言

煙霞淨志通神奧，

若得水穀氣除，自然諸脉通曉，五藏靈光生，縱捨自有深奧，故不可測也。靈光，神氣也。

令子坐知生死道。

若能制絕諸味，百日後無不成矣。自得衆靈潛伏，生死之路，備覩機械，天外陰司之道常知矣。

蒸筋暴骨達諸關，握固潛通開百竅。

謹案《胎息志[29]理經》云：凡服氣五十日後，假令未絕水穀氣，遇日色晴明，時景朗曜，於[30]正午時，當於室宇內淨軟牀席，散髮於枕上，握固於兩脇之傍。然後叩齒七通，端心瞑目。似覺微悶，即須用力握固。漸漸筋脉徐開，靈氣潛通於骨肉之間，津液汗澤於皮膚之上。但當數數運用，自得顏色光悅，氣力兼倍，髮如新沐，髭若青絲。如不解閉氣鍊形，使用元氣，行通於毛髮之間[31]，自然每度鬢髮跳躍。若不得此術，雖復休糧長生，有同瓦礫草木，無精光也。

百竅關連章第五此章四句二十八言

百竅關連總有神，

百竅通於百穴，百穴通於百脉。眼上二穴通於肝，肝脉通於心，故心悲則淚發於臉間。腭上雙穴通於鼻脉，鼻脉通於心脉，故心悲則鼻酸。鼻脉復通於腦脉，故腦熱則鼻乾。《洞神明藏經》云：百脉通流，百竅相望，百關相鎖，百節相連。故一穴閉則百病生，一脉塞則百經亂。故服氣無疾，諸脉常自通暢。道人不死，胃腹無物停留。鑒察吉凶，百神歸集於體。寒熱不近，元氣調伏於身。毒物不干，五藏靈神固護。狂獸不搏，土地常自衛持。隱現無難[32]，骨

　　　　肉合於玄化〔33〕。即何慮不通於聖智也。
由子驅除歸我身，
　　　　百關九節，皆神宅也。藏府無邪氣所生，即萬神歸集。邪氣即穀氣是也。若正氣流行，所有瘡痕點靨客氣，自然消滅。
恬然得達自明真，
　　　　故得洞鑒昭然，足辨邪正之類。
自明真道永長存。
　　　　致形神於不死之門，昇子身於九天之上。

　　　　　　　　長存之道章第六此章四句二十八言

長存之道因專志，
　　　　若不專不志，則難通於聖理也。
返荷三魂知不死。
　　　　氣通之後，當即自荷形神明，不死之路也。
何物爲冤七七裏，
　　　　服氣溽盡後絶水穀，最切者在四十九日。漸漸當百脉洞達，返照如燭，俗心頓捨，五藏恬和。若不能堅持，前功併棄〔34〕。
堅然慎守鹹酸味。
　　　　少食諸味〔35〕，難遣穀氣。

　　　　　　　　鹹美辛酸章第七此章十句七十言

鹹美辛酸五藏病，津味入牙昏心境。
　　　　但是五味入牙，皆通於兩眼之穴，散霑於百脉之内，使穀氣堅實，藏腹停留。若求速達，請卓然斷絶也。
致令六腑神氣衰，百骸九竅不靈聖。
　　　　爲神氣不凝於丹田之中，靈光不照於藏府之内。
子能慎守十旬終，諸脉洞然若明鏡。
　　　　使功滿十旬，神氣自當凝實，靈光煥耀如燭，無不洞達。
六腑明神不隱藏，與子言語說心境。
　　　　五藏神自見也。

滞子神功去路難，大都穀實偏爲病。

若穀氣不除，即不見幽玄至理也[36]。

穀實精華章第八此章六句四十二言

穀實精華與靈隔，纏羅六腑昏諸脉。

穀氣精華，化爲涎膜，纏羅五藏六腑、關節筋脉，故不可知。但是服氣人經五六十日後，見腸胃中滓盡，將謂更無別物。不知穀氣精華，殊未出也。所以有思食慮散之意，反使情切心懸，不可堪忍，亦爲尸鬼所禍[37]也。自後但有物如膿如血，或若壞脂，或若鷄鴨糞，此乃穀氣欲出，有此狀也。後更三二十日，又有異物如涎如膜，此則穀實精華之狀也。若先曾兼食服氣，或斷或絶，經歷歲餘，一旦頓絶，還校[38]便成，若無此物，亦不恠也。但無穀氣，則諸脉洞達，反照如燭。《大洞經》云：初服氣人，亦覺腸中滓盡，又見所食湯水，旋於腸中出，謂腹内更無別物，不知穀氣未出也。穀氣若盡，想更有何所思？形神如歸，豁然[39]安泰，情無慮思，寂寞瘦弱等患疾，亦何懼退敗不進之憂？必審而思之，無得退也。若能頓絶湯水，得三十日已來，却退不能堅持，即若穿井及塹，見水而不取也。一何痛也！

元神不返欲何[40]依，子心未達焉能測？

穀氣未除於藏腑之間，神氣不守於丹田之内。故道者昧然，無知神功在近也。

可惜玄宫十二樓，那知返作三蟲宅。

若不修鍊形神，身上宫室，皆爲三蟲之窟宅。

三蟲宅居章第九此章四句二十八言

三蟲宅居三部裏，

此蟲常在三丹田内。

子能運用何憂死？

但依聖人之言，用心修行，何殃累之所及也。

漂然鬱鬱常居此，

元氣常引内氣周流身中，即[41]却復丹田之内也。

自辯元和九仙氣。

穀氣盡，即自辨識元氣也。

九仙真氣章第十　此章十二句八十四言

九仙真氣常自靈，三蟲已死復安寧。

《大洞元經》曰：三蟲亡，神氣昌，内照五藏中氣，使之如神[42]。

若居世遊隱法，具在《胎息章》中説。

由子運動呼吸生，

神氣若足，呼吸運動，興起雲霧，自然得成隱化無滯[43]。

居在丹田内熒熒，

服氣成者，居在丹田中[44]，凝結若雞子，炳煥如燭，光照數里，内無不見，是爲三丹田氣自然如此也。

筋骨康強體和平。

《三光經》曰：鍊髓如霜，換骨如剛，服之千日，力倍於常。後能日馳千里，奔馬不及也。

心識怡然自暢情，思逸神高心彩明。

食氣成者，心神常自暢悦。情高思逸，棄賤人間也。

却聞五味覺膻腥，

觀五味，見滓敗[45]；示五香，聞腥壞[46]。尋苗見根[47]，故有是聞。自然如此，爲天氣達也[48]，俱有此見。

肌膚堅白筋骸清。

《胎息章》中自有鍊骨法具載也。

地府除籍天録名，坐察陰司役神明，内合胎仙道自成。

入胎息至五百息，當入異境，地籍除名，三天録仙。至千息，魂遊上境[49]。

胎息真仙章第十一　此章四句二十八言

胎息真仙食氣得，却閉真氣成胎息。

服氣二百日，五藏虛踈[50]，方可學入胎息。准《九天五神經》[51]

云：先須密室無風，厚軟氈席，枕高四指，纔與身平。求一志人同心爲道侶。然後捐捨心識，握固仰臥。情無所得，物無所牽，靈氣漸開[52]，心識怡然。初閉息，經十息，至五十息，至百息。只覺身從一處，如在一房中。只要心不動移，凡一日一夜十二時，都一萬三千五百息。故《太微昇玄經》云：氣絕曰死，氣閉曰仙。魄留守身，魂遊上天。至百息後，魂神當見。其魄緣是陰神，常不欲人生。其神七人，衣黑衣，戴黑冠，秉黑璽。《洞神經》曰：爲之玄母。此神是陰屍之主，若見此神，子當謹心存念呪曰："玄母玄母，吾屍之主。長骨養筋，莫離屍戶。吾與魂父，同遊天去。"次當見魂父三人，各長一尺五寸，衣朱衣，戴朱冠，秉朱璽。當引上元宮諸腦神百餘人出，子當身見三丹田中元氣如白雲，光照洞達。當呼三魂名：一曰爽靈，二曰胎光，三曰幽精。得此三魂陽神領腦宮神，引子元神遊於上天。初出之時，只覺身從一黑房中出，當見種種鬼神形容，或偉大者數丈，或微小者如鶯雀，或披髮若亂蓬，或開眼如張電，爲上界道路，皆是鬼神之過路。子但安心，無生懼意[53]，亦須得良伴相助。緣元氣上與魂神相應，若有懼心[54]，元氣當自口鼻出，即子身不得去也。但一夕之中，令傍人自記喘息數，至息已，子當與三元神同遊上界也，其道當成。以後即不得微有泄漏，大慎大慎。但不顧於物，鬼神伏德。

羽服彩霞何所得？皆自五藏生雲翼。

後鍊形上昇，自成五色羽衣。《中天羽經》曰："輕輕狀蟬翼，璨璨光何極。"蟬爲飲氣乘露[55]，故生羽翼。人服元氣，而天衣不礙[56]於體，即可知也。

五藏真氣章第十二 此章十四句九十八言

五藏真氣芝苗英，

《太華受經》[57]曰：元氣含化，布成六根。吉凶受用，應行相從。內氣爲識，胎氣爲神。子能胎息，復還童嬰反魂[58]。五藏之始，先布於水，內有六府，外應六根。

肝主東方其色青。

《太明五緯經》曰：肝主於木，生於水，尅之於土。來自東方，其色蒼，受之於陽。潛伏此氣，千息生光。但常用氣，未至胎息，當存想青氣出之於左脇。但六時思之不輟，自子時常隔一時。至五十日，當見此氣如青雲。用此氣可治一切人熱疾、時行癰腫、疥癬急瘦。但觀前人疾狀，量其淺深，想此氣攻之，無不愈差。如觀前人肝色枯悴，不可治也。

子但閉固千息經，青氣周流色自成。

《胎息經》：千息爲内養此氣，青色當自凝結[59]。

心主南方其色赤，伏之千息赤色出。

《太明五緯經》曰：心主於火，生之於木，尅之於金。來自南方，其色赤光，受之於朱陽，爲夏天也。潛伏千息，當出心堂。常服氣未至胎息，每日午時，想赤氣在心，大如雞子，漸漸自頂而出自散。呪曰："南方丙丁，赤龍居停。陰神避位，陽官下迎。思之必至，用之必靈。"自此三呪之。能常行此氣，存想五十日不闕，當有赤氣如火光自見。用此氣可治人一切冷病。當用氣攻前人病時，其人面色帶青即不治，陰氣不可治。凡存神氣法，並不欲得遣人知。

肺主西方其色白，服之千息白色極。

《太明五緯經》云：肺主於金，生之於水，尅之於木。來自西方，其色白，澄淨微芒，功達千息，光徹洋洋[60]。常服每至丑時，存想肺間有氣，狀如白珠，其光漸漸上注於眉間。後乃呪曰："西方庚辛，太微玄真。内應六府，化爲肺神。見於無上[61]，遊於丹田。固護我命，用之成仙。急急如律令。"存念一遍，如此四十九日，肺中有氣如白雲自見。此氣照地下一切寶物及察人善惡，示表知裏。如不行存想五氣法，服氣三年，方見五藏内事。此緣不具真行，使用不辨相尅相生。如寒用心氣，緣是火氣；如熱用腎氣，緣是水氣。不辨用氣，即無効也。《九氣經》中亦不言氣法，寥廓尚祕，況是人間也。

脾主中央其色黄，服之千息黄色昌。

《太明五緯經》云：脾主於土，生之於火，尅之於水。來自中方，其色黄。閉氣千息，不敢伏藏。存想黄氣[62]，但一日一想，不限時節，亦無呪。其脾藏存之四十九日，自見此氣。已後能用，可將身入墻壁，人盡不見。

腎主北方其色黑，服之千息黑色得。

《太明五緯經》曰：腎主於水，生之於金，尅之於火。來自北方，其色黑微芒[63]，伏之下元，主持命房，内有真白，守之不忘。此五藏神氣，但至五更初，各存想氣色都出於頂上，訖即止。亦不假一一別存想，兼不用呪亦得，只是較遲，滿百日方有効驗也[64]。

驅役萬靈自有則，

服氣心志正，兼行内行，内外相扶[65]。一年後，應是人間鬼怪精魅及土地神祇，並不敢藏隱。所到去處，地界神祇先出拜跪，常隨衛道者，陰司六籍善惡具知，然亦不可便將驅使。緣未具《三天真籙》，慮有損折。若入胎息得昇身訣，且要遊人間，但依此經尸解法，然可遊世，即無遮礙。不爾，未可忘道。若不務此術，但務化人矣，自他俱利。

乘服彩霞歸太極。

《胎息伏陰經》曰："内息無名，唯行想成[66]。若不行戒行，入胎息，未得合神。"《太微靈隱書》曰：凡人入胎息，遊人間，行尸解術，隨物所化。故有託衣衾所化者，常以庚辛日取庚時，於一淨室内，焚名香一鑪於所卧牀頭，兼須設机案，上著香鑪，下著所拄者龍杖及履鞋等物，盡安置於頭邊。身衣不解，以衾蓋之。首西而卧，自念身作死人，當陰念此呪七遍。呪曰："太一玄冥，受生白雲[67]。七思七召，三魂隨迎。代余之身，掩余之形。形隨物化，應化而成。急急如律令。"此存念一食間，但依尋常睡。如當存念之起一食久，輒不得與人語。若與人語，其法不成。如此常行四十九日，漸漸法成。後要作，不問行住坐卧，陰念此呪七遍，隨手捉物，身便别處去。衆人只見所把之物[68]，身將以死矣。後却見物還歸本形。此法即可以下界助身，不可以便行非法之事。大須護慎其法，大須隱默。若卧在牀上，但以被覆身，隱念一遍，便却出，人[69]只見所卧衾被是身，不見被形。若於財色留心，當爲神理銷折矣。

太極真宮章第十三此章九句六十三言

太極真宫住碧空，絳闕崇臺一萬重，玉樓相行列危峯。

上界宫館，生於窈冥，皆有五色之氣而結成。下界土地，皆是水氣横凝扶住，故不得自在，不得堅長，不得平正。上界以八珍爲土地，七寳爲用器，至於宫殿，七珍合成。有自然不運之力，無人功興動之用[70]。上界以七珍精氣爲日月，下界以陰陽純氣爲日月。下界言一年三百六十日，是上界一日十二時也。《太黄經》[71]曰："不食土地精，生居太一城。"爲形神俱得去也。

瑶殿熒光彩翠濃，

爲七珍翠彩焕爛，光徹内外無隱礙。千閣萬樓，互相影對，太仙真人猶居此外也。

紅雲紫氣常雍容，玉壁金梁内玲瓏。

《玄宫玉堂經》曰："白玉爲壁，黄金爲梁，青珊爲架，紅壁爲牀。進以九霄之膳，酌以八瓊之漿。"

《鳳舞》《鸞歌》遊詠中，

上界有《天鳳舞》《鸞霄之歌》，並是曲名也。

玉饌金漿意任從，

《九宴玄廚經》曰：一日十進九霄之膳，七獻八瓊之漿。一日十進食，八獻酒。

九氣真仙位列崇。

胎息[72]得列九真上仙。

　　　　　九氣真仙章第十四此章十句七十言
九氣真仙衣錦衣，綃縠雲裳蟬帶垂。
　　真君衣瓊文錦蟬縠之衣也。
天冠搖響韻參差，
　　冠搖衆珮響，韻五音爲自然也。
九文花履錦星奇，
　　九文錦爲履，其花零亂，如衆星鑽壁也。
却佩霓裳朝太儀。
　　霓裳仙官朝服〔73〕。人初得仙，皆朝太儀真君九天主也。
十方彩女執旌麾，百靈引駕玉童隨，前有龍旛後虎旗。
　　前朱雀，後玄武，左青龍，右白虎，皆是百靈之數。
羽服飄飄八氣吹，
　　八氣，八方正氣，先治道路也。
更上寥天入太微。
　　太微都在第五天金星輪朱華宮，亦名〔74〕太微，管下界生死籍部，
　　每四時八節申籍奏聞上界太微〔75〕。凡此官吏，有四十萬衆大數。
　　　　　太微玄宮章第十五此章八句五十六言
太微直上寥天界，動靜風調鳴竽籟。
　　太微上界，所有風搖，皆如笙竽之韻，如極樂之所，自然如此也。
殿閣穹崇何杳隗，
　　杳隗，謂虛峻極也。殿閣重數甚多，橫壯尤麗也。
壽永衣輕人體大，九天各各皆相倍。
　　九天羽服儀仗，各各相次加倍。羽衣轉輕，人體轉大。彩翠鮮華，
　　日月轉邁長遠也。
是爲因心得自在，
　　因心運身，得出三界。
靜理修真爲聖人，九行門空列章戴。
　　夫九行者，道人之窟宅。動息住持，不離其內。一者以慈愍爲衣，

二者以止捨爲食，三者以正心爲乘，四者以專志爲才，五者以謙下爲牀，六者以順義爲器，七者以勤惠爲屋，八者以修空爲宅，九者以陰施爲業。修道之子，不持此九行，去道踈矣。

九行空門章第十六此章十二句八十四言

九行空門至真路，大道不與人爭怒。動息能持勿暫停，陰神返照神常助。

持心不息，其道易成。

諸行無心是實心，因心運得歸天去。

無心之心，因心運心。雖無有心[76]，還因心有。

除苟[77]無心是謂真，

衆事曰苟，無事曰除，除心止念，萬行歸余[78]。

自隨胎息入天門。

胎息以善行爲要機，無念爲至路。

玄元正理內藏身，無曲潛形體合真。

《洞玄經》曰："心無曲，萬神足。"

三部清虛元氣固，六府釀成百萬神。

三元静，六府調，真氣歸於真行[79]，二理相合。五藏六府諸神，共有百萬，自然相和應也。

六府萬神章第十七此章十句七十言

六府萬神恒有常，

五藏六府，百關九節，有神百萬，若日常清淨修之，即當自見。

元和淨治穀實盡。

但以元氣攻運，何穀氣之不去？

大腸之府主肺堂，

肺爲首三焦之主。

中有元神內隱藏。

藏府既淨，萬神自藏。故《太明經》曰：大腸主肺也，鼻柱中央爲候色也[80]。重十二兩，長一丈二尺，廣八寸，在臍左邊，曲疊積一十二盤，貯水穀一斗二升，主十二時，內有神各具本色衣冠十二人。若除水穀氣盡，元氣自足，其神當見。各據本時遞相更直，以衛修道之子也。

腎府當明內宮女，外應耳宅爲門戶。

《內神經》曰：精主腎，腎爲後宮。內宮列女主[81]耳，腎之官承氣於耳。左腎爲壬，右腎爲癸，循環兩耳門中，有神五百人。內有元神守自[82]都管，兼主志[83]。凡人好嗔怒即傷腎，腎傷即失志，俱喪元神[84]。故道者忌嗔怒，道成，內神常見於人，當衛道者也。

膀胱兩府合津門，氣海循環爲要路。

膀胱是兩府氣[85]。腎合膀胱，乃受津之府，上應於舌根也。津液往來，常潤肥澤舌岸[86]，以應兩膀胱。氣若少，不潤。服氣人未成，當欲少語以養津也。語多即口乾，口乾難用氣也。中有神三百六十人，以應一年之數。氣成當見其神，常抱無貪之行。故道者不貪，志合神理。《大洞昇玄經》曰："行合神見，道成歸天。"此神人行胎息即自出，常護衛人近道者也。

子當得見內神章，終身不泄神常助。

勿泄天神章第十八 此章八句五十六言

勿泄天神子存志，

　　終始不泄，天神助子。

凡是天章勿輕示。三十三篇世絕知，況復《中黃》祕中祕。

　　道有《胎光經》三十三篇，禁絕不許妄傳泄。況茲《中黃》靈句，祕之特重，慎之慎之。

先禮三真玉仙使，然後精心覩文字。

　　《教令科》云：欲開示三真等經，先須擇甲子日，淨室燒香，心存南華真人，念[87]三天真君同開作證。首東作禮四拜，然後云：某爲求道，輒開九天大聖真文，傳示一遍。故得百靈同助，身歸太無，名入天戶。不得示三人，切忌容易泄漏。若不依經教妄開示，如覩常文，必有殃責非淺，莫輕慢。

違教身罹非命殀，子孫受禍當須忌。

餘殀明罰，世世子孫受禍，大忌大忌。

【校記】

〔1〕"兼"，《道藏》本《太清中黄真經》（下簡稱《道藏》本）、《輯要》本《太清中黄真經》（下簡稱《輯要》本）作"黄"。

〔2〕"情"，《道藏》本、《輯要》本作"精"。

〔3〕"充"，上二本作"叢"。

〔4〕"以"，上二本作"悉"。

〔5〕"足"，上二本作"定"。

〔6〕"便合口"至"即覺作聲"，上二本作"合口鼓滿，依法咽之，入腹當覺作聲"。

〔7〕"或"後，上二本有"服"字。

〔8〕"者"後，上二本有"但絕其湯水者"六字。

〔9〕"鑒"，上二本作"曉"。

〔10〕以上二句，上二本作"乃無爲玄妙之理"。

〔11〕"人"，上二本作"仁德"。

〔12〕"由得不飢"，上二本作"尚有安和"。

〔13〕"元氣"，上二本作"一者"，且句後有"但常堅志守一候"句。

〔14〕"裹誠必不靈矣"，上二本作"猶豫必不靈聖者也"。

〔15〕"穀氣未除"，上二本作"二者穀存"。

〔16〕此句後，上二本有"使小腸滓盡"五字。

〔17〕"志之"，上二本作"堅守志"。

〔18〕"一者"，上二本作"三者"。

〔19〕"心"後，上二本有"持念"二字。

〔20〕此句上二本作"四者中蟲住心宫"。

〔21〕"使三魂不居"，上二本作"令三尸變易"。

〔22〕"閉"，上二本作"蕩"。

〔23〕"三者下尸"，上二本作"五者下蟲"。

〔24〕以上二句，上二本作"堅持制之，尸鬼無能爲也，乃無敗矣"。

〔25〕"較力"，上二本作"攪亂"。

〔26〕"當自別得"，上二本作"當自然得明"。

〔27〕以上二句，上二本作"備曉人間好惡，是何世俗之慮能牽者乎"。

〔28〕"能清能凈"，上二本作"能清静神氣"。

〔29〕"志"，上二本作"至"。

〔30〕"於"原作"景"，據上二本改。

〔31〕"行通於毛髮之間"，上二本作"通流潤澤於皮膚之上，終不得自在。若炁行通於毛髮之間"。

〔32〕"無難"，上二本作"自在"。

〔33〕"化"，上二本作"牝"，且下有"去留無滯，無所不通，自然達於真道"。

〔34〕此句下上二本有"再理何可？終不成道而矣"。

〔35〕"少食諸味"，上二本作"食諸味者"。

〔36〕此句下上二本有"若能絶穀水者，自達玄境也"。

〔37〕"所禍"，上二本作"所動之禍"。

〔38〕"校"，上二本作"效"。

〔39〕"如歸，豁然"，上二本作"恬然，藏腑"。

〔40〕上二本"神"作"炁"，"欲何"作"何所"。

〔41〕"即"，上二本作"則上下通和"。

〔42〕以上二句，上二本作"百日之内可以驅神，及照五藏元炁，使之如神聖者也"。

〔43〕"自然得成隱化無滯"，上二本作"自然得隱化無滯無碍也"。

〔44〕"居在丹田中"，上二本作"丹田炁自平實，可上昇下游三丹田中"。

〔45〕"滓敗"，上二本作"滓穢"。

〔46〕"腥壞"，上二本作"膻腥"。

〔47〕"尋苗見根"後，上二本有"道功成者"四字。

〔48〕"達也"，上二本作"達於自身者也"。

〔49〕"入胎息"至"魂遊上境"，上二本作"服炁成者，當自察知陰府，役使神明。若人胎息至於百息者，當身入異境，地籍除名。服至千息者，三天錄位，魂遊上境也"。

〔50〕以上二句，上二本作"服炁經云：一百日五臟靈踈"。

〔51〕"九天五神經"，上二本無"五"字。

〔52〕"開"，上二本作"閉"。按下文云"氣閉曰仙"，似作"閉"是。

〔53〕"懼意"，上二本作"怖畏"，且下有"自達安境。如一切無所見者，最爲上也。但黑白分明，是善相也"。

〔54〕"若有懼心"，上二本作"切慮定息之時，別有所見，心則不安"。

〔55〕"飲氣乘露"，上二本作"飲露食炁"。

〔56〕"不礙"，上二本作"下凝"。

〔57〕"太華受經"，上二本作"太華受識經"。

〔58〕"復還童嬰反魂"，上二本作"還嬰返魂也"。

〔59〕以上三句，上二本作"胎息經云：千息色青，内自凝結者也"。

〔60〕"功達千息，光徹洋洋"，上二本作"潛伏千息，光明洋洋"。

〔61〕"見於無上"四字，上二本無。

〔62〕以上八字，上二本無。

〔63〕"微芒"，上二本無。

〔64〕"方有効驗也"，上二本作"後其色已成，立可用驗也"。

〔65〕此句後，上二本有"元炁充滿五藏及丹田之中"。

〔66〕"唯行想成"，上二本作"内行相成"。

〔67〕"白雲"，上二本作"自靈"。

〔68〕"所把之物"，上二本作"所執之物化爲己身"。

〔69〕"人"原作"入"，據上二本改。

〔70〕"無人功興動之用"，上二本作"無人興動用之功"。

〔71〕"太黃經"，上二本作"太微玄經"。

〔72〕"胎息"，上二本作"服胎息成者"。

〔73〕"霓裳"原作"霓服","朝服"原作"朝裳",據上二本改。

〔74〕"名"字原無,據《輯要》本《雲笈七籤》增。

〔75〕"管下界"至"太微",《道藏》本、《輯要》本作"轄日月五星神宿運行之時,亦管下界生死之籍,奏聞太微"。

〔76〕"雖無有心",上二本作"道雖無心"。

〔77〕"苟",上二本作"垢"。

〔78〕"余",《輯要》本作"真"。

〔79〕"於真行",《道藏》本、《輯要》本作"則萬神應"。

〔80〕"候色也",上二本作"腸"。

〔81〕"主"字原無,據上二本增。

〔82〕"自",上二本作"之"。

〔83〕"志",上二本作"志智"。

〔84〕"俱喪元神",上二本作"失志則喪道之本也,元神亦散"。

〔85〕"氣",上二本作"爲津門"。

〔86〕此句上二本作"常潤澤肌體舌岸"。

〔87〕"念"後,上二本有"九天真聖"四字。

雲笈七籤卷之十四

三洞經教部

經

黃庭遁甲緣身經

　　道言：昔於藥珠宮中，聽《黃庭》妙義，《大道琴心》靈篇，内固變化之道。人之受生，分靈道氣，含和陰陽。逐戀聲色，爲滋味所惑，爲奢淫所誘，亡失正念，虛度壯年，焉知動静出處？當依教修習，履歷妙行，以輔養其神。則身安静，萬災不干，邪魔不撓。存念善道，遠離惡道。徃來出入，當呼今日日神姓名字，云："某送我去來。"如是呼之，乃行其道。直日神與人同行神道，衆惡不干，能却百鬼[1]，不逢惡毒。又奏表上謁貴人，皆書符持懷中，三呼直日之神與我同行。入疾病家、死生家，置符於懷中。遇陰日右畔，陽日左邊。若入山林避難者，三叩齒，直呼之神名字[2]，并呼甲申神，山中鬼魅狼虎之類盡皆逆走。若辟除惡神鬼者，書六甲六乙符持行，并呼甲寅神，鬼皆散走。若入軍陣辟兵，即書六丙六丁符，并呼其神姓名，仍呼甲午神名，兵刃不傷。若欲辟火者，書六壬六癸符，并呼其神，又呼甲子神姓名字，云："與我同行。"即不被燒爇。若欲避水難者，書六戊六己符，并呼甲戌神，即免水溺。若縣官[3]口舌，書六庚六辛符，并呼其神姓名，又呼甲辰神，官符口舌，悉皆解散[4]。已上所言，書符帶之，祕之勿傳。假令甲子神姓王字文卿，王自是姓，文卿是字。至癸亥，他皆倣此。從神計八百七人，每日有一神當直。人能每日清旦三叩齒，誦直日之神名，云："某君爲直日，與我俱行，使我所在，咸亨利貞。"又每日三叩齒，誦本命神[5]，須食之物，宜與本命神契[6]，尤加福壽。更能於本命日與本命神作大福利，吉慶尤甚。某乞左青龍孟章甲寅，右白虎監兵甲申，頭上朱雀陵光甲午，足下玄武執明甲子，月爲貴人入中央。右此一首，常密念之令熟。勿令出聲，不要佗人知。若有縣官，或有殃害之氣，軍陣險難之處，及入佗國未習水土，或遇疫病辰日，數數存念之。或入孝家，臨屍見喪，亦入門一步誦一遍，叩齒三下，當誦三遍，此我法也。來日平覺，便念四海神名。

東海神名阿明，西海神名祝良，南海神名巨乘，北海神名禺强。

四海大神辟百鬼，蕩凶災，急急如律令。

《黃庭内景祕要六甲緣身經》曰：若人卒得疾及癰疽惡氣飛屍[7]百毒惡夢之屬，便閉氣闇[8]誦甲午至戊戌止，留氣在上斗中。上斗中者，在兩乳間也。閉氣闇誦甲午至戊戌十遍，然後吐氣。又誦甲子至戊辰止，留氣在下斗中。下斗中者，臍中也。亦闇誦十遍，然後吐氣以治，萬病悉能立愈[9]。

天尊曰：人之生也[10]，建八尺之質，含萬有之軀，外有四支九竅，内有五藏六府，各有神主，精禀金火，氣諧水木。

五藏者，是五神之

府，含生之器。神欲安，氣欲寬，導養之妙。

火則躁而禮，金則勇而義，躁與勇，義與禮，陰陽之數也。長陰則殺，長陽則生，生殺之數也。故抑躁行禮義則生，長勇罷禮義則死。外行禮義，內安脾膽。導養之祕也，以忠孝爲先。不識其原，傷生之道；然知其本，靈祕之術。若能安其神，鍊其形，攝生得氣，歸正背僞，出其恍惚，入其玄妙，辨補寫之理，誕延育之方，可昇仙矣。子龜鏡焉，道在其中也。黃帝敬受靈訣，專精行之，未逾一紀，而神獸先鑒，行氣使心，精步逾玄，含靈契理，入水不溺，入火不焚，氣運於內，神應於外，豈非至真哉。謹具《五藏玉軸圖》於後〔11〕：

肺藏圖

治肺當用呬，呬爲寫，吸爲補。夫肺者，兌之氣，金之精，其色白，其象如懸磬，其神如白狩〔12〕。肺主魄〔13〕，魄化爲玉童，長七寸，持杖往來於肺藏。其神多怒者，蓋發於肺藏也。欲安其魄而存其形者，則當收思斂欲，含仁育義，不怒其怒，不聲其聲，息其生則含〔14〕乎太和。肺合於大腸，上主於鼻。故人之肺有風，則鼻塞也。色枯者，肺乾也。人鼻痒者，肺有

蟲也。人之多怖者，魄離於肺也。人之體生白點者，肺微也。人之多聲者，肺強也。人之不耐寒者，肺勞也。好食辛者，肺不足也。顏色鮮白者，肺無他惡也。人大腸鳴者，肺氣壅也。夫肺主商，肺有疾，當用呬。呬，肺之氣也。其氣義則瘥疾，久以安神。人有怨怒填塞胸臆者，則呬而洩之，蓋自然之理也。向若不呬，必致傷敗，獲呬而獲生乎！故病用呬耳。夫人無苦用呬者，不祥也。夫肺處七宮驚〔15〕門，主信，使人方正平直。習武先忠，則魄安形全也。且肺者，秋之用事。秋三月，天地氣明，肅殺萬物，雀臥雞起，用安至精。公施抑怒改息，兩相形

長，秋之道也。逆之則傷肺。常以七月八月九月望旭旦，西面平坐，鳴天鼓七，飲玉漿三。然後瞑目，吸兌宮白氣入口吞之，以補呬之損。肺以正白之用，以致玉童餕，則神安思強，氣全兆體，百邪不能殃之，兵刃不能害之，延年益壽，名飛仙耳。蓋所謂補寫神氣、安息靈魄之所致哉！

心藏圖

治心當用呵，呵爲寫，吸爲補。夫心者，離之氣，火之精。其色赤，其象如蓮花，其神如朱雀。心主神，化爲玉女，身長八寸，持玉英出入於心府也。其神躁而無準，人之暴急者，蓋發於心藏也。欲安其神而全其形者，則全忠履孝，輔義安仁，止其風，靜其急，息其熾，澄其神，而全其形，則合中和也。心合乎小腸，主其血脉，上[16]於舌。人之血壅者，心驚也。舌不知味者，心虧也。上智者心有七孔，中智五孔，

下智三孔，明達者心有二孔，尋常者有一孔，愚癡者無孔也。多忘者，心神離也。好食苦者，心不足也。多悲者，心傷也。重應者，心亂也。面青黑者，心冰也。容色赤者，心無他惡也。夫心主徵，心有疾，當用呵。呵者，心氣也。理其氣體，呵能靜其心而和其神。所以人之心亂者則多呵，蓋天全之候也。人皆爲而不知哉！向若不呵，當致憤怒者也。故心疾用呵，除邪氣也。夫心處九宮驚門，主智[17]，使人樂善好施。恭孝以修仁，則心和而形全也。且夫心者，夏之用事也。天地氣交，萬物華結，亥寢丑起，無猒於養。英成實長，夏之德也。逆之則傷心。常以四月五月六月弦朔清旦，南面端坐，叩金梁九，漱玄泉三。靜思想，吸離宮之赤氣入口三吞之，以補呵之損。植其靈府，開心穴，餌離火，

濯玉女，神平體安，衆殃不害，金火不能傷，治神之靈也。

肝藏圖

治肝當用噓，噓爲寫，吸爲補。夫肝者，震之氣，水之精。其色青，其象如懸匏。肝主魂，其神如龍，化爲二玉女玉童，一青衣、一黃衣，各長七[18]寸，一負龍、一持玉漿，出入於肝藏也。其神好仁，人之行惠者，蓋發於肝也。欲安其魂而延其齡者，則當澤被芻棘，恩覃庶類，而後全其生，則合乎太清者也。肝合於膽[19]，上主於目，肝盛則目赤。又主於筋，肝虧則筋急。皮枯者，肝熱也。肌肉黑黯者，肝風也。好食醋味者，肝不足也。色青者，肝盛也。手足汗者，肝無他惡也。毛髮枯者，肝傷也。夫肝主角，故肝有疾者當用噓。噓

者，肝之氣也。其氣仁也，故除毀痛。人之有傷痛者，則噓之以止痛，皆自然之驗也，豈不以爲靈哉！此之至理也。通玄之道。且肝之主春，春之用事，春三月，天地氣生，萬物花葉繁茂，人及芻萌，順陽之道也。逆之，傷肝也。傷之，則毛骨不榮也。常以正月二月三月寅時，東向平坐，叩齒三通，閉氣七息。吸震宮之青氣三吞之，補噓之損，以享青帝之祀，以致二童之饌。木精乘王，則肝歡寡憂，精之妙也。

脾藏圖

治脾當用呼，呼爲寫，吸爲補。夫脾者，坤之氣，土之精。其色黃，狀如覆盆。脾主意，其神如鳳。化爲玉女，長六寸，循環於脾藏也。其神多嫉妬，人之疾妬，蓋起於脾藏也。土無正形，故妬之無準也。婦人則妬劇者，乘陰氣也。欲安其神，則當去欲寡色，少思屏慮，長其土德，而後全其生也，脾[20]合乎太陰。脾連胃，上主於口，消穀

之腑，如磨之轉，化生而入熟也。食不消者，脾不轉也，食堅硬之物，磨之不化也。人不欲食訖便臥，其脾則側，側則不轉。食堅物生食不化，則爲宿食之患也。故食不調則傷脾，脾藏不調則傷質，質神俱損，則傷人之速。故人之不欲食生硬堅澀之物，全人之道也。人不欲食，爲脾中有不化食也。多惑者，脾識不安也。多食者，脾虛也。食不下者，脾塞也。無顏色者，脾傷也。好食甘者，脾不足也。顏色鮮滑者，脾無他惡也。夫脾主於中宮土也。故脾之有疾當用呼，呼者能引脾疾。故人之中熱者，呼之以驅熱溫之弊也。向若不呼，則熱氣擁於內，陰氣

息於外，致憤悶之患，形何從而安哉！夫脾位寄於土宮，宮主義也。使人寬舒廣大，屈己濟人，以利不爭者也。且脾之無正形，寄王四季，隨六氣助成萬物。脾育腸胃，義之道也。不以自專爲德，不以物競爲功，長坤之理，逆之則傷脾。常以四季月末十八日旭旦，正坐中宮，禁氣五息，鳴天鼓七。吸土宮之黃氣入口五吞之，補呼之損。飲玉醴以致神之和，以補於脾，以佐神氣。則入山不畏虎狼，登險不懼顛蹶者，行氣之精也。

腎藏圖

治腎當用吹，吹爲寫，吸爲補。夫腎者，陰之精，坎之氣。其色黑，其象如圓石，其神如白鹿兩頭。化爲玉童，長一尺，出入於腎藏。其神和也，人之柔順者，蓋發於腎藏也。欲安其神，則當仁德平廣，膏潤萬物，長其精，順其志，而後全其生形，則合乎太清者也。腎合於骨，上主於齒。齒痛者，腎傷也。又主於耳。人之骨痛者，腎虛也。耳

不聞聲者，腎虧也。齒多楚者，腎虛也。齒黑齼[21]者，腎風也。耳痛者，腎氣壅也。腰不伸者，腎冰也。色黃者，腎衰也。容色紫光者，腎無他惡也。骨鳴者，腎羸也。夫腎主羽，氣，能瘳腎之疾。故人之積氣衝臆者，則強吹也。腎氣沉滯，吹徹則通。且腎者冬之用事，冬[22]三月，乾坤氣閉，萬物伏藏。戌寢寅起，與玄陰并。外陰內陽，以養骨齒，以治其神，逆之則傷腎。常以十月十一月十二月面北平坐，鳴金梁七，飲玉泉三。吸玄宮之黑氣入口九吞之。以補吹之損，以符呦鹿之詞，以致玉童之饌。益腎氣，神和體安，則羣袄莫害，可致長生之道矣。

膽藏圖

以前名五藏，加膽名六府。膽亦受水氣，與坎同道。膽有疾，當用嘻，嘻爲寫，吸爲補。圖形已附在肝藏。夫膽者，金之精，水之氣。其色青，其象如懸瓠，其神龜蛇。化爲玉童，長一尺，戟其手，奔馳於膽。其神勇，人之勇決者，蓋發於膽藏也。欲安其神，當息忿寢爭，與仁輔義，其後全生也。膽合於膀胱，上主於毛髮。毛髮枯者，膽損也。髮燥者，膽有風也。無懼者，膽洪大也。顏貌青光者，膽無他惡也。爪甲乾者，膽虧也。毛焦者，膽熱也。無事淚出者，膽勞也。好酸者，膽不足也。夫膽寄於坎宮，使人觀智慕

善，屏[23]邪去佞絶姦，治方直也。且膽者生於金，金主於武，故多勇，且抑之大吉。夫膽乘陰之氣，秉金之精，故主於殺。殺則悲，故人之悲者，金生於水，目中墮淚也。夫心主火，膽主水，火主辛，水主苦，所以人有弊者，即言辛苦，故爲水火二氣相背，則火得水而煎，陰陽交争，水勝於火，故目淚出淚流也。苦而出，故曰淚。夫悲啼號泣，其聲稱苦者，爲淚出於膽，而以苦爲詞也。膽，水也，而主於陰。目，明也，而主於陽。陰從陽，故從目出。常以孟月，端居正北，思吸玄宫之黑氣入口九吞之，以補嘻之損，以食龜蛇之味，飲玉童之漿。然後神治體和，顛不能犯，邪莫之向，膽氣所致也。

歧伯曰：夫人之受天地之元氣生。氣之來也謂之精，精之媾也謂之靈，靈之變也謂之神，神之化也謂之魂，隨魂往來謂之識[24]，並精出入謂之魄，管主精魄謂之心，心有所從謂之情，情有所屬謂之意[25]，意有所指謂之志，志有所憶謂之思，思而遠慕謂之慮，慮而用事謂之智，智者乃識見者也，蓋精神、魂魄、意志、思慮、情智、見識之所用也。

抱朴子曰：一人之身，含天地之象[26]，具在身矣。則胸脇爲宫室，四支爲郊境，頭圓象天，足方象地，左目爲日，右目爲月，髮爲星辰，齒爲金玉，大腸爲江河，小腸爲川瀆，兩乳臍膝爲五嶽，肝腎脾肺心爲五行，故修道者常理之。若不修緝，必致毁敗。營衛不通，血氣不流，齒髮不堅，五藏不調，則傾化隨及。故至人修其未毁，治其無疾也。

【校記】

〔1〕"鬼"後，《上清黄庭養神經》有"千年萬歲"四字。

〔2〕"直呼之神名字"，上書作"呼直日神"。

〔3〕"縣官"，上書作"官司"，下同。

〔4〕"官符口舌，悉皆解散"，上書作"口舌相向，悉皆和解"。

〔5〕此句後，上書有"所求如意，又每日所"八字。

〔6〕"契"，上書作"喫"。

〔7〕"飛尸",上書作"非尸"。

〔8〕"闇"字原無,據上書及下文增。

〔9〕"萬病悉能立愈"六字原缺,據上書增。

〔10〕"天尊曰人之生也"七字原無,據《上清黃庭五藏六府真人玉軸經》增。

〔11〕以上九字,上書作"黃帝行是祕法,補六府陶錬五精,吐故納新,真氣即徹,後託鑄鼎驪山,并仙去矣。五藏六府圖文"三十七字。

〔12〕"狩",上書作"獸"。

〔13〕"主魄",上書作"生"。

〔14〕"含",上書作"合"。

〔15〕"驚",上書作"京"。

〔16〕"上"字後,上書有"主"字。

〔17〕"智",上書作"禮"。

〔18〕"七",上書作"一"。

〔19〕"膽",上書作"膝"。

〔20〕"脾",上書作"則"。

〔21〕"䶍",上書作"齡",疑作"齫",《說文》云"齫,齒差也"。

〔22〕"冬"字原無,據《上清黃庭五藏六府真人玉軸經》增。

〔23〕"屏"原作"併",據上書改。

〔24〕以上五句二十八字,《黃帝內經·靈樞·本神》作"故生之來謂之精,兩精相搏謂之神,隨神往來者謂之魂"。

〔25〕以上二句十四字,上書作"心有所憶謂之意"。

〔26〕"含天地之象",《抱朴子·地真篇》作"一國之象",以下文字亦有不同。

雲笈七籤卷之十五

三洞經教部

經

黃帝陰符經叙

《陰符》自黃帝有之，蓋聖人體天用道之機也。經曰：得機者[1]萬變而愈盛，以至於王；失機者萬變而愈衰，以至於亡。厥後伊吕得其末分，猶足以拯生靈，況聖人乎！其文簡，其義玄。凡有先聖數家注解，互相隱顯，後學難精。雖有所主者，若登天無階耳。近代李筌假託妖巫，妄爲注述，徒參人事，殊紊至源。不愍窺管之微，輒呈酌海之見。使小人竊窺，自謂得天機也。悲哉！臣固愚昧，嘗謂不然，朝願聞道，夕死無悔。偶於道經藏中，得《陰符傳》，不知何代人製也。詞理玄邈，如契自然。臣遂編之，附而入注。冀將來之君子，不失道旨。

黃帝陰符經 張果註解

經曰：觀天之道，執天之行，盡矣。

觀自然之道，無所觀也。不觀之以目，而觀之以心。心深微而無所不見，故能照自然之性。性惟深微而能照，其斯謂之[2]陰。執自然之行，無所執也。故不執之以手，而執之以機。機變通而無所繫，故能契自然之理。夫惟變通而能契，斯謂之符。照之以心，契之以機，而《陰符》之義盡矣。李筌以陰爲暗，符爲合，以此文爲序首，何昧之至也。

故天有五賊，見之者昌。

五賊者，命、物、時、功、神也。傳曰：聖人之理，圖大而不顧其細，體瑜而不掩其瑕。故居夷則遵[3]道布德以化之，履險則用權發機以拯之。務在匡天地，謀在濟人倫。於是用大義除天下之害，用大仁興天下之利，用至正揩天下之枉，用至公平天下之私。故反經合道之謀，其名有五。聖人禪之，乃謂之賊；天下賴之，則謂之德。故賊天之命，人知其天而不知其賊，黃帝所以代炎帝也。賊天之物，人知其天而不知其賊，帝堯所以代帝摯也。賊天之時，人知其天而不知其賊，帝舜所以代帝堯也。賊天之功，人知其天而不知其賊，大禹所以代帝舜也。賊天之神，人知其天而不知其賊，殷湯所以革夏命也，周武所以革殷命也。故見之者昌，自然而昌也。太公以賊命爲用昧，以取其喻也。李筌不悟，以黃帝賊少女之命白日上騰爲非也。

五賊在乎心，施行在乎天，宇宙在乎手，萬化生乎身。

傳曰：其立德明，其用機妙，發之於內，見之於外而已矣。豈稱兵革以作寇亂哉！見其機而執之，雖宇宙之大，不離乎掌握，況其小者乎！知其神而體之，雖萬物之衆，不能出其胸臆，況其寡者乎！自然造化之力，而我有之，不亦盛乎！不亦大乎！李筌等以五賊爲五味，順之可以神仙不死，誣道之甚也。

天性人也，人心機也。立天之道，以定人也。

傳曰：人謂天性，機謂人心。人性本自玄合，故聖人能體五賊也。

天發殺機，龍蛇起陸。人發殺機，天地反覆。

傳曰：天機張而不生，天機弛而不死。天有弛張，用有否臧。張則殺威行，弛則殺威亡。人之機亦然。天以氣爲威，人以德爲機。秋冬陰氣嚴凝，天之張殺機也，故龍蛇畏而蟄伏。冬謝春來，陰退陽長，天之弛殺機也，故龍蛇悅而振起。天有寒暄，德亦有寒暄。德刑整肅，君之張殺機也，故臣[4]下畏而服從。德失刑偏，君之弛殺機也，故姦雄悦而馳騁。位有尊卑，象乎天地。故曰："天發殺機，龍蛇起陸。"寇亂所由作。"人發殺機，天地反覆。"尊卑由是革也。太公諸葛亮等以殺人過萬，大風暴起，晝若暝，以爲天地反覆，其失甚矣。

天人合德[5]，萬變定基。

傳曰：天以禍福之機運於上，君以利害之機動於下。故有德者萬變而愈盛，以至於王；無德者萬化而愈衰，以至於亡。故曰："天人合德，萬變定基。"自然而然也[6]。

性有巧拙，可以伏藏。

傳曰：聖人之性，巧於用智，拙於用力[7]。居窮行險，則謀道以濟之；對強與明，則伏[8]義以退避之。理國必以是，用師亦以是。

九竅之邪，在乎三要，可以動靜。

傳曰：九竅之用，三要爲機。三要者，機、情、性也。機之則無不安，情之則無不邪，性之則無不正。故聖人動以伏其情，靜以常其性，樂以定其機。小人反此，故下文云：太公以[9]三要爲耳目口，李筌爲心神志[10]，皆忘機也。俱失《陰符》之正意[11]。

火生於木，禍發必尅。姦生於國，時動必潰。知之修鍊，謂之聖人。

傳曰：夫木性靜，動而生火，不覺火盛，而焚其質。由人之性靜，動而生姦，不覺姦成，而亂其國。夫明者見彼之隙以設其機，智者知彼之病以圖其利，則天下之人，彼愚而我聖。是以生者自謂得其生，死者自謂得其死。無爲無不爲，得道之理也。天生天殺，道之理也[12]。

天地，萬物之盜；萬物，人之盜；人，萬物之盜。三盜既宜，三才既安。

傳曰：天地以陰陽之氣化爲萬物，萬物不知其盜；萬物以美惡之味饗人，人不知其盜；人以利害之謨制萬物，萬物不知其盜。三盜玄合於人心，三才靜順於天理。有若時然後食，終身無不愈；機然後動，庶類無不安。食不得其時，動不得其機，殆至滅亡。

故曰：食其時，百骸治；動其機，萬化安。人知其神而神，不知其神[13]所以神也。

傳曰：時人不知其盜之爲盜，只謂神之能神。鬼谷子曰：彼此不覺謂之神，蓋用微之功著矣。李筌不知此文意通三盜，別以聖人愚人爲喻，何甚謬也。

日月有數，大小有定，聖功生焉，神明出焉。

傳曰：日月有准，運數也；大小有定，君臣也。觀天之時，察人之事，執人之機，如是則聖得以功，神得以明。心冥[14]理合，安之善也。筌以度數爲日月，以餘分爲大小，以神氣能生聖功神明，錯謬之甚也。

其盜機也，天下莫能見莫能知也。君子得之固躬[15]，小人得之輕命。

傳曰：其盜微而動，所施甚明博，所行極玄妙。君子用之，達則兼濟天下，太公其人也。窮則獨善一身，夫子其人也。豈非擇利之能審乎！小人用之，則惑名而[16]失其身，大夫種之謂歟！得利而亡義，李斯之謂歟！豈非信道之不篤焉。

瞽者善聽，聾者善視。絕利一源，用師十倍。三返晝夜，用師萬倍。

傳曰：瞽者善於聽，忘色審聲，所以致其聰。聾者善於視，遺耳專目，所以致其明。故能十衆之功。一晝之中，三而行之，所以至也。一夜之中，三而思之，所以精也。故能用萬衆之人。李筌不知師是衆，以爲兵師，誤也。

心生於物死於物，機在於目。

傳曰：心有愛惡之情，物有否臧之用。目視而察之於外，心應而度之於內，善則從而行之，否則違而止之，所以勸善而懲惡也。筌以項羽昧[17]機，心生於物；以苻堅見機，心死於物。殊不知有否臧之用。

天之無恩，而大恩生。迅雷烈風，莫不蠢然。

傳曰：天以凶象咎徵見人，人能儆戒以修德；地以迅雷烈風動人，人能恐懼以致福；其無恩而生大恩之謂也。李筌以天地不仁爲大恩，以萬物歸於天爲蠢然，與《陰符》本意殊背。

至樂性餘，至靜性廉。

傳曰：情未發謂之中，守中謂之常，則樂得其志而性有餘矣。性安常謂之自足，則靜得其志而廉常足矣。筌以奢爲樂性，以廉爲靜，殊乖至道之意。

天之至私，用之至公。

傳曰：自然之理，微而不可知，私之至也。自然之功，明而不可違，公之至也。聖人體之亦然。筌引《孫子》云："視卒如愛子，故可與[18]之俱死。"何也？

禽之制在氣。

傳曰：禽物以氣，制之以機，豈用小大之力乎？太公曰：豈以小大而相制哉。筌不知禽義[19]，誤以禽獸注解。引云：玄龜食蛇、黃腰唊虎之類爲是。悲哉！

生者死之根，死者生之根。恩生於害，害生於恩。

生者[20]，人之所愛。以其[21]厚於身太過，則道喪而死自來矣。死者，人之所惡，以其損[22]於事至明，則道存而生自固矣。福理所及謂之恩，禍亂所及謂之害，損己則爲物之所益，害之生恩也。筌引《孫子》用兵爲生死，丁公管仲爲恩害，異哉！

愚人以天地文理聖，我以時物文理哲。人以虞愚，我以不虞聖[23]。人以期其聖，我以不期其聖。

傳曰：觀天之運四時，察地之化萬物，無所不知，而蔽之以無知。小恩於人，以蒙自養之謂也。知四時之行，知萬物之生，皆自然也。故聖人於我，以中自居之謂也。故曰死生在我而已矣！人之死亡，譬如沈水自溺，投火自焚，自取滅亡。理國以道，在於損其事而已。理軍以權，在於亡其兵而已。故無死機則不死矣，鬼神其如我何！聖人修身以安其家，理國以平天下，在乎立生機以自去其死，性者生之機也；除死機以取其生，情者死之機也。筌不瞭天道以愚人聖人體道，愚昧之人而驗天道，失之甚也。
故曰沈水入火，自取滅亡。
　　注在上矣。
自然之道靜，故天地萬物生。
　　傳曰：自然之道，無爲而無不爲，動靜皆得其性，靜之至也。靜故能立天地、生萬物，自然而然也。伊尹曰：靜之至，不知所以生也。
天地之道浸，故陰陽勝。
　　傳曰：浸，微也。天地之道，體著而用微，變通莫不歸於正，微之漸也。微漸故能分陰陽，成四時，至剛至順之謂也[24]。
陰陽相推，而變化順矣。
　　傳曰：聖人變化，順陰陽之機。天地之位自然，故因自然而冥之，利自然而用之，莫不得自然之道也。
是故聖人知自然之道不可違，因而制之。
　　注在上文。
至靜之道，律曆所不能契。
　　傳曰：道之至靜也，律曆因而制之，不能叶其中，鳥獸[25]之謂也。
爰有奇器，是生萬象，八卦甲子，神機鬼藏。
　　傳曰：八卦變異之伎，從是而生。上則萬象，下則萬機。用八卦而體天，用九疇而法地。參之以氣候，貫之以甲子，達之以神機，閉之以詭藏，奇譎之蕩自然也。
陰陽相勝之術，昭昭乎進乎象矣。
　　傳曰：陰陽相勝之術恒[26]微，而不違乎本明之信，可明，故能通乎精曜象矣。

　　　　天機經解《陰符》也[27]

　　敘曰：有機而無其人者敗，有其人而無其道者敗。故《易》曰：

"即鹿無虞，惟入于林中，君子幾不如舍，往吝。"故聖人觀其時而用其符，應其機而制其事。故能運生殺於掌内，成功業於天下者也。《易》曰："君子藏器於身，待時而動。"是以聖人保之於靈臺，以觀機變。卷之則自勝，舒之則勝人。察之則無形，用之則不極。《易》曰："陰陽不測之謂神。"而《陰符》象之矣。故聖人不測之符，陶均天下而無所歸怨矣。夫天爲地主，道爲德君，故聖人奉地而法天，立德而行道，舉天道而爲經首，明地以奉之。《易》曰："乃順承天"，"待時而動"。是故聖人將欲施爲，必先觀天道之盈虛，後執而行之。舉事應機，則無遺策。《易》曰："後天而奉天時。"

昌

夫聖人法地而奉天，立德而行道，居天地道德之間，建莫大之功者，未有不因五賊而成也。五賊者：其一賊命，其二賊物，其三賊時，其四賊功，其五賊神。皇帝王霸，權變之道也，是以聖人觀其機而應之，度其時而用之。故太公立霸典而滅殷朝，行王風而理周室，豈不隨時應機，驅馳五賊者也。故聖人立本於皇王之中，應機於權霸之内，經邦治身，五賊者備矣，則天下望風而從之，竭其性命而無所歸其恩怨也。乃謂之曰：有道之盜，無形之兵。嗚呼！寇莫大焉。五賊在心，擒縱在手，治身佐世，莫尚於斯。經云："見之者昌。"不亦宜乎。

身

術曰：夫人心，身之主，魂之宫，魄之府。將欲施行五賊者，莫尚乎心。事有所圖，必合天道。此則宇宙雖廣，覽之只在於掌中；萬物雖多，生殺不離於術内。則明天地不足貴以遠以厚，而况耳目之前乎。

機

夫殺機者，兩朝終始之萌，萬人生死之兆，處雲雷未泰之日，玄黄流血之時。故天之爲變也，則龍出于田，蛇游乎路，此爲交戰之機，故曰"龍蛇起陸"。人之爲變也，則春行秋令，賞逆罰忠，此爲顛墮之機，故曰"天地反覆"。天人之機，同時而發，雖千變萬化，成敗之機定矣！

藏

　　夫仁者必有勇，勇者不必有仁。智者能愚，愚者不必能智。故聖人時通則見其巧而建其功，時否則見其拙而昧其跡。故孔明序曰："太公八十，非不遇也，蓋審其主焉。"嗚呼！性命巧拙之時，識達行藏之勢，可以觀變察機，運用五賊。所以然者，夫聖人所以深衷遠照，動不失機，觀天料人，應時而作。故《易》曰："知進退存亡，而不失其正者，其惟聖人乎！"

静

　　夫九竅者，在天爲九星，在地爲九州，在人爲九竅。九竅之氣不正，故曰受邪。受邪則識用偏，識用偏則不可發機觀變。故"九竅之急〔28〕，在乎三要"。太公曰："耳目口也。"夫耳目口者，心之佐助也，神之門户也，智之樞機也，人之禍福也。故耳無聰不能別其音，目無明不能見其機，口無度不能施其令。夫三要不精，上不能治國，下不能治家，況兵者乎！懸人之性命，爲國之存亡，静動之間，不得無事，豈可輕而用之。

人

　　夫火生於木，火發而木焚。姦生於國〔29〕，姦深則國亂。亦猶蠱能作蠱，蠱成則殺其身。人能生事，事煩則害其命。非至聖不能修身鍊行，防之於未萌，治之於未亂。夫十圍之木，起於拱把；百仞之臺，起於足下。治小惡不懼，必成大禍。嗚呼！木不相摩，火無由出；國無亂政，姦無由生。有始有終，是非不動，能知之其惟聖人乎！

安

　　萬物盜天地之精以生成，人盜萬物之形以御用，萬物盜人之力以種植，彼此相盜，各獲其宜，俱不知爲萬物化。故能用機者法此三事，以道之盜而賊於物，物亦知爲盜之道。所以然者，貴得其時也，貴得其機也。故曰：合其時而食，則百骸治；應其機而動，則萬化安。乖時失機，則禍亂生也。

神

老君曰："功成不有"，"爲而不恃"。此全生立德之本也。夫小人者，貪其財則以身徇利，愛其名則以力争功，矜衒神跡而求神名，物共嫉之，必喪其命。欲益招損，是不神矣！夫君子建大功而不恃，防小禍於未萌，退己進人，推能讓物，物共戴之，故不奪其利。自發神智，不能争物，物共讓之，不居其後。爲損招益，是以至神矣！故老君曰："爲者敗之，執者失之。"誠哉言也。

聖

假如千年一聖，五百年一賢，應日月之數所生，而大小之人定矣。夫大人出世，應明德而建聖功；小人當時，則廢正綱而生禍亂。故太公說於西伯，知人望而已歸周；劉琨表於琅琊，識天時而未離晉；陵母自死，知明主之必興；括母不誅，見趙軍之必敗。故天道人事，賢者可以預知。佐非其人，夷於九族。故《易》曰："長子帥師"，"開國成〔30〕家，小人勿用"，必亂邦也。

命

夫成敗之道未形，死生之機未發，小人能見，君子能知，則易見而難知，見近而知遠也。夫見機者則趨時而就利，皆不保其天年；知機者則原始而要終，固必全其性命。

倍

瞽者善聽，神不離於耳；聾者善視，心不離於目。其爲聽也，神則專耳；其爲視也，心則專目。耳之與目，遞爲用師，當用之時，利絕其一。心之所主，則無事不精，猶有十倍之利，何況反覆以此用之三思，精誠一計，順時隱顯，應機行藏。以此用師，固萬倍之勝利。

物

夫人之心，無故不動。生之與死，緣物而然。物動則心生，物靜則心死。生死之狀，其惟物乎！

目

目者神之門，神者心之主。神之出入，莫不游乎目。故見機者莫不尚乎目，能知機者莫不尚乎心。

蠢然

夫道不爲萬物而生春，萬物感春氣而自生。秋不爲萬物而殺，萬物感秋氣而自殺。其爲生也，不恃其恩，不求其報，故其恩大矣。其爲殺也，不恃其威，不求其懼，其威大矣。凡物取而得之者小，不取而得之者大，故聖人不取。夫君王有道無道，則人民治亂之機；謠謠或樂或哀，則時年豐儉之兆。時人不能省察，天地乃降徵祥。或五雲騰起，七曜變行，皆因國風，是以然矣。且宋君失德，熒惑守心。及乎謝愆，退之三舍。用今儔古，皎在目前；以彼喻斯，豈勞心術。故智者悟於人事之初，而愚者晦於星象之後矣。

生

老君以無爲有母，靜爲躁君。夫靜者，元氣未分之初，形於元氣之中，故能生天地萬物。亦猶人弘靜，其心不撓，則能生天下萬物也。

勝

勝，浸長也。天地之道，各自浸長。天則長陽也，地則長陰也。陰陽相招，一晝一夜，遞爲君臣，更相制勝，故曰"陰陽相勝"。夫開國用師，必侵天道，亦猶金火相交，而非交不伏也。天且弗違，而況於人乎！

順

《易》曰：剛柔相摩[31]而生變化。變化不愆，故曰順也。夫人之育身治性，尚不可逆時爲之，而況經邦佐世之雄哉！

契

至聖之道，窈然無爲。無爲則無機，無機則至靜。夫律曆之妙，動則能知。體既虛無，莫得施其管術。亦猶兵者不失其機，不露其釁，雖有智士，從何制焉！

象

奇器者，陰陽之故，能生萬物，亦猶人心能造萬事象矣。"進"，前象狀也，八卦六甲鬼神機密之事，剛柔相制之術，昭昭乎前列其狀矣！

【校記】

〔1〕"經曰得機者"，本卷下文"天人合德，萬變定基"註文作"傳曰……有德者"，其下"失機者"作"無德者"。

〔2〕"謂之"，《道藏》本張果《黃帝陰符經注》（下稱《道藏》本）、《輯要》本張果《黃帝陰符經注》（下稱《輯要》本）作"之謂"，下同。

〔3〕"遵"，上二本作"導"。

〔4〕"臣"原作"以"，據上二本改。

〔5〕"德"，上二本作"發"。

〔6〕"故曰"至"自然而然也"，上二本作"萬變定基，自然而定"。

〔7〕以上五字，上二本無。

〔8〕"伏"，上二本作"行"。

〔9〕"以"原作"爲"，據《道藏》本改。

〔10〕"志"，上本作"息"。

〔11〕以上三十字，《輯要》本作"故下文云：君子得之固躬，小人得之輕命"。

〔12〕"天生天殺，道之理也"，《道藏》本、《輯要》本作正文。

〔13〕"神"，上二本作"不神"。

〔14〕"冥"，上二本作"宜"。

〔15〕"躬"，《輯要》本《雲笈七籤》作"窮"。

〔16〕"惑名而"三字，《道藏》本、《輯要》本無。

〔17〕"昧"，上二本作"目"。

〔18〕"故可與"原作"可以"，據《孫子·地形篇》改。

〔19〕"笙不知擒義"後原有"之"字，據《道藏》本刪，《輯要》本無此句，《輯要》本《雲笈七籤》作"笙不知擒之義"。

〔20〕"生者"前疑脫"傳曰"二字。

〔21〕"以其"二字，《道藏》本、《輯要》本無。

〔22〕"以其損"三字，《道藏》本無，《輯要》本作"審"。

〔23〕以上二句，《輯要》本作"人以愚虞聖，我以不愚虞聖"。"不虞"，《道藏》本作"不愚"。

〔24〕"至剛至順之謂也"，《道藏》本、《輯要》本作"之至順也"。

〔25〕"獸"後，上二本有"居"字。

〔26〕"恒"，上二本作"坦"。

〔27〕"解陰符也"四字，《道藏》本無。

〔28〕"急"，《陰符經》作"邪"。

〔29〕"姦生於國"原作"國生於姦"，據上書改。

〔30〕"成"，《易經·師卦》作"承"。

〔31〕"摩"，《易·繫辭上》作"推"。

雲笈七籤卷之十六

三洞經教部

經

靈寶洞玄[1]自然九天生神章經一名《三寶大有金書》

天寶君者，則大洞之尊神，天寶丈人則天寶君之祖氣也。丈人是混洞太無元高上玉皇之氣，九萬九千九百九十億萬氣後，至龍漢元年，化生天寶君，出書，時號高上大有玉清宮。

靈寶君者，則洞玄之尊神，靈寶丈人則靈寶君之祖氣也。丈人是赤混太無元玄上紫虛[2]之氣，九萬九千九百九十九萬氣後，至龍漢開圖，化生靈寶君。經一劫，至赤明元年，出書度人，時號上清玄都玉京七寶紫微宮。

神寶君者，即洞神之尊神，神寶丈人則神寶君之祖氣也。丈人是冥寂玄通元無上玉虛[3]之氣，九萬九千九百九十萬氣後，至赤明元年，化生神寶君。經二劫，至上皇元年，出書，時號三皇洞神太清太極宮。

此三號雖年殊號異，本同一也，分爲玄元始三氣而治。三寶皆三氣之尊神，號生三氣，三號合生九氣。九氣出乎太空之先，隱乎空洞之中，無光無像，無形無名，無色無緒，無音無聲。導運御世，開闢玄通。三色混沌，乍存乍亡。運推數極，三氣開光。氣清高澄，積陽成天；氣結凝滓，積滯成地。九氣列正，日月星宿，陰陽五行，人民品物，並受生成。天地萬化，自非三元所育，九氣所導，莫能生也。三氣爲萬物之根，故三合成德，天地之極也。人之受生於胞胎之中，三元育養，九氣結形。故九月神布，氣滿能聲，聲尚神具[4]，九天稱慶。太一執符，帝君品命，主錄勒籍，司命定筭，五帝監生，聖母衛房，天神地祇，三界備守。九天司馬在庭，東向讀《九天生神寶章》九過。男則萬神唱恭，女則萬神唱奉，男則司命敬諾，女則司命敬順，於是而生。九天司馬不下命章，萬神不唱恭諾，終不生也。夫人得還生於人道，濯形太陽，驚天駭地，貴亦難勝，天真地神，三界齊臨，亦不輕也。當生之時，亦不爲陋也。所以能愛其形，保其神，貴其氣，固其根，終不死壞，而得神仙，骨肉同飛，上登三清，是與三氣合德，九氣齊并也。但人得生，而自不能尊其氣，貴其形，寶其命，愛其神，自取死壞，離其本真耳。

《九天生神章》乃三洞飛玄之氣，三合成音，結成靈文，混合百神，隱韻内名，生氣結形，自然之章。天寶誦之以開天地之光，靈寶誦之以開九幽長夜之魂，神寶誦之以制萬靈，太一誦之以具身神，帝君誦之以結形，九天誦之以生人，學士誦之以昇天，鬼靈聞之以昇遷，凡夫聞之以長存，幽魂聞之以開度，枯朽聞之以發煙，嬰孩聞之以能言，死骸聞之以還人。三寶神奧，萬品生根，故非鬼神所知，凡夫所聞也。夫學上道，希慕神仙，及得尸解，滅度轉輪，終歸仙道，形與神同，不相遠離，俱入道真。而無此文，則胞胎結滯，死氣固根，真景不守，生氣無津，九户閴塞，體不生神，徒受一形，若寄氣而行。學得此法，可坐致自然。三寶尊重，九天至真，祕之大有九重金格紫陽玉臺，自非天地一開，其文不出。元始禁書，非鬼神所聞。竊之者風刀萬劫，魂死無生。依科奉法[5]，形神同仙。三元宮中，宿有金名，紫字刻書，來生應爲三清神仙之人，當得此文。有其緣會，當齎金寶，奉師效心，依科盟受，閉心奉行，慎勿輕泄，風刀考身。

修行之法，千日長齋，不關人事，諸塵漏盡，夷心默念，清心[6]執戒，入室東向，叩齒九通，調聲正氣，誦詠寶章。誦之一過，聲聞九天；誦之二過，天地設恭；誦之三過，三界禮房；誦之四過，天王降仙；誦之五過，五帝朝真；誦之六過，魔王束身；誦之七過，星宿停關；誦之八過，幽夜光明；誦之九過，諸天下臨，一切神靈，莫不衞軒。一過徹天，胞原宣通；二過響地，胎結解根；三過神禮，魂門練仙；四過天王降仙，魄戶閉關；五過五帝朝真，藏府清涼；六過魔王伏諾，胃管生津；七過星宿朗明，孔竅開聰[7]；八過幽夜顯光，三部八景，整具形神；九過諸天下臨，三關五藏，六府九宮，金樓玉室，十二重門，紫戶玉閣，三萬六千關節，根原本始，一時生神。九徧爲一過，一過周竟，三界舉名，五帝友別，稱爲真人。十過通氣，制御萬靈，魔王保舉，列上諸天。百過通神，坐致自然，太一度符，元君受生。千過通靈，坐在立亡，仙童玉女，役使東西。萬過道備，馳騁龍駕，白日登晨。

元始天尊時靜處閑居，偃息雲宮黃房之內七寶幢中，熙夷養素，空碧鍊真，耽咀洞惠，俯研生神，理微太混，嘯朗九天。是時飛天大聖無極神王、玉輔上宰、四協侍晨，清齋建節，侍在側焉。憑瓊顏而妙感，仰靈眸而開衿，竊神章而踴躍，餐天音而蒙生，敢乘機而悟會，冒靈盻而披心。於是飛天大聖無極神王前進作禮，稽首而言，上白天尊："賤臣幸會，得仰侍靈軒，不以短狹，叮濯冥津，重悟凝玄，位登神王，總御生死，領括天仙，賞監七覺，遠覽遐方，雍觀上宰，對司侍晨。方當乘機應會，履九太陽，洞理陰符，撫掌兆民。大運將期，數終甲申，洪流蕩穢，凶災彌天，三官鼓筆，料別種人，考筭功過，善惡當分。自赤明以來，至上皇元年，依元陽玉匱，受度者應二十四萬人。開皇以後，數至甲申，諸天選叙，仙曹空廢，官僚不充，遊散職司，皆應選人。依元陽《玉曆》，當於三代更料，有心積善建功，爲三界所舉，五帝所保，名在上天者，取十萬人以充其任，又當別舉一十二萬人以充儲官。如此之例：或以宿名玄圖；或骨像合仙；或以滅度，因緣轉輪；或以篤好三寶，善功徹天；或供養師寶[8]，爲三官所稱；或修齋奉戒，功德積感；或施散財寶，建立道堂；或救卹窮乏，載度天人；或爲三師建功充足，天官有名。考筭簿録，三官相應，皆逆注種名，上下有別，毫分無遺。又九幽之府，被東華青宮九龍符命，使拔九幽玉匱男女死魂，宿名有善，功德滿足，應受開度者，取三十二萬人，以充甲申驅除之後，開大有之民。當此之時，生死交會，善惡分判，得過者真爲樂哉！然三官相切，文墨紛紜，龍門受會，烏母督仙，萬聖顯駕，晝夜無閑，功過平等，使生死無偏，此之昏闇，亦臣之憂矣！大期既切，觸事闕替，恒恐一旦，受罪公門。伏聞天尊造大慈之化，垂憐蒼生；開九天之奧，以濟兆民。《明科》有禁戒，非賤臣所可參聞。然大數有期，甲申垂終，運度促急，大法宜行。使有心者得於考筭之中，聞於法音，開示於視聽，勸化於未悟者也。緣茲上陳，懼觸天顏，願見哀愍，賜所未聞。"

於是天尊撫机高亢，凝神遐想，仰誦洞章，嘯詠琳琅。良久，忽然歎曰："上範虛漠，理微太幽，道達重玄，氣冠神霄，至極難言，妙亦難超。子既司帝位，受任神王，飛天翼於瓊闕，四宰輔於明輪，遐盼極覽，領綜無窮，雍和萬化，撫料蒼生。今大運啓期，三五告辰。百六應機，陽九激揚，洪泉鼓波，萬災厲天。四宮選舉，以充種民。三代昏亂，善惡宜分，子當勞心兆庶，疲於三官。興廢之際，事須開能，今以相委，其勉之焉！寶書妙重，九天靈音，施於上聖，非鬼神所聞。《明真》有格，四萬劫一行，今冒禁相付，子祕之矣，慎勿輕傳。"登命九天司馬、侍仙玉郎，開紫陽玉笈雲錦之囊，出《九天生神玉章》，四輔別位，五老監真，太一命辰，玉帝唱盟，一依俯仰《明真》具典，南向長跪，以付飛天無極神王。法事既畢，諸天復位。

天尊重告飛天神王："此九天之章，乃三洞飛玄之氣，三會成音，結成真文，混合百神，隱韻内名。故太一試觀，攝生十方，領會洞虛，啓誓丹青。自無億劫因緣，宿名帝圖，不得參見。得眄篇目，九祖同仙。當採擇其人應爲仙者，七百年中，清齋千日，齎金繒誓心，依盟以傳。慎之則享祚，漏之則禍臻。享祚則福延九祖，德重山海；招禍則考流億劫，痛於毒湯。風刀相刑，可不慎之焉！"

鬱單無量天生神章第一

帝真胞命元元一黃演之氣

混合空洞氣，飛爽浮幽寥。延康無期劫，眇眇離本條。苦魂沈九夜，乘晨希陽翹。大有通玄戶，鬱單降晨霄。黃雲凝靈府，陰陽氣象交。胞元結長命，惡根應化消。桃康合精延，二帝秀玉飄。灌溉胞命門，精練神不凋。九天命靈章，生神神自超。元君遏死路，司馬誦洞謠。一唱萬真和，九徧諸天朝。稽首恭劫年，慶此榮舊苗。

上上禪善無量壽天生神章第二

帝真胎命元洞冥紫戶之氣

無量結紫戶，氣尊天中王。開度飛玄爽，凝化輪空洞。故根離昔愛，緣本思舊宗。幽夜淪遐劫，對盡大運通。帝真始明精，號曰字元陽。嬰兒史伯華[9]，結胎守黃房。斬根斷死戶，熙頤養嬰童。禪善導靈氣，玄哺飛天芳。華景秀玉質，精練自成容。務玄育尚生，羅列備明堂。太虛感靈會，命我《生神章》。一唱動九玄，二誦天地通。混合自相和，九徧成人功。大聖慶元吉，散華禮太空。諸天並歡悅，一切稽首恭。

梵監須延天生神章第三

帝真魂命元長靈明仙之氣

須延總三雲，玄元始氣分。落落大範布，華京翠玉尊。明梵飛玄景，開度長夜魂。遊爽赴期歸，氣氣反故根。太帝號陽堂，字曰八靈君。九關祿迴道[10]，胎氣生上元。陵梵度命籍，太一輔精延。泥丸敷帝度，三部八景分。魂生攝遊氣，九轉自成仙。琅琅九天音，《玉章》生萬神。三遍列正位，氣糸八辰門。玄關遏死戶，靈鎮津液源。應會感靈數，明道潛迴輪。慶此嬰兒蛻，稽首讚洞文。

寂然兜術天生神章第四

帝真魄命元碭尸冥演由之氣

寂然無色宗，兜術抗大羅。靈化四景分，萬條翠朱霞。遊魄不顧反，一逝洞羣魔。神公攝遊氣，飄飄練素華。榮秀椿劫期，乘運應靈圖。空洞《生神章》，瓊音逸九霞。一唱萬真會，騫爽合成家。九轉景靈備，鬱鬱曜玉葩。兜術開大有，一慶享祚多。上聖迴帝駕，嬰兒歔以歌。不勝良晨會，一切稽首和。

波羅尼密不驕樂天生神章第五

帝真藏府命元五仙中靈之氣

黱黱五帝駕，飄飄玄上門。遊步黃華野，迴靈驕樂端。採集飛空景，舊爽多不存。太微迴黃旗，無英命靈旛。攝召長夜府，開度受生魂。公子輔黃寧，總錄具形神。《玉章》洞幽靈，五轉天地分。氣鍊元藏府，紫戶自生仙。數周衆真會，啓陽應感繁。玉女灌五香，聖母慶萬年。三界並歡樂，稽首禮天尊。

洞元化應聲天生神章第六

帝真靈府命元高真沖融之氣

應聲無色界，霄映冠十方。迴化輪無影，冥期趣道場。靈駕不待彎，朗然《生神章》。空洞諒無崖，玄爽亦爲彊。練胎反本初，長乘飛玄梁。蘄畜喪天真，散思候履常。斬伐胞樹滯，心遊超上京。願會既玄玄，悟我理兼忘。界福九天端，交禮地辰良。混化歸元一，高結元始王[11]。稽首儔靈運，長謝囂塵張。

靈化梵輔天[12]生神章第七

帝真元府命元高仙洞笈之氣

玄會統無崖，混氣歸梵輔。務獸運靈化，潛推無寒暑。乘數構真[13]條，振袂拂輕羽。瓊房有妙韻，汎登高神所。圓輪無停映，真仙森列序。上上霄衢邈，洞元深萬巨。秀葉翳翠霞，停蔭清泠渚。遨翫怡五神，繁想嘯明侶。五難緣理去，沖心自怡處。爽魂隨本根，亹亹空中處。七誦重關開，豁滯非神武。運通由中發，高唱稽首舉。

高虛清明天生神章第八

帝真華府命元真靈化凝之氣

清明重霄上，合期慶雲際。《玉章》散沖心，孤景要靈會。煥落景霞布，神矜靡不邁。玉條流逸響，從容虛妙話。靈音振空洞，九玄離幽裔。感爽無凝滯，去留如解帶。明識《生神章》，高遊無終敗。玄景曜雲衢，跡超神方外。應感無方圓，聊以運四大。研心稽首誦，衆聖共稱快。

無想無結無愛天生神章第九

帝真神府命元自然玄照之氣

無結固無情，玄玄虛中澄。輪化無方序，數來亦叵乘。誰云無色平？峩峩多丘陵。冥心縱一徃，高期清神徵。良遇非年歲，劫數安可稱？浮爽緣故條，反胎自有恒。靈感洞太虛，飛步霄上冰。津趣鼓萬流，潛凝真神登。無愛固無憂，高觀稽首昇。

太極真人頌二首

大道雖無心，可以有情求。佇駕空洞中，迴眄翳滄流。淨明三界外，蕭蕭玉京遊。自無玄挺運，誰能悟冥陬？落落天漢澄，俯仰即虛柔。七玄散幽夜，反胎順沈浮。冥期苟潛凝，陽九無虞憂。親此去來會，時復爲淹留。外身而身存，真仙會良儔。

亹亹玄中趣，湛湛清漢[14]波。代謝若旋環，椿木[15]不改柯。靜心念至真，隨運順離羅。感應理常通，神適[16]逮自徂。淡遊初無際，繁想洞九霞。飛根散玄葉，理反非有它。常能誦《玉章》，玄音徹霄霞。甲申洪災至，控翮王母家。永享無終紀。豈知年劫多！

【校記】

〔1〕"靈寶洞玄"，《道藏》本《洞玄靈寶自然九天生神章經》作"洞玄靈寶"。

〔2〕"元玄上紫虛"五字原空，據《洞玄靈寶自然九天生神章經》（下稱《生神章經》）補，《輯要》本《靈寶洞玄自然九天生神章經》作"元無上玉虛"，《洞玄靈寶自然九天生神章經解義》（下稱《解義》）作"元玄上玉虛"。

〔3〕"玉虛"，《生神章經》及《洞玄靈寶自然九天生神玉章經解》（下稱《經解》）均作"清虛"。

〔4〕"聲尚神具"，本書卷二九引《生神章經》作"十月神具"。

〔5〕"奉法",《生神章經》《解義》《經解》均作"遵奉"。

〔6〕"心",上三書作"香"。

〔7〕"聰",《生神章經》作"聽"。

〔8〕"師寶",上書作"三寶"。

〔9〕"史伯華",上書作"伯史華",《解義》作"伯史原"。

〔10〕"禄迴道"原作"迴禄道",據上二書及《經解》改。

〔11〕"王"原作"玉",據上三書改。

〔12〕"天"原作"大",據上三書改。

〔13〕"構真",上三書作"搆貞"。

〔14〕"漢"原作"潢",據上三書改。

〔15〕"木"原作"水",據上三書改。

〔16〕"適",《生神章經》及《解義》作"識"。

雲笈七籤卷之十七

三洞經教部

經

太上老君内觀經

老君曰：天地構精，陰陽布化，萬物以生。承其宿業，分靈道一。父母和合，人受其生。始一月爲胞，精血凝也；二月爲胎，形兆胚也；三月陽神爲三魂，動以生也；四月陰靈爲七魄，静鎮形也；五月五行分藏，以安神也；六月六律定腑，用滋靈也；七月七精開竅，通光明也；八月八景神具，降真靈也；九月宫室羅布，以定精也；十月氣足，萬象成也。元和哺食，時不停也。太一帝君在頭曰泥丸君，總衆神也。照生識神，人之魂也。司命處心，納心[1]源也。無英居左，制三魂也。白元居右，拘七魄也。桃孩住臍，保精根也。照諸百節，生百神也。所以周身，神不空也。元氣入鼻，灌泥丸也。所以神明，形固安也。運動住止，關其心也。所以謂生，有由然也。子[2]內觀之，歷歷分也。心者禁也，一身之主，禁制形神，使不邪也。心則神也，變化不測，無定形也。所以五藏，藏五神也。魂在肝，魄在肺，精在腎，志在脾，神在心，所以字殊，隨處名也。心者，火也。南方太陽之精主火，上爲熒惑，下應心也。色赤三葉如蓮花，神明依泊，從所名也。其神也，非青非白，非赤[3]非黄，非大非小，非短非長，非曲非直，非柔非剛，非厚非薄，非圓非方。變化莫測，混合陰陽。大包天地，細入毫芒。制之則正，放之則狂，清淨則生，濁躁則亡。明照八表，暗迷一方。但能虛寂，生道自常。永保無爲，其身則昌。世以[4]無形，莫之能名。禍福吉凶，悉由之矣！所以聖人立君臣，明賞罰，置官僚，制法度，正以教人。人之難伏，惟在於心。心若清淨，則萬禍不生。所以流浪生死，沈淪惡道，皆由心也。妄想憎愛，取捨去來，染著聚結，漸自纏繞，轉轉繫縛，不能解脱，便至滅亡。猶如牛馬，引重趨泥，轉增陷沒，不能自出，遂至於死。人亦如之，始生之時，神源清淨，湛然無雜。既受納有形，形染六情，眼則貪色，耳則滯聲，口則耽味，鼻則受馨，意懷健羨，身欲輕肥，從此流浪，莫能自悟。聖人慈念，設法教化，使內觀己身，澄其心也。

老君曰：諦觀此身從虛無中來。因緣運會，積精聚氣，乘業[5]降神，和合受生。法天象地，含陰吐陽。分錯五行，以應四時。眼爲日月，髮爲星辰，眉爲華蓋，頭爲崑崙。布列宮闕，安置精神。萬物之中，人稱最靈。性命合道，當保愛之。內觀其身，誰尊之焉[6]！而不自貴，妄染諸塵。不靜臭穢，濁亂形神。孰[7]觀物我，何疎何親！守道全生，爲善保真。世愚役役，徒自苦辛。

老君曰：從道受生[8]謂之命，自一稟形謂之性。所以任物謂之心，心有所憶謂之意，意之所出[9]謂之志。事無不知謂之智，智周萬物謂之慧。動以營身謂之魂，靜以鎮形謂之魄。流行骨肉謂之血，保神養氣謂之精。氣清而駛[10]謂之榮，氣濁而遲謂之衛。總括百骸謂之身，衆象備見謂之形，塊然有閡謂之質，狀貌可則謂之體，大小有分謂之軀。衆思不得謂之神，莫然應化謂之靈。氣來入身謂之生，神去於身謂之死。所以通生謂之道。道者，有而無形，無而有情，變化不測，通神羣生。在人之身，則爲神明，所謂心也。所以教人修道，則修心也；教人修心，則修道也。道不可見，因生以明之。生不可常，用道以守之。若生亡則道廢，道廢則生亡，生道合一，則長生不死，羽化神仙。人不能保者，以其不內觀於心故也。內觀不遺，生道常存。

老君曰：人所以流浪惡道，沉淪滓穢，緣六情起妄，而生六識。六識分別，繫縛憎愛，去來取捨，染著煩惱，與道長隔，所以內觀六識因起。六識從何而起？從心識起。心從我起，我從欲起[11]。妄想顛倒，而生有識。亦曰自然，又名無爲，本來虛淨，元無有識。有識分別，起諸邪見。邪見既興，盡是煩惱。展轉纏縛，流浪生死，永失於道。

老君曰：道無生死，而形有生死。所以言生死者，屬形不屬道也。形所以生者，由得其道也。形所以死者，由失其道也。人能存生守道，則長存不亡也。

老君曰：人常能清淨其心，則道自來居。道自來居，則神明存身。神明存身，則生不亡也。人常欲生而不能虛心，人常惡死而不能保神，亦猶欲貴而不肯用道，欲富而不肯求寶，欲疾而足不行，欲肥而食不飽也。

老君曰：道以心得，心以道明。心明則道降，道降則心通。神明之在身，猶火之在卮。明從火起，火自炷存，炷因油潤，油藉卮停。四者若廢，明何生焉？亦如明緣神照，神託心存，心由形有，形以道全。一物不足，明何依焉？所以謂之神明者，眼見耳聞，意知身覺，分別物理，微細悉知。由神以明，故曰神明也。

老君曰：所以言虛心也[12]，遣其實也；無心者，除其有也；定心者，令不動也[13]；正心者，使不邪也；清心者，使不濁也；淨心者，使不穢也。此皆已有，今[14]使除也。心直者，不反覆也；心平者，無高低也；心明者，不暗昧也；心通者，不質礙也[15]。此皆本自然也，粗言數者，餘可思也。

老君曰：知道易，信道難。信道易，行道難。行道易，得道難。得道易，守道難。守道不失，身常存也。

老君曰：道也者，不可以言傳口受而得之。當虛心靜神，道自來也。愚者不知，乃勞其形，苦其心，役其志，躁其神，而道愈遠，則神俞悲。背道求道，怨道不慈[16]。

老君曰：道貴長存，保神固根，精氣不散，淳白不分。形神合道，飛昇崑崙。先天以生，後天長存。出入無間，不由其門。吹陰煦陽，制魄抱魂。億歲眷屬，千載子孫。黄塵四起，騎牛真人，金堂玉室，送故迎新。

老君曰：内觀之道，静神定心。亂想不起，邪妄不侵。周身及物，閉目思尋，表裏虛寂，神道微深。外觀萬境，内察一心，了然明静，静亂俱息。念念相係，深根寧極。湛然常住，窈冥難測，憂患永消，是非莫識。

老君曰：吾非聖人，學而得之。故我求道，無不受持。千經萬術，唯在心志也。

洞玄靈寶定觀經

靈者，神也，在天曰靈；寶者，珍也，在地曰寶。天有靈化，神用不測，則廣覆無邊；地有衆寶，濟養羣品，則厚載萬物。言此經如天如地，能覆能載，有靈有寶，功德無窮，證得此心，故名靈寶。定者心定也，如地不動；觀者慧觀也，如天常照。定體無念，慧照無邊，定慧等修，故名定觀。

天尊告左玄真人曰：

左者，定也。玄者，深妙也。真者，純也，一而無雜。人者，通理達性之人也。曰者，語辭也。

夫欲修道，先能捨事。

進趣之心，名爲修道。一切無染，名爲捨事。

外事都絶，無與忤心。

六塵爲外事，須遠離也。六塵者：色、聲、香、味、觸、法，更不染著，名爲都絶。境不來忤，心即無惱；心不起染，境則無煩。心境兩忘，即無煩惱，故名無與忤心。

然後安坐，

攝澄煩惱，名之爲安。本心不起，名之爲坐。

内觀心起。若覺一念，起須除滅，務令安静。

慧心内照，名曰内觀。漏念未除，名爲心起。前念忽起，後覺則隨，起心既滅，覺照亦忘，故稱除滅。了心不起，名之爲安；覺性不動，名之爲靜，故稱安靜。

其次雖非的有貪著，浮遊亂想，亦盡滅除。

衆心不起，妄念悉忘，亂想不生，何有貪著？故曰滅除。

晝夜勤行，須臾不替。

晝之言淨，夜之言垢，垢淨兩忘，無有間替，故名不替。

唯滅動心，不滅照心。

妄想分別，名曰動心。覺照祛之，故名爲滅。慧照常明無有間，故名不滅照心。

但凝空心，不凝住心。

不起一切心，名空心。一切無著，名之不凝住心。

不依一法，而心常住。

若取一法，即名著相。心不取法，名爲不依。照而常寂，故爲常住。

然則凡心躁競，其次初學，息心甚難，或息不得，暫停還失。

言習性煩惱，難可滅除，定力未成，暫停還失也。

去留交戰，百體流行。

心起染境，境來牽心，心境相染，故名交戰。妄念不息，百非自生，名曰百體流行。

久久精思，方乃調熟。勿以暫收不得，遂廢千生之業。

定心不起，則契真常。一念不收，千生遂廢。

少得淨[17]已，則於行立坐卧之時，

初得清淨，正慧未生，故云少得淨已，四威儀之時也。

涉事之處，諠鬧之所，皆作意安。

見一切諸相爲涉之處，起一切諸心，名爲諠鬧之所也。息亂歸寂，名爲作意。恬淡得所，名之爲安也。

有事無事，常若無心。處靜處諠，其志唯一。

有無雙遣，寂用俱忘。萬法不二，名之唯一。

若束心太急，又則成病，氣發狂顛，是其候也。
　　偏心執静，名曰束心。心外見相，名爲顛也。
心若不動，又須放任，寬急得所，自恒調適。
　　從定發慧，名爲放任。定慧齊融，名曰得所。定多即愚，慧多即狂，定慧等用，名曰調適。
制而不著，放而不動，處喧無惡，涉事無惱者，此是真定。
　　寂而常照，照而常寂；空而常用，用而常空；得本元寂，故爲真定。
不以涉事無惱，故求多事；不以處諠無惡，強來就諠。
　　習性塵勞，常須制御，不可縱逸。
以無事爲真宅，有事爲應跡。
　　見本性空寂，故爲真宅。慧用無邊，故爲應跡。
若水鏡之爲鑒，則隨物而現形。
　　本心清淨，猶如水鏡。照用無礙，萬物[18]俱現，名爲現形。
善巧方便，唯能入定。
　　諸法性空，寂無所起，故爲入定。
慧發遲速，則不由人。勿令定中，急急求慧。急則傷性，傷則無慧。
　　急求知見，真定乃亡。貪著諸相，故云無慧。
若定不求慧，而慧自生，此名真慧。
　　心體寂静，妙用無窮，故名真慧。
慧而不用，實智若愚。
　　了無分別，名之不用。韜光晦跡，故曰若愚。
益資定慧，雙美無極。
　　寂照齊融，故云雙美無極。
若定中念想，多感衆邪，妖精百魅，隨心應見。
　　爲心取相，諸相應生，一切邪魔，競來撓亂。
所見天尊諸仙真人，是其祥也。
　　此爲諸相，不可取著。
唯令定心之上，豁然無覆；定心之下，曠然無基。

前念不生，故云無覆；後念不起，故曰無基。
舊業日銷，新業不造。
　　宿習並盡，名曰舊業日銷。更不起心，故名新業不造。
無所罣礙，迥脫塵籠。
　　一切無染，故名無所罣礙。解脫無繫，故云迥脫塵籠。
行而久之，自然得道。
　　智照不滅，名曰行而久之。契理合真，故云得道。
夫得道之人，凡有七候：一者心得定易，覺諸塵漏。
　　心得清淨，塵念盡知，故曰覺諸塵漏。
二者宿疾普銷，身心輕爽。
　　真氣胎息，故疾盡瘳。體道合真，身輕不老。
三者填補夭損，還年復命。
　　骨髓堅滿，故填補夭損。駐顏不易，名爲還年復命也。
四者延數萬歲，名曰仙人。
　　長生不死，延數萬歲，名編仙籙，故曰仙人。
五者鍊形爲氣，名曰真人。
　　得本元氣，故曰鍊形爲氣。正性無僞，故曰真人。
六者鍊氣成神，名曰神人。
　　真氣通神，陰陽不測，故曰神人。
七者鍊神合道，名曰至人。
　　真神契道，故曰至人。
其於鑒力，隨候益明。
　　鑒力者，常照不息也。益明者，明明不絕也。
得至道成，慧乃圓備。
　　若了本性，得道成真，智慧圓明，萬法俱備。
若乃久學定心，身無一候，促齡穢質，色謝方空，自云慧覺，又稱成道者，求道之理，實所未然。
　　通神合道，即身得道真。心證身亡，不離生死。《西昇經》云："是故失生本，焉能知道源？"

而説頌曰：智起生於境，火發生於緣。各是真動[19]性，承流失道源。起心欲息知，心起知更煩。了知性本空，知則衆妙門。

老君清净心經

老君曰：夫道一清一濁，一静一動，清静爲本，濁動爲末。故陽清陰濁，陽動陰静。男清女濁，男動女静。降本流末，而生萬物。清者濁之源，静者動之基，人能清静，天下貴之。人神好清，而心擾之。人心好静，而欲牽之。常能遣其欲而心自静，澄其心而神自清，自然六欲不生，三毒消滅。而不能者，心未澄、欲未遣故也。能遣之者，内觀於心，心無其心；外觀於形，形無其形；遠觀於物，物無其物；三者莫得，唯見於空。觀空亦空，空無所空。既無其無，無無亦無。湛然常寂，寂無其寂。無寂寂無，俱了無矣！欲安能生？欲既不生，心自静矣！心既自静，神即無擾。神既無擾，常清静矣！既常清静，及會其道。與真道會，名爲得道，雖名得道，實無所得。既無所得，强名爲得。爲化衆生，開方便道。

老君曰：道所以能得者，其在自心。自心得道，道不使得。得是自得之道，不名爲得，故言實無所得。

老君曰：道不能得者，爲見有心。既見有心，則見有身。既見其身，則見萬物。既見萬物，則生貪著。既生貪著，則生煩惱。既生煩惱，則生妄想。妄想既生，觸情迷惑。便歸濁海，流浪生死。受地獄苦，永與道隔。人常清静，則自得道。於是而説偈曰：天尊妙用常眼前，舉體動心皆自然。息箇動心看動處，動處分明無際邊。邊際由來本性空，非觀心照得虛空。自悟因緣無自性，翛然直入紫微宮。宮中宮外光且明，萬法圓中一道平。清心清鏡皎無礙，無礙無心心自在。平等道平無有異，天堂地獄誰安置？神既内寂不虧盈，善惡若空何處生？只爲凡夫生異見，强於地上起縱横。縱横遮莫千般苦，一一諦觀無宰主。諦觀無主本無宗，只箇因緣即會中。中間雖會常無會，放會無爲任物通。

若時有人知是經意，行住坐卧，若能志心念誦，深心受持，則能滅除無量一切宿障，諸惡冤家，皆得和合，無受苦報。邪魔外道，道能降伏。告諸眾生，欲度厄難，各己清淨，信受奉行。

【校記】

〔1〕"心"，《道藏》本《太上老君内觀經》（下簡稱《道藏》本）及《輯要》本《太上老君内觀經》（下簡稱《輯要》本）作"生"。

〔2〕"子"，《道藏》本、《輯要》本作"予"。

〔3〕"非白，非赤"四字，上二本無。

〔4〕"世以"，上二本作"以其"。

〔5〕"業"，上二本作"華"。

〔6〕"誰尊之焉"，上二本作"惟人尊焉"。

〔7〕"孰"，上二本作"熟"。

〔8〕"生"，上二本作"分"。

〔9〕"出"，《黄帝内經·靈樞·本神》作"存"。

〔10〕"馱"，《道藏》本、《輯要》本作"駃"。

〔11〕以上十八字，上二本作"六欲識從何起？識自慾起。慾從何起？慾自識起"。

〔12〕"所以言虛心也"，上二本作"虛心者"。

〔13〕"定心者，令不動也"，上二本作"安心者，使不危也；静心者，令不亂也"。

〔14〕"令"，上二本作"令四見者"。

〔15〕"不質礙也"，上二本作"無窒礙也"。

〔16〕"怨道不慈"，上二本作"當慎擇焉"。

〔17〕"淨"，《道藏》本《洞玄靈寶定觀經註》（下簡稱《道藏》本）作"静"。

〔18〕"物"，《道藏》本作"象"。

〔19〕"動"，上本作"種"。

雲笈七籤卷之十八

三洞經教部

經

老子中經[1]上—名《珠宫玉曆》

第一神仙

經曰：上上太一者，道之父也，天地之先也。乃在九天之上，太清之中，八冥之外，細微之内，吾不知其名也，元氣是耳。其神人頭鳥身，狀如雄雞，鳳凰五色，珠衣玄黄。正在兆頭上，去兆身九尺，常在紫雲之中華蓋之下住。兆見之言曰："上上太一道君，曾孫小兆王甲潔志好道，願得長生。"

第二神仙

經曰：無極太上元君者，道君也。一身九頭，或化爲九人，皆衣五色珠衣，冠九德之冠，上上太一之子也。非其子也，元氣自然耳。正在兆頭上紫雲之中華蓋之下住。兆見之言曰："皇天上帝太上道君，曾孫小兆王甲好道，願得長生。養我育我，保我護我，毒蟲猛獸，見我皆蟄伏，令某所爲之成，所求之得。"太清鄉虚無里姓朱愚名光字帝卿，乃在太微勾陳之内一星是也，號曰天皇太帝耀魄寶。兆常念之勿忘也。人亦有之，常存之眉間，通於泥丸，氣上與天連。

第三神仙

經曰：東王父者，青陽之元氣也，萬神之先也。衣五色珠衣，冠三縫一云三鋒之冠。上有太清，雲曜五色，治於東方，下在蓬萊山。姓無爲，字君鮮，一云君解。人亦有之，在頭上頂巔，左有王子喬，右有赤松子，治在左目中，戲在頭上。其精氣上爲日，名曰伏羲。太清鄉東明里西王母字偃昌[2]，在目爲日月，左目爲日，右目爲月，目中童子字英明，王父在左目，王母在右目，童子在中央，兩目等也。兆欲修真，當念東王父西王母正在頭上，有三人並立，乃合日月精光下，念紫房太一、絳宮黃庭、太淵丹田，行其真氣五周，施于腹中；復行氣十二周，施于一身中。道畢，即止朱雀闕門。闕門，兩乳是也。左乳曰君阿，右乳曰翁仲，當兩乳下有玉闕，天狗天鷄在其上，主晨夜鳴吠。

第四神仙

經曰：西王母者，太陰之元氣也。姓自然，字君思。下治崐崘之山，金城九重，雲氣五色，萬丈之巔。上治北斗華蓋紫房北辰之下。人亦有之，在人右目之中，姓太陰，名玄光，字偃玉。人須得王父王母，護之兩目，乃能行步，瞻視聰明，別知好醜，下流諸神，如母念子，子亦念母也。精氣相得，萬世長存。夫人兩乳者，萬神之精氣，陰陽之津汋也。左乳下有日，右乳下有月，王父王母之宅也。上治目中，戲於頭上，止於乳下，宿於絳宮紫房，此陰陽之氣也。

第五神仙

經曰：道君者，一也，皇天上帝中極北辰中央星是也。乃在九天之上，萬丈之巔，太淵紫房宮中。衣五色之衣，冠九德之冠。上有太清元氣，雲曜五色，華蓋九重之下，老子太和侍之左右。姓制皇氏，名上皇德，字漢昌。人亦有之，在紫房宮中華蓋之下，元貴鄉平樂里，姓陵陽字子明。身黃色，長九分，衣五色珠衣，冠九德之冠。思之長三寸，正在紫房宮中華蓋之下。其妻太陰玄光玉女，衣玄黃五色珠衣，長九分。思之亦長三寸，在太素宮中養真人子丹，稍稍盛大，自與己身等也。子能存之，與之語言，即呼子上謁道君。道君者，一也。乘雲氣珠玉之車，驂駕九極之馬，時乘六龍以御天下。子常思之，以八節之日及晦朔日，日暮、夜半時祝曰："天靈節榮，真人王甲願得長生，太玄之一守某甲身形，五藏君侯，願[3]長安寧。"

第六神仙

經曰：老君者，天之魂也，自然之君也。常侍道君在左方，故吾等九人九頭君也，吾爲上首作王父，餘人無所作也。人亦有之，金樓鄉小廬里姓皮名子明字藍藍，衣青衣，長九分，把芝草，持青旛，侍道君在左方，從仙人仲成子。思之長三寸，常在己左方，正與己身等也。其妻素女，衣黃衣，長九分，思之亦長三寸。

第七神仙

經曰：太和者，天之魄也，自然之君也。常侍道君在右方。人亦有之，烏擔鄉姓角[4]里先生字灂灂，衣白衣，長九分，持金劒，捧白旛，侍道君在右方，從仙人曲文子。思之亦長三寸，起坐行止，常在己右。其妻青腰玉女，衣青衣，長九分，思之亦長三寸。

第八神仙

經曰：泥丸君者，腦神也，乃生於腦，腎根心精之元也。華蓋鄉蓬萊里南極老人泥丸君也，字元先[5]，衣五色珠衣，長九分，正在兆頭上腦中，出見於腦戶目前。思之長九分，亦長三寸。兆見之言曰："南極老人使某甲長生，東西南北，入地上天，終不死壞迷惑。上某甲生籍，侍於道君，與天地無極。"

第九神仙

經曰：南極者，一也，仙人之首出也，上上太一也，天之侯王太尉公也。主諸災變。國祚吉凶之期，上爲熒惑星，下治霍山。人亦有之，在長吳鄉絳宮中元里，姓李名尚一名常。字曾子，衣絳衣，長九分，思之亦長三寸，在心中。其妻玉女也，衣白衣，長九分，思之亦長三寸。常思心中有華蓋，下有人赤幘大冠，絳章單衣，名曰天侯，玉帶紫綬，金印玄黃，子能見之，徹視八方。千日登仙時，候視腦中小童子見之是也。

第十神仙

經曰：日月者，天之司徒司空公也。主司天子人君之罪過，使太白辰星下治華陰恒山。人亦有之，兩腎是也。左腎男，衣皂衣；右腎女，衣白衣，長九分，思之亦長三寸，爲日月之精，虛無之氣，人之根也，在目中。故人之目，左爲司徒公，右爲司空公。兩腎各有三人，凡有六人。左爲司命，右爲司錄[6]，左爲司隸校尉，右爲廷[7]尉卿，主記人罪過，上奏皇天上帝太上道君。兆常存之，令削去死籍，著某長生屬。太初鄉玄冥里司錄六丁玉女字道明，皆在神龜上，乘紫雲氣之車，驂駕雙鯉魚，字太成子[8]，玄母、道母也，在中央，身之師也，主生養身中諸神，在五色雲氣華蓋之下坐，戴太白明星明月之珠，光曜照一身中。常存以八節之夜卧祝曰："司命司錄六丁玉女，削去某甲死籍，更著某甲長生玉曆。"

第十一神仙

經曰：中極黃老者，真人之府中斗君也，天之侯王，主皇后素女宫也。人亦有之，黃庭真人，道之父母也，赤子之所生也，己吾身也。皇后者，太陰玄光玉女，道之母也，正在脾上中斗中也。衣五色珠衣，黃雲氣華蓋之下坐，主哺養赤子。常思兩乳下有日月，日月中有黃精赤氣來入絳宫，復來入黃庭紫房中，黃精赤氣填滿太倉中，赤子當胃管中正南面坐，飲食黃精赤氣，即飽矣。百病除去，萬災不干，兆常思存之，上爲真人。故曰同出而異名也。有注云：日月同出異名。太素鄉中元里中黃真人字黃裳子，主辟穀，令人神明，乍小乍大。常以鷄鳴食時祝曰："黃裳子，黃裳子，黃庭真人在于己，爲我致藥酒松脯粳粮黍麕諸可食飲者，令立至。"祝訖瞑目，有頃，閉口咽之二七過，即飽矣。

第十二神仙

經曰：吾者，道子之也。人亦有之，非獨吾也。正在太倉胃管中，正南面坐珠玉牀上，黃雲華蓋覆之，衣五綵珠衣。母在其右上，抱而養之；父在其左上，教而護之。故父曰陵陽字子明，母曰太陰字玄光玉女，己身爲元陽字子丹。真人字仲黃[9]，真吾之師也。常教吾神仙長生之道，常侍吾左右，休舍太倉，在脾中與黃裳子共宿衛吾，給事神所當得，主致行廚。故常思真人子丹正在太倉胃管中，正南面坐，食黃精赤氣，飲服醴泉。元陽子丹長九分，思之令與己身等也。父母養之，乃得神仙。常自念己身在胃管中，童子服五色綵衣，坐珠玉之牀，黃雲赤氣爲帳，食黃金玉餌，服神丹芝草，飲醴泉，乘黃雲氣五色珠玉之車，駕十二飛龍、二十四白虎、三十六朱鳥。思之九年，乘雲去世，上謁道君。吾之[10]從官，凡三萬六千神，舉吾宗族，皆得仙道，白日昇天。常以四時，祠吾祖先。正月亥日雞鳴時祠郊廟，二月亥日祠社稷風伯雨師，四月五月申卯日、七月八月己午日、十月十一月卯戌日、四季月不祠，但解涔土公，逐去伏尸耳。郊在頭上腦户中，廟在頂後骨之上，社在脾左端，稷在大腸窮，風伯在八門，八門者，在臍旁五城十二樓也。雨師在小腸窮。四瀆雲氣出崑崙，弱水在胞中，諸神食廚在於太倉中。以次呼神名，召之勿忘也。

第十三神仙

經曰：璇璣者，北斗君也，天之侯王也，主制萬二千神，持人命籍。人亦有之在臍中，太一君，人之侯王也，柱天大將軍特進侯也，主身中萬二千神。中極鄉璇璣里姓王名陽字靈子，冠三縫之冠，衣絳章單衣，長九分，思之亦長三寸，其大與自身等也。太一君有八使者，八卦神也。太一在中央，主總閱諸神，案比定錄，不得逋亡。八使者以八節之日，上對太一。故臍中名爲太淵，都鄉之府也。常以秋分之日案比筭之，齋戒沐浴，靜卧三日勿出。日三呼之，三日九呼之，常如此，諸神不得逋亡，名上仙籙，定爲真人。故太一不得妄上白事，不吉則凶，但八使者耳。故以八節日、晦朔弦望日，右手拊臍二七，左手拊心三七，祝曰："天靈節榮，真人某甲願得長生，太玄真一守某甲身形，五藏諸君侯，願且安寧。"公兆七遍，庶兆二七。明日平旦復祝曰："太一北極君，敬守告諸神，常念魂魄安寧，無離某甲身形。"此所謂拘魂制魄者也。常以十二月晦日人定時，向月建太一於空室中，再拜正坐，瞑目祝曰："五藏之君，魂魄諸神，某乞長生，無得離身，常與形合同，成爲一身。"男女各三通。常以八節日於室中，向其王地再拜，瞑目祝曰："大道鴻潼鴻潼，天節之日，萬兆魂魄皆上諸天，真人身與神合，某甲欲得長生。獨在空室之中，不豫死籍數。"男女各三遍。常以十二月晦日宿夜晝朝至平旦，於室中向寅地再拜，祝曰："鴻潼鴻潼，某受大道之恩，太清玄巔，願還某甲去歲之年，魂魄保身。"男女各三通。

第十四神仙

經曰：臍者，人之命也，一名中極，一名太淵，一名崑崙，一名特樞，一名五城。五城中有五真人，五城者，五帝也。五城之外有八使[11]者，八卦神也，并太一爲九卿。八卦之外有十二樓者，十二太子、十二大夫也，并三焦神合爲二十七大夫。四支神爲八十一元士。故五城真人主四時上計，八神主八節日上計，十二大夫主十二月以晦日上計，月月不得懈怠，即免計上事。常當存念留之，即長生矣。故太一常以晦朔八節日夜半時，五城擊鼓，集召諸神，校定功德，謀議善惡。有錄者延命，衆神共舉；無錄者終亡，司命絕去生籍。故常以晦朔八節之日，夜欲臥時，念上太一、中太一、下太一、五城、十二樓真人，祝曰："天帝太一君，天帝太一君，敬存諸神，與之相親。司錄、司命，六丁玉女，削去某死籍，著某生文，皆當言長生。"

第十五神仙

經曰：五城真人者，五方五帝之神名也。東方之神名曰句芒子，號曰文始洪崖先生，東方蒼帝東海君也。南方之神名曰祝融子，號曰赤精成子，南方赤帝南海君也。西方之神名曰蓐收子，號曰夏里黄公，西方白帝西海君也。北方之神名曰禺强子，號曰玄冥子昌，北方黑帝北海君也。此皆后神也，天地人神等耳。風伯神名吒君，號曰長育。雨師神名馮修，號曰樹德。諸神常當存念之，令與司命君、司錄君共削去某死籍，即爲真人長生矣。不與相知存念之，即爲疾風、暴雨、雷電、霹靂持子遠去，殺子之身，埋子深山，投子深淵，或爲毒氣所中，衆鬼害人。子欲爲道，宜致敬之。此神能害人，王者之治，不可不知也。中央之神名曰黄裳子，號曰黄神彭祖，中央黄帝君也。與中太一并治度人命，愛養善人，成就人，常侍黃天真人。人亦有之，常侍真人，名曰子丹，給神所得。兆欲志道，常思念之，即不飢渴，長生久視，上爲真人，能致行廚，役使鬼神。社稷河伯之神，名曰馮夷，號曰元梁使者。

第十六神仙

經曰：八卦天神，下遊於人間，宿衞太一，爲八方使者，主八節日上計，校定吉凶。乾神字仲尼，號曰伏羲；坎神字大曾子；艮神字照光玉；震神字小曾子；巽神字大夏候；離神字文昌；坤神字揚翟王，號曰女媧；兌神字一世。注：一云字八世。常以八節之日存念之，其神皆在臍中，令人延年。

第十七神仙

經曰：丹田者，人之根也，精神之所藏也，五氣之元也。赤子之府，男子以藏精，女子以藏月水，主生子，合和陰陽之門戶也。在臍下三寸，附著脊膂，兩腎根也。丹田之中，中赤、左青、右黃、上白、下黑[12]，方圓四寸之中。所以在臍下三寸者，言法天、地、人。天一、地二、人三、時四，故曰四寸。法五行，故有五色。清水鄉敖丘里丹田名藏精宮，神姓孔名丘字仲尼，傳之爲師也。兆常以夜半存心之赤氣，上行至絳宮、華蓋，各右繞之，太一入黃庭，滿太倉，養赤子，復入太淵，忽忽不知所在。復念太一氣還入丹田中止。常念太一玄光道母養真人子丹，正吾身也，自兆名也，勿忘之。

第十八神仙

經曰：大腸小腸爲元梁使者，主逐捕邪氣。三焦關元爲左社右稷，主捕奸賊。上焦元氣上入頭中爲宗廟，兆身與天地等也。天地萬物不可犯觸也，天地之神則知之矣。而人身體四支亦不可傷也，有痛癢者神亦知之。由是言之，昭然明矣。天不可欺，地不可負，修身慎行，勿令懈怠也。兆欲除邪氣，治百病，啄齒二七[13]過，祝曰："左社右稷，元梁使者，逐捕災殃，急急如律令。"五咽一呪，三十咽止，一日一夜三百六十咽。三十日邪氣去，六十日小病愈，百日大病愈，三蟲皆死，三尸走出，面目生光，與神爲友。六祝一止，十二爲之一周。

第十九神仙

經曰：兩腎間名曰大海，一名弱水。中有神龜，呼吸元氣，流行作爲風雨，通氣四支，無不至者。上有九人，三三爲位。左有韓衆，右有范蠡，中有太城子。左爲司徒公，右爲司空公，中有太一君。左有青腰玉女，右有白水素女，中有玄光玉女。玄光玉女者，道元氣之母也。左有司錄，右有司命，風伯雨師雷電送迎，仙人玉女宿衛門户，故名曰太淵之宮先正，紫房宮太一、玄女、赤子。故玄女常戴太白明星，耳著太明之珠，光照一身中，即延年而不死也。

第二十神仙

經曰：胃爲太倉，三皇五帝之廚府也。房心爲天子之宮，諸神皆就太倉中飲食，故胃爲太倉，日月三道之所行也。又爲大海，中有神龜，神龜上有七星，北斗正在中央。其龜黃色，狀如黃金盤，左右日月照之。故臍下爲地中，中有五岳四瀆水泉，交通崑崙弱水，沈沈滉滉，玄冥之淵也。日月之行，故天晝日照於地下，萬神皆得其明。人亦法之，晝日下在臍中，照於丹田，臍中萬神皆得其明也；夜日在胃中，上照於胷中，萬神行遊嬉戲，相與言語，故令人有夢也。天不掩人不備，故召其神問善惡吉凶之事，令賢者自慎也。夜月在臍中，下照於萬神；晝月在胃中，上照胷中萬神。更相上下，無有休息。故胃中神十二人諫議大夫，名曰黃裳子、黃騰子、中黃子，主傅相太子、玄光玉女，主取金液神丹芝草玉液松脯諸可飲食者，立至矣！

第二十一神仙

經曰：兆審欲得神仙，當知天地父母赤子處。兆汝爲道，不可不知此五神名也，當自苦耳！知之，行之，堅守之，常念之，即神仙矣！經中俱有，但當心解耳！既知其神，當須得太一神丹金液，乃得神仙耳！諸神元氣虛無，無爲自然，爲聖人耳，不爲俗人所施也。兆不能服神丹金液，勞精思念，當自苦耳！故謂兆汝晝日，常念臍中有日，赤黃精氣[14]光明照于臍中；胃中有月，白光赤黃精氣填滿胃中。暮臥念日在胃中，赤黃精氣光明照於胷中；月在臍中，赤黃白光精氣照於臍中。以此爲常，萬世無止。

第二十二神仙

經曰：頭髮神七人，七星精也，神字祿之。兩目神六人，日月精也，左目字英明，右目字玄光。頭上神三人，東王父也。腦戶中神三人，泥丸君也。眉間神三人，南極老人元光[15]，天靈君也。兩耳神四人，陰陽之精也，字嬌女。鼻人中神一人，名太一，字通盧，本天靈也。口旁神二人，廚宰守神也。口中神一人，太一君也，字丹朱。頤下神三人，太陰神也。頸外神二人，玉女君也。兩手中神二人，太陽之精也，字魂陰。項中神二人，字上間也。肩背神二人，少陰少陽之精也，字女爵。督中神二人，虎賁神也。兩乳下日月也，日月中有大[16]神各一人，王父母也。兩腋下神二人，魂魄兆神也。小腹中神二人，玉女也。兩胜內神二人，亦玉女也，字陰隱。兩脛神二人，金木神也，字隨孔子。兩足神二人，太陰之精也，字柱天力士。頭髮神字祿之，兩耳神字嬌女，兩目神字英明、玄光，鼻孔中神字通盧，口神字丹朱，肩背神字朱雀，一云字女爵。兩手神字魄[17]陰，上元神字威成子，中元神字中黃子，下元神字明光子，一云字命光。陰神字窮英，兩胜神字陰隱，兩膝神字樞公。兆欲臥，瞑目從上次三呼之，竟乃止。其有病痛處，即九呼其神令治之，百病悉去，即爲神仙矣。

第二十三神仙

經曰：肺神八人，大和君也，名曰玉真宮尚書府也，其從官三千六百人，乘白雲氣之車，駿駕白虎或乘白龍。心神九人，太尉公也，名曰絳宮太始南極老人元光[18]也，其從官三千六百人，乘赤雲氣之車，朱雀爲蓋，丹虵爲柄，駿駕朱雀或乘赤龍。肝神七人，老子君也，名曰明堂宮蘭臺府也，其從官三千六百人，乘青雲氣之車，駿駕青龍或乘白鹿。膽神五人，太一道君也，居紫房宮，乘五彩玄黃紫蓋珠玉雲氣之車，駿駕六飛龍，從官三千六百人。脾神五人，玄光玉女，子丹母也，乘黃金珠玉雲氣之車，駿駕鳳凰或乘黃龍，從官三千六百人，真人子丹在上，臥胃管中，黃雲氣爲帳，珠玉爲牀，食黃金玉餌，飲醴泉玉液，服太一神丹，啟玉李芝草，存而養之，九年成真矣！千乘萬騎上謁太上黃道君，東謁王父，西謁王母，南謁老人元光之前。真人得道，與天地合。元陽子丹者吾也，吾道成乃去，白日昇天。或乘黃金雲氣珠玉之車，驂駕六飛龍，轡無極之馬，從官凡萬八千人，天師大神使萬八千人來下著吾身，合三萬六千人，故能白日昇天也。胃神十二人，五元之氣諫議大夫也；臍中神五人，太一八人，凡十三人；合二十五人，五行陰陽之神也。神龜之上神三人，玄女、虛無、道母也。腎神六人，司徒、司空、司命、司錄、司隸校尉、廷尉卿也。乘神龜之車，駕六鯉魚，一云白魚，玄白雲氣之蓋。丹田神三人，人之根也，三合成德，以應道數也。三焦神六人，左社、右稷、風伯、雨師、雷電、霹靂也。大腸小腸神二人，爲元梁使者。虎賁神二人，爲力士，在朱雀闕門，延年益壽爲齡，下侍真人鳳凰閣。玄谷神五人，大將軍司馬也。陰神三人，上將軍也，萬神之精也，男子字窮英，女子字丹城。天之神萬八千人，人之神萬八千人，都合三萬六千人，共舉一身昇天，即神仙矣！

第二十四神仙

經曰：東方之神女名曰青腰玉女，南方之神女名曰赤圭玉女，中央之神女名曰黃素玉女，西方之神女名曰白素玉女，北方之神女名曰玄光玉女，左爲常陽，右爲承翼，此皆玉女之名也。五行之道，常以所勝好者爲妻。假令今日甲乙木，木勝土，則甲以己爲妻，故言甲己、乙庚、丙辛、丁壬、戊癸，此皆夫妻合會之日也。言肝膽木也，木帝以中宮戊己素女爲妻，他皆效此。此二神玉女之來，敬而侍之，慎無妻也。妻之殺人，終不得道也。兆欲爲道，慎勿婬，婬即死矣。此玉女可使取玉漿，致行廚也。

第二十五神仙

經曰：太上神字元光太一君，其欲得太一之神也，非心神也，乃天神南極老人元光也，下在人心中。常以平旦、日中、甲午日、丙午日呼之曰："南極老人元光太一君，某甲欲願得太一神丹長生之道。"因瞑目念心中太一童子，衣絳章單衣，其色正赤黃如日，九十息頓止。心中神字光堅，中太一中極君也，在脾中主養兆身。常以雞鳴、食時、日西黃昏時，辰戌丑未日呼之曰："中極光堅太一君，某甲欲得真人神仙黃庭之道。"因瞑目默念黃氣滿太倉胃管中，脾上有一黃人，五十息頓止。心下神字玄谷，北極君也，玄光道母也。常以夜半時，甲子丙子戊子庚子壬子日呼之曰："北極君玄谷道母，某甲願欲得金液醴泉可飲食者。"因瞑目念腎間有白氣，中有神龜，龜上有玄女，女右有司命，左有司錄，見之呼曰："司命、司錄、六丁玉女，削去某甲死籍，著玉曆生錄，皆當言長生。"故曰：能知三神字，可以還命延年。此三神者，乃天地神道君三元君字也。人之先也，常念勿忘也。三元，天之貴神是也。

第二十六神仙

經曰：子欲爲道，當先歷藏，皆見其神乃有信。有信之積，神自告之也。先念天靈君，天靈君青身白頭，正在眉間，思之三日，即見其神。念玄膺狀正赤生光，念咽喉中正白如銀環十二重，凡三日念遍。乃念肺色正白，名曰鴻鴻，七日。念心色正赤，名曰响响，九日。念肝色正青，名曰藍藍，三日。念膽色正青，名曰護護，三日。念脾色正黃，名曰俾俾，五日。念胃色正黃，名曰旦旦，五日。念腎色正黑，名曰灜灜[19]，三日。念臍中太一色赤人，名曰玉靈子，三日。念大腸正白色，名曰胴胴，一作洞洞，七日。念小腸色正赤，名曰契契，九日。念丹田色正赤，中有赤人，名曰藏精，三日。念玄丈方丈，其中有人到住，七日。念金玉印乾燥完堅，三日。念玄英正黑潤澤有光，三日。念兩脾，一作腔，左右脾內各有一玉女，衣絳帔襦青裙，正立兩脛上，三日。念兩足下各有一人正白，三日。念爲道竟矣。不出靜室，辭庶俗，赴清虛，先齋戒，節飲食，乃依道而思之。

第二十七神仙

經曰：子審欲爲道，神仙不死，當先去三蟲，下伏尸，日三[20]百六十息食氣，三十通一止，九十通一休息，日四爲之。常以夜半雞鳴時祝曰："東方青牙，紫雲流霞。飲食青牙，服食朝華[21]。"三咽之。

"南方朱丹，煥燿徘徊。服食朱丹，飲以丹池。"三咽之。"中央黃氣，黃庭高仙。服食黃氣，飲之醴泉[22]。"三咽之。"西方明石，皓靈金質。服食明石，飲以金液。"三咽之。"北方玄滋，玄珠潤滋。服食玄滋，飲以玉飴。"三咽之。如此三十日，三蟲皆死，伏尸走去，而三神正氣自安定，伏尸不敢復還兆身中，即神仙不死，玉字金名，乘雲而上昇。

【校記】

〔1〕"老子中經"，《道藏》本作"太上老君中經"。
〔2〕"昌"，下文《第四神仙》作"玉"。
〔3〕"願"下，《道藏輯要》本有"得"字。
〔4〕"擅"，《太上老君中經》作"臺"，"角"作"甪"。
〔5〕"先"，本書《第二十二神仙》《第二十三神仙》《第二十五神仙》及《第三十九神仙》均作"光"，殆爲"光"之形譌。
〔6〕"左爲司命，右爲司錄"，《第十九神仙》作"左有司錄，右有司命"。
〔7〕"廷"原作"延"，據《道藏輯要》本及《太上老君中經》改。
〔8〕"字太成子"，疑其上有脫誤。《第十九神仙》亦言兩腎神"中有太城子"。
〔9〕"仲黃"，《第二十神仙》作"中黃子"。
〔10〕"吾之"，《太上老君中經》作"五方"。
〔11〕"使"原作"吏"，據《第十三神仙》及卷十二《內景經·沉生章》改。
〔12〕"下黑"，《第三十五神仙》作"外黑"，在"中赤"後。
〔13〕"二七"，《太上老君中經》作"三七"。
〔14〕"赤黃精氣"，《第十一神仙》及《第三十九神仙》作"黃精赤氣"。
〔15〕"光"，《第八神仙》作"先"，蓋誤。
〔16〕"大"原作"太"，據《太上老君中經》改。
〔17〕"魄"，上文作"魂"。
〔18〕"光"，《第八神仙》作"先"，蓋誤。

〔19〕以上肝、膽、脾、胃、腎神名，《太上靈寶五符序》分別作：臨臨、獲獲、裨裨、泪泪、瀄瀄。

〔20〕"日三"，原作"三日"，按文義改。

〔21〕以上二句，《太上靈寶五符序》及下文作"服食青牙，飲以朝華"。

〔22〕以上二句，上書作"服食靈氣，飲以醴泉"。

雲笈七籤卷之十九

三洞經教部

經

老子中經下—名《珠宫玉曆》

第二十八神仙

經曰：常以六甲之日平旦時，拊心祝曰："蒼林玄龜，流水如河？炎火周身，身一作宫。安能知他？道來歸己，道來歸己。"因念肝色正青，潤澤生光其上，高危在左方。次念膽色正青，圓中黄外青，潤澤清泫傍生。拊心著肝，肝覆其巔，此道之始也。念之既畢，乃呼其神曰："肉一本作皮。子藍藍，與己爲友，留爲己使，某欲得太一神丹服食之。令某甲辰生，勿去某身，常在紫房宫中，與道合同也。"因瞑目念日精青氣來下著身，入鼻孔中，念肝色青氣與之合於目前，來入口中咽之，三七而止。思行青氣周徧一身中，九十息止。至乙日，復存其神呼曰："太一紫宫一作紫房。素女，與己爲友，留爲己使，某甲欲得太一華符服之。"至甲寅、乙卯之日復存之。

第二十九神仙

經曰：常以六丙之日禺中時，拊心祝曰："朱雀丹液，天海地河，願求不死，服食天和。天和一作至和。"因瞑目念心色正赤如日，在肺葉間乃止。念日精赤黄氣[1]來在目前，入口中咽之，三九而止。思行赤氣周徧一身中，百八十息止。呼其神曰："李尚李尚一作李常。曾子，與己爲友，留爲己使，某甲願求太一神丹，如金汋可飲食者。常在絳宮中，與己合同。"至丁日復存其神呼曰："天皇絳宮玉女，與己爲友，留爲己使，某甲欲得天皇長生之道。"至丙午、丁巳之日復存之。

第三十神仙

經曰：常以六戊之日雞鳴時日西黃昏時，拊心祝曰："天道天道，願得不老。壽比中黃，昇天常早。願延某命，與道長久。"因瞑目念脾中黃氣來上至口中，上念天精黃氣來在目前，入口中咽之，三五[2]而止。思行黃氣周徧一身中，百五十息止。呼其神曰："玄光玉女，養子赤子，真人子丹，服食元氣，飲宴醴泉。"故言一身神有父母凡三人。至己日復存之，呼其神曰："真人黃庭玉女，與己爲友，留爲己使，某甲欲求真人黃庭神仙之道。"至戊辰、己未、戊戌、己丑之日復存之。

第三十一神仙

經曰：常以六庚之日日晡時，拊心祝曰："本子本子，白雲卒起，霧合萬里，願雲來歸己，常爲我使，反復仙命，終而復始。"因瞑目念肺色正白，令白氣來止至口中，念曰：天精白氣來。下在目前，入口中咽之，三七而止。思行白氣周徧一身中，百四十息止。呼其神曰："先生澃澃[3]，與己爲友，留爲己使，奉持華蓋，金液玉英。常在勿出，侍我道君，共合爲一身。"至辛日復存其神曰："光黃玉堂青腰玉女，與己爲友，留爲己使，某甲欲得彭祖長生不死之藥服之。"至庚申、辛酉之日復存之。

第三十二神仙

經曰：常以六壬之日夜半時，拊心祝曰："願覩天鏡，玄滋玉池，還白使黑，常爲嬰兒。神來歸己，五藏相隨。"因瞑目念兩腎間白氣，周行一身中十二遍，翕然布散，流行四肢。乃復念兩腎巍隗，狀如雙鯉魚，右黑左赤，俠脊而居，炫耀光明，相照一身中。乃念青天太清元氣，下在目前，入口中咽之，一九而止。思行太清白元氣周徧一身，還藏丹田中。呼其神曰："司錄六丁玉女，削去某死籍，使某甲長生，上爲真人，十二太一，皆當言生。"至壬子、癸亥之日復存之。

第三十三神仙

經曰：所存念五藏神皆畢，乃更念玄鷔、玉英、金液，恒勿忘也。更念玄鷔，欲其潤澤，而起行列也。別念玉英，其中有一人大回倒豎，小童子服飾也。存之欲令堅强，長大自倍也。念金液，欲令其乾燥而緩也。如紫縠盛水銀也。念此盡遍，而復存之，法十二周，精神處之，和氣自來，百病去除，壽命與天地期，長生無極，安知死時！

第三十四神仙

經曰：食日之精，可以長生。緣玆上天，上謁道君。其法常以月一日、二日、五日、七日、九日、十一日、十三日、十五日，日初出時，被髮向日，瞑目念心中有一小童子，衣絳衣，文彩五色，灼灼正赤，兩手掌中亦正赤。以兩手掌摩面，下至心止，十二反爲之。念天日精正赤黃氣來下在目前，存入口中咽之一九，以手摩送之，拊心祝曰："景君元陽，與我合德，俱養絳宮中小童子。"須臾復念心下至丹田中止。以手摩送之，以日託心，心得日精，已乃神仙矣。

第三十五神仙

經曰：食月之精，以養腎根，白髮復黑，齒落更生，已乃得神仙。常以夜半時，思腎間白氣周行一身中，上至腦戶，下至足心。自然之道，易致難行。常以月十五日向月祝曰："月君子光，與我合德，養我丹田中小童子。"因瞑目念月白黃精氣來，下在目前，入口中咽之，三七而止，以手摩送之，下至丹田之中。丹田中氣正赤，氣中有一人長九分，小童子也，衣朱衣。故丹田中赤、外黑、左青、右黃、上白[4]，五色氣已具。但以其月託腎，腎得月精，乃得陞沈。丹田中赤者，太陽之精也，心火之氣也；其外黑者，太陰之精也，腎水之氣也；其左青者，少陽之精也，肝木之氣也；其右黃者，中和之精也，脾土之氣也；其上白者，如銀盤而照覆之者，少陰之精也，肺金之氣也。其中有五人，即五藏之太子也，五行之精神也。人須得丹田成，乃爲真人。故生子仁者，肝之精也；禮容者，心之精也；義慧者，肺之精也；和樂者，腎之精也；忠信篤厚者，脾之精也；辯勇者，膽之精也。緩和者，膽之氣衰也；盲者，肝之氣衰也；懦者，肺之氣衰也；癲者，心之氣衰也；濡者，腎之氣衰也；不肖喑聾者，脾之氣衰也。其五藏衰者，皆自見於己也。憂悲不樂則傷肝，傷肝則目瞑頭白，當思腎心以養之。淫樂過度即傷腎，傷腎則腰疼痛，身沉重，大小便膿血，思肝肺以養之。恚怒則傷心，傷心則病狂吐血，思肝脾以養之。遭患憂難則傷肺，傷肺則思脾腎以養之。飲食絶飽、酒醉過度則傷脾，傷脾則思心肺以養之。令其子母相養之，即病愈疾除。求神仙之人，惡傷五藏，學士明照之。

第三十六神仙

經曰：食太極之精，乃得長生。常以六戊之日時加其辰，辰一作神。道士於室中冠帶，北向再拜曰："皇天上帝太上道君，曾孫小兆王甲好道，願得長生。"暮夜臥，上念北斗太極中央大明星精正黃氣來，下在兆目前，入口中咽之，三五而止，黃精氣填滿太倉黃庭中，下至丹田中。乃念絳宮中有一赤人；紫房宮中有五人，太一君在其中，老子、仙人仲成子在左，太和、曲文子在右；明堂宮中有玄光玉女，左有黃裳子，右有中黃真人，俱宿衛真人子丹也。乃復下念玉堂三公，呼曰："司録六丁玉女，削去某甲死籍，令某甲辰生。"氣定，乃復念真人子丹在胃管中，祝曰："玄光玉女，養我真人子丹，服食元氣，飲宴醴泉。"以北斗中極託脾，脾得斗極之精，乃為真人。

第三十七神仙

經曰：肺為尚書，肝為蘭臺，心為太尉公，左腎為司徒公，右腎為司空公，脾為皇后貴人夫人，膽為天子大道君，胃為太倉，太子之府也，吾之舍也。大腸小腸為元梁使者，下元氣為大鴻臚，中元氣為八十一元士，上元氣為高車使者，通神於上皇。故肺為玉堂宮。心為絳宮，朱雀闕門。腎為北極幽闕，玄武掖門。脾為明堂，侍中省閣也。胃為上海，日月之所宿也。臍為下海，日月更相上下至胃中。故太初者，元氣之始也，道也，一也，心上為天。太始者，為萬物之始也，山川也，地也，為腎。太素者，人之始也，精也，脾也，土也。上亦有三宮：兩目爲絳宮，兩耳爲玉堂宮，鼻口爲明堂宮。眉間爲郊山，能合三元氣，以養其真人小童子，則列然徹視矣。

老君曰：萬道衆多，但存一念子丹耳。一，道也。在紫房宮中者，膽也。子丹者，吾也。吾者，正己身也。道畢此矣。

第三十八神仙

經曰：道士鍊水銀消沙，液珠玉八石，以作神丹，服一刀圭，飛昇天宮，身常食氣，乃得長生神仙。存神食丹，乃爲真人。真人得道，上佐上皇治。故真人以水土溟溟浩浩，天地漬漬濛濛，不知所存藏，萬八千歲乃成天地人。故真人以土作人，呼吸飲食，從騎伏使，令土不得獨處，人不得獨存。故言黃土本人之先也。真人去之，上昇九天。世人無道，下入黃泉。益土三升，子一作了。無骨筋。一本作肋。故九天丈人有言曰："食於天者，以身報天，上爲真人。神仙戲游。食於地者，以身報地，下爲尸鬼。食於人者，以身報人，骨毛棄捐。"兆欲爲道，勿食飛鳥，天之所生，殺之數數，減子壽年。人畜食之，可以爲廚。宰六畜也，避六丁神獸類也勿食。丁卯兔也，丁丑牛也，丁亥猪也，丁酉鷄也，丁未羊也，丁巳蛇也，此大禁之，六丁神之諱也。乘氣服丹入室之時，無食生物，禁食五畜肉。五畜肉者，馬牛羊猪狗也。但得食鷄子魚耳。禁食五辛，麂惡自死之物慎勿食。服丹尚可，乘蹻禁之。

第三十九神仙

經曰：道者吾也，上上中極君也。兆常以日出時、日中時、酉時、夜半時，一云日申酉。上念太極中央太黃星，其精氣來下在兆額上眉間止。正赤黃白如日狀，以意致之下，入口中咽之，令其氣下入絳宮紫房黃庭中，咽之三五而止。祝曰："皇天上帝太上道君，曾孫小兆王甲好道，願得長生，此吾之氣也，吾從此氣生。"念之萬遍無止也，令兆長生，上爲真人，雲車下迎，飛昇天宮，上謁上帝南極老人元光之前。

老君曰：聖人銷珠，賢人水玉，銷珠水玉，其道同法。銷珠者服日之精，左目日也；水玉者食月之精，右目月也。被髮正偃臥瞑目，常念兩目中黃精赤氣來下，入口中咽之，三九而止，令人神明，徹視八方。

食肺之精，常念肺中白氣來上，出至咽喉，入口中咽之，三七而止，令人神明，身生光澤，辟邪致神，玉女侍之，即長生辟百鬼矣。常念身中小童子，衣絳衣，在心中央，中央即神明也。時念心中有紫華蓋，下有一人，著赤幘大冠絳單衣，銜箭引弩，憤然而嗔，即能辟兵，役使鬼神矣。

第四十神仙

經曰：常思頂中紫雲，出如車蓋，狀如火氣，文彩五色，上與天連，以意極布之，與天相率下。念胃中黃氣如橘，忽長稍大，身形如日。念目下元氣赤人黃人道氣行布四支，登高入日中，登高一作登臺。上至絳宮紫房太一。祝曰："太一北極，敬告諸神，常令魂魄安寧，無離某甲身。"是謂自然無形者也。

第四十一神仙

經曰：鬼箭十二，可以辟兵。常思心中十二芝莖，上與肺連，以意挹之，名曰鬼箭。兆常行之，五兵自辟，凶惡自亡，以擊四夷，捐攄電光，但聞兵楯刀戟金銀。天神皆助真也，雷公擊鼓也，太白揚光，白帝持弩，蚩尤辟兵，青龍守門，武夷在庭，螣蛇玄武，主辟凶殃。白兔擣藥，蟾蜍在傍，太一和劑，彭祖先當。服一刀圭，面目生光，身出毛羽，上謁上皇。此道也，使諸神氣與子合同，慎之勿解殆也。

第四十二神仙

經曰：常以庚申之日申時，被髮西南，首申地偃臥，縱體瞑目，念肺正白，潤澤光明，中有芝草，莖大如小指，其中空而明，下與心相連。其中有青赤氣，上下交通，出心入肺之中。念之至下晡時止。肺者，人之天也。心者，人之日也。日氣上出，如赤丹之精。未嘗有之時，人須得此氣以生耳，失此氣者則死矣。名曰自然之道，道通神靈矣。

第四十三神仙

經曰：常念心中赤氣如日，內青外黑，三合成德，以應道數。師曰：常以平旦，念心中正赤如日，日中有人，著大冠赤幘，衣絳單衣，兆見之呼曰："天皇太一君，使某甲長生，上爲真人。"

第四十四神仙

經曰：還精絳宮之中法，常以月一日十五日晦日，以日初出時，被髮東首向日卧，以左手摩兩乳間，下至心，九反而止。拊[5]心言曰："神手[6]，神還絳宮，無離己身；神乎！安居[7]静處，與己言語。"如此三乃止。師曰：每摩兩乳間者，使氣上下通[8]也。拊摩其心，存小童子，此名虛無還精絳宮者，月三日爲之也，神仙之道也。

第四十五神仙

經曰：元陽赤人，太一也。元陽道君，中太一也。元陽子丹，己吾身也。元陽玄光玉女，道之母也。元陽皇人，太一王也。元陽丹田，藏精宮也。師曰：元者氣也，陽者日也。當思心中有日，日有赤人，著赤幘大冠，衣絳單衣。次思膽中有太白明星，三光耀而相照。星上各有一人，衣絳朱衣，冠九德之冠，道君在中央，左有老子仲成子，右有太和曲文子，凡五人是一也。次念脾上正黃，中有日，日中有三人，道母玄光玉女在中央，左有黃裳子，右有中黃真人[9]。次念胃管中有真人子丹，坐珠玉之牀[10]上，黃金色雲氣爲帳，玉女小童子侍[11]之。次念臍中太一，衣五綵朱衣，冠三絳之冠，左[12]青人，右有白人，前有赤人，後有黑人。次念丹田中有赤氣，赤氣中有三人，赤人在中央，左有青人，右有黃人，赤氣繞之，內青外黑，上白中黃。念此畢，卧有所見，神氣來語人也。

第四十六神仙

經曰：常念脾中有黃氣升上，至口中咽之，三五而止，即飽矣。可以辟穀，坐在立亡。師曰：常思脾中有日，日中有黃金匱，匱中有書，封之以黃玉印，印[13]廣三寸，字曰《威喜》。精而思之，則邪[14]自出。兆能見而讀之，心開目明，即時神仙矣。

第四十七神仙

經曰：常思念胃中正白[15]如凝脂，中有黃氣，填滿太倉，上至口中，咽之即飽。師曰：胃者，太倉也，諸神皆就太倉中飲食。中黃金釜金甄，玉女小童主給使之，故呼曰黃裳子致行廚矣！

第四十八神仙

經曰：腎者，元氣之根也。常思腎間白氣上昇至頭中，下至足心十指之端，周行一身中，十二遍而止。手足皆熱，可以不飢不渴不寒，令人不老，白髮復黑，兆常念行之。

第四十九神仙

經曰：常以月朔望日，思兩腎間白氣上頂中，下至足心，神龜五彩爲甲，文若總系。上有玄光玉女二公相對坐，前有太一，後有玄冥，司錄司命，共議死生。人精念之，三十息止。呪曰："司錄君司命君六丁玉女，削去某死籍，著上生文，皆[16]當言長生。"神龜呼吸，吐故納新，恣意所爲。白龜之神，元氣布行，四肢[17]皆温。人須得腎氣，神龜呼吸乃生耳。常以甲子日及壬子日存行之，即長生矣！

第五十神仙

經曰：常以甲午之日日中時，被髮南首，偃臥瞑目，念臍下三寸丹田中黃，其氣正赤，大如手掌，其外黑，次其外青。臍上有白氣覆之，肺氣也，左有青，右有黃，各大如手掌，此三者肝氣脾氣肺氣。師曰：丹田中赤者太陽氣，其外黑者太陰氣，次外青者少陽氣。三合成德，三氣守之，即長生矣！

第五十一神仙

經曰：心爲虛，腎爲元。虛氣以青上爲天，元氣以寧下爲地，入於太淵。故虛氣生爲呼，元氣生爲噏。心爲日，腎爲月，脾爲斗[18]。心氣下，腎氣上，合即爲一，布行四肢[19]不休息。故心爲血，腎爲氣，合即流行，名曰脈。脈者魂魄，人之容也，魂魄以去，主人寂寂。故百[20]脈盡即氣絕，氣絕即死矣！是以爲道者不可不存其神，養其根，益其氣。兆汝努力努力，將去矣。真人得道，萬八千歲一會。道士得道，千歲一會。故作《中經》，以遺後世。本上皇藏之金匱，道人得千金勿傳出也。

第五十二神仙

經曰：三元之日會合於己亥，三元者，太一、太陰、害[21]氣是也。三元[22]俱起己亥，太一左行，歲一辰；害氣右行，四孟歲行一孟；太陰右行，三歲一辰，九年行方，四九三十六年，三元俱合於亥。三合之歲，水旱兵飢，災害並起。三合之歲，陰陽隔并，感天動地，害氣流行，晝行則傷穀，中有人即疾疫，中穀即飢貴。兆汝居其間，不能自生也，可不努力勉時學道哉！當期之世，水旱蝗蟲，五穀飢貴，兵革並起，人民疾疫，道路不通，負老提幼，散流他方，其父母妻子兄弟哀氣內發，摧肝絕腸，略為奴婢，不知縣鄉，於期乃欲學道，豈不晚哉！豈不晚哉！吾深戒子，存神作丹早自防，即遭亂世，遠去深藏。聖主明世，道可照而行也。故天地之會，四十五歲一小貴，九十歲一小飢，一百八十歲一大貴，三百六十歲一大飢。五百歲賢者一小聚[23]，千歲聖人一小聚，三千六百歲聖人大會，萬八千歲真人一小出治，三萬六千歲至極仙人一出治，三百六十萬歲天地一大合，元氣溟涬濛鴻，元形人為萬物，不知東西南北，人化為禽獸，禽獸化為人。真人乃在元氣之上，仙人乃在絕域无崖之際，道人隱居可以貴重也。

第五十三神仙

經曰：天都京兆合在勾陳之左端，號曰安德君，主與天太一北君共筭計說，諸神主人魂魄會於南極，有錄者延壽，衆神共舉之；無錄者終矣，司命絕去之。人魂魄會於北極，有功德於人天地萬物者，子孫富貴，壽考鮮明[24]，身得封侯，復出為人。無德者有三：一曰殘賊酷虐，害逆天地四時；二曰呪詛[25]嫉妬淫泆，慢易天地神靈；三曰不孝不忠盜竊，陰賊推埋殺人。犯此三者，子孫絕滅。人生自有三命，至娶婦嫁女，復定其一命；移徙葬埋，復定其一命。得吉身者壽考，子孫富貴；得凶者死，子孫貧困屯。汝居世間，當何著于天地神，可畏也！故天置日月北斗二十八宿五星主之，六甲六丁諸神主行民間，兆汝不知，汝甚可畏之。常復有邪鬼精魅至於家思[26]不祥，里社水土公司命，門户井竈清溷太陰水瀆，皆能殺人者。兆汝欲却邪辟鬼，當被符，次服神藥。

符者，天地之信也；藥者，人丹也。益其氣力，身輕堅强，即邪氣官鬼不能中人也，即成神仙矣。鬼者，神之使也。鬼見天信即去矣。人亦有之，京兆舍中極鄉璇璣里夏里黃公字德皇，正在臍中央，太一是也，一名玉靈子。衣五彩朱衣，總閱黃神，常以八月秋分之日案比計筭。常先之一日、後之一日、正節之日凡三日，入室勿出。常以雞鳴時思之，平旦兆悦[27]之，至日禺中時止，爲之三日，被髮西北向，偃卧縱體，無令他人見之，豫勅家中人無得有聲。先齋戒沐浴，至其日入靜室中，安心自定，先祝之曰："曾孫小兆某甲好道，願得長生，今日秋分之日，天帝使者夏里黃公來下，入吾身中，案比總閱，諸神不得逋亡，皆當來會。"從上三呼之，比爲之，日三呼之，三日九呼之，日中乃止。即言曰："司録六丁玉女，削去某死籍，更著某長生神仙玉曆，急急如律令。"即日有天帝無極君教自應曰諾。下床回向再拜謝天神，一身道畢此矣。

第五十四神仙

經曰：子欲知真人、仙人何類？仙人衣襟衣，生毛羽。真人無影，衣五綵朱衣。其居無常處，東春、南夏、西秋、北冬，浮游名山崐崙蓬萊大郢九域之上，時上謁[28]上皇。故真人得道，八千萬歲，乘珠玉雲氣之車，駕元極[29]之馬，時乘六飛龍，佐上皇治。中仙之士，中天而上，乘雲往來，歷越海江。下仙之士，法當尸解，晦日朝會拜禮，不得解怠，當爲神使。道非有所異也，但有尊卑等故[30]耳。故百歲之人黃頭髪，二百歲之人兩顴起，三百歲之人萬物耳，四百歲之人面縱理，五百歲之人方瞳子，六百歲之人脅肋[31]胼，七百歲人骨體填，八百歲之人腸爲筋，九百歲之人延耳生，千歲之人飛上天，上謁上皇太一，爲仙真人重瞳子。故能徹視八方，食芝服丹即不老，人萬八千歲更爲童子，男八女七從此始。

第五十五神仙

經曰：子欲制百邪百鬼及老精魅，常持符利劍亭水瓮上，於中視其形影。凡行出入卒逢非常恠物，於日月光中視其形影，皆可知也。以丹書《制百邪符》置于瓮水上，邪鬼見之，皆自然消去矣！諸精鬼魅龍蛇虎豹六畜狐狸魚鱉龜飛鳥麋鹿老木，皆能爲精物犯人者，符刻之斬之，付河伯社令。常召今日直符使六丁神守之宿衛。左文字在《八十一首玄圖六甲宮四十九真》中。亦有《珠胎》《七機》《華蓋》《清觀》，皆能制百邪，此四符者，惡穢人不可服也。當被服《威喜》《巨勝》《左契》《右射》《太極》《太清》《太玄》《陽章》《条天》《包元》《氣太虛》，此大道也，可常被服，無所不防，亦無禁忌也。上制文曰："皇天上帝太上道君，曾孫小兆王甲好道，願得長生，所願從心。"來自在心也，不多言。上封文曰："皇天上帝太上道君、天一、太一、北斗君、日月陰陽君、司命君、司錄君，曾孫小兆王某好道，願得長生，唯司命司錄君削去死籍，更著長生玉曆仙籍，定爲真人。"臣某即日除爲太一使者，再拜受命上皇道君中黃門子，再拜著契封符。傳當清潔，先解過。常以歲[32]四時除日及八節日，以酒脯於東流水上解過，南流亦可。

《神仙玄圖》曰[33]："《玉曆》五十五章姓名符信，本在上皇金匱玉笈玉笥中，封之九重，兆得之慎勿妄傳，子慎之，勿受錢之，得其人即傳之，可得神仙。吾時時自案行此二篇[34]上下《中經》也。吾常使司命教鬼守汝，勿妄增減吾文，一字不具，吾即知之，兆汝慎之慎之如吾言。符與下字以丹青之，此吾之信也。兆汝審欲神仙，當先服還丹金液，存神，即時仙矣，上爲真人。兆汝不服神丹金液，當自苦耳！爲寒溫風鬼所繫，司命不救汝也，道神無奈汝何。兆爲道溫衣適食，守虛无[35]爲自然，鬼亦不能救殺也，年壽終竟自死矣！何以言之？以其不堅守神故也。譬猶萬物之生，非欲求死，但自然老枯槁腐死，其人亦如此矣。吾以喻汝，努力求師。吾教八十一弟[36]皆仙，其十人布在民間，遊遨[37]穀仙。吾越度秦項不出，爲漢出，合於黃世，見吾大吉。"

【校記】

〔1〕"精赤黃氣"，《第十一神仙》及《第三十九神仙》作"黃精赤氣"。
〔2〕"三五"，《道藏輯要》本作"二五"。

〔3〕"灂灂"，《第二十六神仙》作腎神名，肺神則名"鴻鴻"。

〔4〕"中赤、外黑、左青、右黃、上白"，《第十七神仙》作"中赤、左青、右黃、上白、下黑"。

〔5〕"柎"原作"柑"，據《道藏輯要》本改。

〔6〕"手"，《太上老君中經》作"首"，依後句疑作"乎"。

〔7〕"居"原作"君"，據上書改。

〔8〕"通"原作"道"，據上書及《道藏輯要》本改。

〔9〕"真人"原作"直"，據本書《第三十六神仙》改。

〔10〕"牀"原作"狀"，據《太上老君中經》及《道藏輯要》本改。

〔11〕"侍"原作"待"，據上二書改。

〔12〕"左"後疑有"有"字。

〔13〕"印印"原作"邜邜"，據《太上老君中經》改。

〔14〕"邪"原作"耶"，據上書改。

〔15〕"白"原作"自"，據上書及《道藏輯要》本改。

〔16〕"皆"原作"此"，據《第十四神仙》及《第二十五神仙》改。

〔17〕"肢"原作"友"，據《太上老君中經》改，《道藏輯要》本作"支"。

〔18〕"斛"，《太上老君中經》作"斗"。

〔19〕"肢"原作"友"，據上書改。

〔20〕"百"原作"伯"，據上書改，《道藏輯要》本作"血"。

〔21〕"害"原作"宮"，據《道藏輯要》本改。

〔22〕"三元"原作"元三"，據《太上老君中經》及《道藏輯要》本改。

〔23〕"聚"字原無，據《道藏輯要》本增。

〔24〕"鮮明"，上本作"綿延"。

〔25〕"詛"原作"咀"，據《太上老君中經》改。

〔26〕"思"，上書作"鬼"。

〔27〕"兆悦"，上書作"召説"。

〔28〕"上謁"原作"上謁上謁"，據上書删。

〔29〕"元極"，上書作"无極"。
〔30〕"等故"，上書作"之故"，《道藏輯要》本作"等級"。
〔31〕"肋"原作"助"，據《太上老君中經》改。
〔32〕"歲"原作"西"，據上書改。
〔33〕"曰"原作"日"，據上書改。
〔34〕"二篇"原作"三篇三篇"，據上書改。
〔35〕"无"原作"元"，據上書改。
〔36〕"弟"疑當作"弟子"。
〔37〕"遨"疑當作"遨"或"遫"。

雲笈七籤卷之二十

三洞經教部

經

太上飛行九神[1]玉經一名《金簡內文》

太上大道君告北極真公曰："吾昔遊於北天，策駕廣寒，足踐華蓋，手排九元，逸景雲宮，遨戲北玄。逍遥朔陰之館，賞于洞毫之門。昑璇璣以召運，促劫會以僻輪。歎萬物之凋衰，俯天地而長存。乃覺九星之奇妙，悟斗魁之至靈也。夫九星者，寔九天之靈根，日月之明梁，萬品之淵宗也。故天有九氣，則以九星爲其靈紐；地有九州，則以九星爲其神主；人有九孔，則以九星爲其命府；陰陽九宮，則以九星爲其門戶；五嶽四海，則以九星爲其淵府。五九参列，綱維無窮，制御天宿，迴轉三辰，調理四五，致天地得存。萬品之所宗，神仙之所憑。夫天無九星，則無以爲高清；地無九星，則無以爲至靈；人無九星，則九孔不明。上帝兼之以通真，神仙憑之以得成，五行乘之以致度，萬物禀之以得生也。天清地静，則九星煥明；天激地否，則九星翳昏。璇璣召劫度之期，天關運五行之氣，輪空洞之大輻，促九天之應會。是以神光轉灼，玄監萬生，傍行越位，以告災祥。天地所以有大運之交，百六應符，皆九星緯轉數終。所以陰陽勃蝕，二氣否激，天飜地覆，九海冥一，金玉化消，毫末不失也。悉九星之所迴，璇璣之所促，明天地之用，玄綱之妙，得其中，則有空常隱步，藏景逃形，變化三辰，萬物立成，黑點隱淪，二十五名，其趣幽微，祕不下傳。上有九辰華君，中有九皇夫人，魂精魄靈，皆九斗之威神，吐煥七曜之光，流映九天之門，洞朗幽虛，無毫不彰也。其星陽芒則爲《流金火鈴》，陰芒則爲《豁落七元》。皆高上之靈策，元始之威章也。龍飛尺素之訣，隱諱口口之中，列帛華晨之下，羊鴈禮天以招真，則玄光曲照于盟場，九晨下降於靈宇，夫人懽悅於寢席，玄斗記名於隱書。有知此道存之，便足以免大劫之會，度洪災於甲申也。修之二七年，便得晏鴻翩而騰翔，斥紫霄而升晨也。此玉清之上道，不比上清之中仙也。玉清則上清之高真，上清則太清之高神，太清則飛仙之高靈。凡行玉清之道，出則諸天侍軒，給玉童玉女各三千人，建三七色之節，駕紫雲飛輧[2]十二瓊輪，前導鳳歌，後從玄鈞，六師啓路，飛龍翼轅，其位准高仙，列圖玉清。行上清之道，出則五宿侍衛，給玉童玉女各一千五百人，建紫毛之節，駕飛雲丹輿，前吹鳳鸞，後奏天鈞，玄龍啓道，五帝參軒，位准上清左右位卿。行太清之道，出則五帝侍衛，給玉童玉女各八百人，建五色之節，駕龍輿飛煙，前嘯九鳳，後吹八鸞，白虬啓道，太極參軒。故真中有高卑，玄中有階次也。玉清之道，玄遠絕邈，不比中真及飛仙之徒。九星上法玄映之道，吾昔受之於元始，于今七億萬劫。經天地成敗，萬品衰滅，而其道獨存，今猶修之於雲景之上，而不能忘之於時節者，意玩此道高妙，愛樂夫人接遇也。況來生始學飛晏之舉，而不知幽尋步空之法，何由得披重霄之門，觀天地之始終乎？既無此道，與九晨乖域，夫人絕遊也。徒有玄名帝錄，超卓高騰，正可得策駕雲龍，遊眄五嶽，但不死而已。如此望踐斗魁，旋步華晨，騰景玉清，當未有期也。子方當匡御劫運，封掌十天，科簡玄錄，理判神仙，宜受此法，以綜萬生。今出相付，子祕而修焉。"

九晨真人曰：行飛步之道，先一日沐浴齋淨，是日於中庭布星圖隨斗建也。北向長跪，燒香於玄冥星下，叩齒三十六通，閉眼存歲星在左脇，太白星在右脇，熒惑星在頭上，辰星在臍下，鎮星在心。次覆衣九星，先舉左手屈於頭上如斗勢，存陽明星在左手掌中，陰精星在左肘上，真人星在左乳上，玄冥星當心。故燒香於玄冥星下而啓事，因心而應天明也。丹元星在右胜上，北極星在右膝頭上，天關星在右足胅上，輔星在臍下，弼星在頭上。畢，微呪曰："衣天斗，戴金巾，乘魁綱，入斗門，朝真人，拜華晨，二十八宿，覆絡我身，乘空步虛，飛升自然。"畢，咽氣九過止。

次舉右手如斗勢臨頭上，存陽明還右手掌中，陰精星右肘上，真人星在右乳上，玄冥星當心上，丹元星在左胜上，北極星在左膝頭上，天關星在左足胅上，弼星在左目上，輔星在右目上。畢，微呪曰："我乘天綱，步九元，履斗魁，行飛仙，得天心，萬神懽。隱形藏景，變化萬端。敢有干試，收繫斗門，掃除不祥，正真明分。左煥火鈴，右輝靈幡，威光萬里，嘯命立前。玉帝所呪，靡不如言。"畢，咽氣十六通止。次乘斗旋行斗星之外，步斗魂魄，從天樞星上對陽明，次登天璇天機，以次周於隱元，往反三過。畢，於隱元星上歌《三洞飛空章》而登陽明也。便立思夫人形象如左也。

第一天樞星，則陽明星之魂神也。天樞星威而不曜，光而不照，潛洞太虛，圍九百二十里，對陽明星之西北門。其星則號元斗宮魁精玄上真皇夫人，姓明通，諱矍玄，真名上精。頭建飛雲華頍之髻，餘髮散至腰，衣紫黃青三色之襹，帶九鈴之綬，口恒吐青氣之光，以注於陽明星上，以明星之煥也。修飛步之道，當思夫人姓諱形像然後呪，則魂神澄正，明星懽悅，天光洞映，使魂影俱飛登晨也。并足上天樞星上，對陽明星左手撫心，右手指陽明星，叩齒九通，咽液九過，閉氣三息，而微呪曰："天妃九星，凝氣結真，七曜纏絡，號曰玉晨。上建華蓋，下躡斗魁，身乘天機，飛步瓊軒。魂精魄靈，與形合仙，保元日月，天地長存。隨運變化，夫人齊連，上升九天，浮景自然。"畢，閉氣三息。次左足躡天璇，進右足與左足并通氣。

第二天璇星，則陰精星之魂神也。天璇星景而遠映，照而不煥，潛洞太虛，圍五百五十里，對陰精星之西門。其星則號玄斗宮虛精上玄皇夫人，姓玄鏡，諱鬱勃光，真名金歸。頭建飛雲華頹之髻，餘髮散至腰，衣飛錦羅幝鳳文錦帔，帶靈飛紫綬，口恒吐黑氣之光，以注於陰精星上，以明星之暉曜也。修飛步之道，當思夫人姓諱形像，并足上天璇星上；對陰精星左手撫心，右手指陰精星，叩齒九通，咽液九過，閉氣九息，而微呪曰："北玄皇靈，九上開清。玉華潛暎，緯絡紫庭。今日飛步，萬道通明。魂魄澄正，安附我形。無使飛翔，同升北星。上噉玄精，飲以玉泉。變化九微，保命天靈。"畢，閉氣三息。次進左足躡天璣星，次右足來并通氣。

第三天璣星，則真人星之魄精也。天璣星猛而不顯，暉而不曜，潛洞太虛，圍七百七十里，對真人星之東南門也。其星則號上精宮靈妃元皇夫人，姓常明，諱化雲，真名流熌[3]。頭建晨嬰寶冠，衣飛雲明光錦襦，帶六山飛晨之綬，口恒吐黃氣之精，以注真人星上，以明星之曜也。修飛步之道，當思夫人姓諱形像，并足上天機星上，對真人星右手撫心，左手指真人星，叩齒九通，咽液九過，閉氣十二息，而微呪曰："靈妃元皇，九星中真。上理璣度，總監諸天。下試群方，遊景紫煙。是日上吉，皇[4]道敷陳。潤流九外，曲灑我身。飛行羽步，上入帝晨。與皇同眉，永享劫年。"畢，閉氣三息。次進左足躡天權星，進右足與左足并通氣。

第四天權星，則玄冥星之魄精也。天權星微而隱，隱而同映，潛煥太虛，圍八百里，對玄冥星之東門也。其星則號綱極宮上靈神妃華皇夫人，姓開生，諱運明，真名嬰關。頭建七稱之冠，衣緋羅鳳文之襦，帶《金真玉光》，口恒吐赤氣之精，以注玄冥星上，以明星之煥曜也。修飛步之道，當思夫人姓諱形像，并足上天權星上，對玄冥右手撫心，左手指玄冥，叩齒九通，咽液三過，閉氣三息，而微呪曰："神妃上靈，號曰華皇，安鎮華蓋，北上之宮。左侍玉女，右衛靈童，道引七精，九暉之光。爲我致真，飛步天綱，使我魂魄，俱升帝堂。"畢，閉氣三息。次進左足躡玉衡，進右足與左足并通氣。

第五玉衡星，則丹元星之魂靈也。玉衡星大而嘿，踊而不煥，潛洞太虛，圍七百二十里，對丹元星東北門也。其星則號紀明宮北上金蓋中皇夫人，姓元方，諱神武，真名勃。頭建紫晨飛華之冠，衣九色之褵，帶《神虎玉文》，口恒吐白氣之光，以注丹元星上，以明星之暉也。修飛步之道，當思夫人姓諱形像，并足上玉衡星上，對丹元星右手撫心，左手指丹元，叩齒三通，咽液三過，便閉氣三息，而微呪曰："皇華中妃，上元所居，九斗吐暉，精煥八嵎。流煙鬱勃，散靈朱廬，使我魄靈，天地同符。形魂俱升，駕空策虛，玉光纏絡，丹軿紫輿。飛行北上，參受隱書。"畢，閉氣天息。次進左足躡闓陽星，進右足與左足並通氣。

第六闓陽星，則北極星之魄靈也。闓陽星朗而潛照，暉而不煥，洞微太虛，圍七百七十里，對北極之下，開北洞之門也。其星則號紫極宮安上晨華元皇夫人，姓王元，諱根華，真名冥會。頭建玉晨進賢之冠，衣飛青羽褵，帶《流金火鈴》，口恒吐綠氣之精，以注北極星上，以明星之曜暉也。修飛步之道，當思夫人姓諱形像，并足上闓陽星上，對北極星而左手撫心，右手指北極，叩齒三通，咽液五過，閉氣五息，而微呪曰："九天上帝，黃華之宗。運轉璿璣，緫輪八方。使我飛步，躡紀天綱。反覆交并，三五縱橫。通靈八微，羽衣玄黃。龍輿玉景，飛行太空。長享眉壽，天地同功。"畢，閉氣五息，次左足躡搖光星，進右足并通氣。

第七搖光星，則天關星之魂大明也。搖光星則光轉空洞，迴旋天關也，潛煥太虛，圍九百里，上對天關星之南門，下對北極星也。其星則號運天宮玉華靈皇夫人，姓度元，諱終會，真名啟光。頭建飛華頹雲之髻，餘髮散至腰，衣七色夜光雲錦之帬、九色錦帔，《九[5]天威靈玉策》，口恒吐赤氣之精，注天關星上，以明星之大光也。修飛步之道，當思夫人姓諱形像，并足上搖光星上，對天關星而左手撫心，右手指天關，叩齒九通，咽液九過，閉氣三息，而微呪曰："天地迴轉，七光大明。旋轉九氣，上應玉清。中有夫人，號曰華靈。玄映九外，無毫不生。是日良吉，飛步紫庭。使我魂魄，安附身形，變化空洞，出幽入冥。天地同轉，萬劫不傾，保仙上元，九晨齊精。"畢，閉氣七息，次左足躡洞明星，進右足并通氣。

第八洞明星，則輔星之魂精陽明也。洞明星則光迴諸天，總輪上宿，流暢太虛，圍九百九十里，上對輔星西南門也，在天關之上梁，北極之陽芒也。其星則號空真宮太明常皇夫人，姓幽昇，諱無韻，真名空變。頭建飛雲華頯之髻，餘髮散至腰，衣飛羅文襦，帶九光之綬，口恒吐青氣之精，注於輔星之上，以常陽大光也。修飛步之道，當思夫人姓諱形像，并足上洞明星上，對輔星而右手撫心，左手指輔星，叩齒九通，咽液九過，閉氣三息，而微呪曰："三五飛行，天地開張。九元迴綱，合紐上京。天真散靈，萬道溢昌。夫人曲映，是日吉良。飛步斗魂，旋行玉綱。頭戴華蓋，足履常陽。遊戲三清，變化萬方。保仙自然，享壽無窮。"畢，閉氣十二息，次左足躡隱元星，進右足并通氣。

第九隱元星，則弼星之魂明空靈也。隱元星則隱息華蓋之下，潛光曜於空洞之中，圍九百九十里，上對弼星之東南門也。其星則號元寶宮空玄變靈上皇夫人，姓冥通，諱萬先，真名常陽。頭建飛雲七稱玉冠，衣青文錦襦，帶《九光夜燭》，口恒吐黑氣之精，注於弼星之上，以明煥隱洞之光也。修飛步之道，當思夫人姓諱形像，并足上隱元星上，對弼星而左手撫心，右手指弼星，叩齒十二通，咽液一過，閉氣一息，而微呪曰："上步天綱，飛行羽門。出入三生，逃身隱淪。變化形影，千合萬分。神安氣鎮，鍊度仙魂。舉體同飛，衣服錦幙。流鈴交落，身佩虎文。嘯咤五帝，策駕景雲。上造北晨，朝謁皇君。"畢，閉氣一息止。還并足上天樞星上，單步往反三周，不須復存思呪説也。步斗魂事畢，存呪正初登星一過行之爾。往反三過畢，還立天樞星上，向陽明星而歌誦《徘徊遊行九晨羽章》三篇，畢，便登綱上陽明星上行飛步也。

羽　　章

雲綱落天紀，九斗翠玉虛。紫蓋重霄嶺，玄精朗八嶼。上有九晨賓，吟詠隱與書。飛步遨北漢，長齡天地居。

控轡玄羽臺，飛行九元所。洞虛深幽邃，雲綱乘空舉。下有採真士，仰照玉晨府。三周陽明上，九迴入洞野。高步登帝尊，長歌龍飛語。

玉霄映北朔，瓊條翠隱柯。空生九靈臺，煥精曜太遐。天關運重冥，劫會屢經過。乘我羽行駕，飛步織女河。保靈空常化，永忘天地多。

此三章出玉清上宮，諸九陽玉童、九華玉女，皆恒歌誦之於華晨之上，以和形魂之交暢，啓靈真於幽關也。

凡修飛步七元行九星之道，無此歌章，皆不得妄上天綱，足躡玄斗也。犯之，九星則執子魂魄閉於斗綱之下也。令人猖狂失性，嗔怒妄興，不出三年，無不喪身。非道不欲使人得仙，而人不能明道淵源耳，如此豈可不詳而行焉。九星則九天之根，玉清之明精，九魂則九星之明靈，人徒知步七星之妙，而不知九星魂魄之至靈也。非七星不欲運人上斗，而人身魂神畏斗星之靈魄，不敢隨人而騰空也。欲修飛步之道，宜知斗星之魂魄、九皇夫人內名、空常之隱訣也。而按圖修行，豈當不得飛登北元，上謁華晨者哉。但此道高妙，玉清寶祕不行，中仙鮮有得者。知其法則九星內映，夫人降席，斗魂感悅，則共攜兆而昇入九元之內宮。

陽明星，天之太尉，司政主非。上總九天上真，中監五嶽飛仙，下領後學真人，天地神靈，功過輕重，莫不隸焉。星圍九百二十里，皆瑠璃水精。中有玉樹青實，金翅之鳥棲宿其上，自生青精玉芝，食之一口，壽九萬年。星有九門，有[6]四光芒，皆爛照九億萬里中。上有青城玉樓據斗真人，號曰太上宮青城玉樓九晨君，姓上雲，諱法嬰容，字董洞陽搖天槌。頭建九晨玉冠，衣青羽飛裳，手執斗中玄圖，坐玉樓之中。有玄名玉錄，當得知九晨君內諱。知者玉晨下映，明星玄降。修其道飛行太空，升入九門之內也。修飛步之道，當先於陽明星上，右手撫心，左手指天東北，閉氣九息，叩齒九通，咽液三過，閉眼思九晨君姓諱形像，留立陽明星上，便微祝曰："飛天九晨，上據玄魁。威振八煥，司政紀非。今日飛步，萬道通開。九真齊景，天轉地迴。鬼謀截頸，人逆斬摧。三綱所捕，逆者將衰。神靈侍衛，享福巍巍。得天之心，骨化形飛。手攀七綱，足踐九扉。雲行雨步，上昇太微。"畢，左轉陽明星上九迴，立向鬼門，閉氣三息，轉左足躡陰精，進右足并於陰精星上通氣。

陰精星，天之上宰，主祿位。上總天宿，下領萬靈及學仙之人，諸學道及兆民宿命祿位莫不隸焉。星圍五百五十里，亦皆瑠璃水精，中有玉樹黑實，金翅之所棲，自生玄芝玉飴，食之一口，得壽五萬年。星有五門，門有四光芒，爛照九億萬里中。上有五色玉樓攀魁真人，號曰中元宮五色玉樓北上晨君，姓育嬰，諱玄上瓮，字昌陽文激明光。頭建玄精玉冠，衣玄羽飛裳，手執五色羽節，坐玉樓之中。若有玄名朱臺，當得知上晨君內諱。知者則北上下映，陰精玄降。修行其道，則飛行太空，昇入五門之內也。修飛步之道，當先於陰精星上，左手指本命，右手撫心，閉氣五息，叩齒五通，咽液五過，閉目思北上晨君諱字形像，留立陰精星上，便微呪曰："玄晨北靈，五氣上精。體隱六紀，心藏景星。日月俠映，三光飭形。今日元吉，步綱紫庭。上開天戶，受福朱靈。享祚無極，祿位尊榮。萬願交覆，所向利貞。騰飛華蓋，遨翔玉清。上詣北晨，九真齊軿。"畢，左轉陰精星上五迴，向本命上立，閉氣三通，轉左足躡弼星，進右足并通氣。不得躡真人星，但躡弼星耳。

真人星，天之司空，主神仙。上總九天高真，中監五嶽靈仙，下領學道之人，真仙之流，莫不隸焉。星圍七百七十里，亦皆瑠璃水精，中有玉樹黃實，金翅之所棲，自生黃精玉芝，食之一口，得壽三千萬歲。星有十二門，門有四光芒，爛照九億萬里中。上有黃臺玉樓真人，號曰真元宮中黃臺玉樓主仙華晨君，姓歸玶，諱妙陰光，字通度元度凝脂。頭建飛晨寶冠，衣青羽飛裳，手執斗中青籙，坐玉樓之中。若有玄名方諸，當得知華晨君內諱。知者則華晨下映，真人玄降。修行其道，則飛行太空，昇入十二門之內也。修飛步之道，皆不得躡真人星也。當并足弼星上，所謂偃息華蓋者也。北老真公曰："子欲騰身，勿干真人。子欲飛行，勿柱天綱。子欲神仙，當拜華晨。"行道當避真人星，立弼星之上，拜真人，朝華晨，而求飛空也。弼星曰空，輔星曰常，常者常陽，空者隱藏。其有諱不得傳於人口，可於華晨之下，羊鴈禮天，裂素盟而傳。得此祕諱，心存而行之，輕泄七祖負考風刀也。當於弼星上，右手撫心，左手指西北，閉氣九息，叩齒九通，咽液九過，閉眼思主仙華晨君姓諱形象，留立真人星上，便微呪曰："太微通真，弼輔華晨。吐煥九精，結氣紫煙。飛霞流映，光曜十天。上理元衡，下攜神仙。今日飛步，請禮真人。一求空行，二乞隱身，三願上昇，北掖四便。龍衣羽服，錦帔青幘，駕乘八景，浮遊九玄。得入天宿，與帝同軒。"畢，左迴弼星七過，向真人閉氣三息，轉左足躡玄冥，進右足并通氣。

玄冥星，天之遊擊，主伐逆。上總九天鬼神，中領北帝三官，下監萬兆伐逆不臣，諸以凶勃，莫不隸焉。星圍八百里，亦皆瑠璃水精，中有玉樹赤實，金翅之所棲，自生丹芝流瑛，食之一口，得壽八千萬年。星有三門，門有四光芒，爛照九億萬里中。上有朱臺玉樓出斗真人，號曰紐幽宮中朱臺玉樓玄上飛蓋晨君，姓冥樞，諱定宣覺，字法明度搖天柱。頭建三華寶晨冠，衣丹錦飛裳，手執命靈之節，坐玉樓之中。若有玄名玉格，當得飛蓋晨君內諱。知者則飛蓋下映，玄冥玄降。修行其道，則飛行太空，上昇入三門之內也。修飛步之道，當先於玄冥星上，右手撫心，左手指天，閉氣九息，叩齒三通，咽液三過，閉眼思飛蓋君姓諱形像，留立玄冥星上，便微呪曰："天真行道，步景藏形。七元煥落，九晨齊并。手把天衡，足踐飛星。左輔火甲，右御朱兵。威振十天，流煥上清。先戮謀議，後伐妖精。敢有干正，斬以刀刑。三綱所制，莫不伏聽。變化往反，適心華庭。乘空飛步，上造帝靈。"畢，左迴三轉，向天閉氣三息，轉左足踐丹元星，進右足并通氣。

丹元星，天之斗君，主命錄籍。上總九天譜籙，中統鬼神部目，下領學真兆民命籍，諸天諸地，莫不總統。星圍七百二十里，亦皆瑠璃水精，中有赤樹白實，金翅之所棲，自生金精冶鍊之膏，食之一口，得壽七萬年。星有七門，門有四光芒，爛照九億萬里中。上有素臺金樓躡紀真人，號曰綱神宮中素臺金樓躡紀真人金魁七晨君，姓上開，諱冥通光，字朱煥元變五道。頭建七寶飛天冠，衣白錦飛幕，手執青元籙籍，坐金樓之中。若有玄名崐臺，當得知七晨君內諱。知者則七晨下映，丹元玄降。修行其道，則飛行太空，上昇入七門之內也。修飛步之道，當先於丹元星上，右手撫心，左手指天關，閉氣七息，叩齒三通，咽液三過，閉眼思七晨君姓諱形像，留立丹元上，便微祝曰："飛行躡紀，上步丹元。乘魁落宿，呼命斗魂。削死勒生，青白簡分，三合成道。年命長延。亨[7]利眉壽，齊生華晨。肉飛骨輕，駕景乘雲。仙衣羽服，流鈴紛紛。五色煥燿，昇入七門。"畢，迴星上七轉，還向天關，閉氣七息，轉左足踐北極，進右足并通氣。

北極星，天之太常，主昇進。上總九天真，中統五嶽飛仙，下領學者之身，凡功勤得道，轉輪階級，悉總之焉。星圍七百七十里，亦皆瑠璃水精，中有黑樹白子，金翅之所棲，自生玄芝水瑛，食之一口，壽五萬年。星有八門，門有四光芒，爛照九億萬里中。上有玄臺玉樓步綱真人，號曰紀明宮中玄臺玉樓北晨飛華君，姓明靈，諱長明化，字淵洞源昌上元。頭建飛精華冠，衣紫錦飛裳，手執九斗玉策，坐玉樓之中。若有玄名金臺，當得知飛華君內諱。知者則飛華下映，北極玄降。修行其道，則飛行太空，上昇八門之內也。修飛步之道，當先於北極星上，右手撫心，左手指金門，閉氣八息，叩齒三通，咽液三過，閉目思飛華君姓諱形像，叩齒立北極上，便微呪曰："天行三五，中元迴旋。飛步華蓋，御斗乘晨。落紀三命，徘徊遊煙。今日元吉，上希神仙，名書玉簡，列[8]字紫篇。青襦羽服，丹帔錦裙，八景丹輿，運我昇軒。位爲仙卿，北上之君。請求所呪，靡不如言。"畢，迴星上八轉，還向西方，閉氣八過，轉左足踐天關，進右足并通氣。

天關星，天之上帝，主天地機運，如四時長養，天地否泰劫會，莫不隸焉。星圍九百里，亦皆瑠璃水精，中有三華之樹，五色之實，金翅之所棲，生自然九味芝膏，服之一口，身生九色之光，得壽九萬年。星有一門，門有九光芒，總運九天之氣，爛照九億萬里中。上有九層玉樓乘龍真人，號曰關會宮九層玉樓總雲九元北蓋晨君，姓玄樞，諱轉光，字會元終明天徒。頭建九元寶冠，衣九色錦裳，手執暉神之章，坐玉樓之中。若有玄名九天帝圖玉錄，當得知北蓋晨君內諱。知者則北蓋君下映，天關玄降。修行其道，飛行太虛，昇入一門之內也。修飛步之道，當於天關星上，左手撫心，右手指地戶，閉氣一息，叩齒三通，咽液三過，閉眼思北蓋晨君姓諱形像，留立天關星上，便微呪曰："天元運關，地紀轉維。九靈交度，三五相推。四七幡宿，五帝徘徊。承玄步虛，上躡玉機。衣斗履斗，流鈴煥威。順我者吉，逆我者衰。我行天真，萬里廓開。身騰蒼軿，魂昇形飛。長離劫會，昇入太微。"畢，迴星上一轉，還向地戶，閉氣一息，轉左足踐輔〔9〕星，進右足并通氣。

輔星，天尊玉帝之星也，曰常，常者常陽，主飛仙。上總九天，下〔10〕領九地，五嶽四瀆神仙之官悉由之焉。星圍九百九十里，亦皆瑠璃水精，中有青華之樹，自有九音之字，上有青鳥三足鳥，生自然瑠璃芝瑛，食之一口，得與玉帝同真。星有八門，交通八氣，門有四光芒，爛照九天之上。中有紫氣玉樓遊行三命真人，號曰帝席宮中紫氣玉樓帝尊九晨君，姓精常，諱常無瓮，字玄解子空正上開延。頭建飛精玉冠，衣九色衣，手執火鈴，坐玉樓之中。若有玄名上清，得知帝尊內諱。知者則帝尊下映，輔星玄降。修行其道，飛行太空，昇入八門之內也。修飛步之道，當於輔星上右手撫心，左手指熒惑星，閉氣三息，叩齒三通，咽液三過，閉眼思帝尊姓諱形像，留立輔星上，便微呪曰："乾坤交覆，三命接靈。上步天宿，飛行九星。左把隱書，右執羽經。拜謁帝尊，受帝之名。得越華蓋，騰翔紫庭。今日行道，萬慶交并。受福巍巍，永享長生。身變毛羽，飛昇玉〔11〕清。"畢，迴星上三過，還向南方閉氣三息，轉左足還踐弼星上，進右足并通氣。

弼星，太帝真星也，曰空，空者，恒空隱也，主變化無方。星圍九百九十里，亦瑠璃水精，中有三華之樹，自生九天玉章，上有金口之鳳，口銜火鈴，中生自然七曜之暉，得食暉一口，與太帝同真。星有九門，交關九天，門有四光芒，爛照八極之外，無央之中也。中有玉臺紫舘徘徊三陽真人，號曰上尊宮中玉樓紫舘帝真元晨君，姓幽空，諱空無先，字隱元覺冥陽暉幽寥元，頭建飛天玉冠，衣九天龍衣，手執帝章，坐紫舘之中。若有玄名九天，得知帝真内諱。知者則能隱形藏身，修行其道，則飛升九門之内也。修飛步之道，當於弼星上右手撫心，左手指北辰星，閉氣五息，叩齒三通，咽液七過，閉眼思帝真元晨君姓諱形像，却立弼星上，便微呪曰："道合三微，玄虛舉真。出常入空，逃形天關。浮翔八極，駕景紫煙。飛步九天，變化億千。遨戲北蓋，嘯命句陳。所求所願，靡不如言。長齡天地，保年華晨。"畢，迴星上五轉，還向北辰星，閉氣七息，左轉兩足，還并立陽明星上，從陽明星單行禹步，周迴九星，往反九迴止，皆不須復存呪也。畢，還弼星上，平坐偃息華蓋，存九晨覆衣如初法，閉眼思已身在絳雲之内，乘天綱飛空，上升九天之門，隨綱轉輪九過。畢，覺身如落空，還坐星圖之上，便以手拭目九過，捻兩耳門九過，而行《周天大呪》，叩齒九通，仰西北而呪曰："高上九靈，皇上華君。總仰天宿，迴度三辰。變化四節，五行成仙。是日行真，普命萬神。五嶽四瀆，及諸靈山。天地水官，悉衞我軒。太陽激電，六陰吐雲。猛獸驅除，萬精四奔。毒龍食鬼，平滅邪源。謀我者刑，干我者煩。樂我者壽，願我者仙。我帶靈策，體佩七元，《流金火鈴》，煥落我身。頭戴華蓋，足躡景雲，口銜天精，手握天關。空常變化，千合萬分，金木水火，立成自然。飛行禹步，徘徊九門，出入三清，天地長存。"畢，又叩齒三通，咽氣二七過，都止，九晨之道畢於此也。行九晨之道，當以正月七月四月十月四孟月，同用上旬五九，唯一日也平旦；二月八月五月十一月四仲月，同用中旬十五十九正中；三月九月六月十二月四季月，同用下旬二十五二十九夜半。此一月六日，旬適取其一日，一月三過，行之一年，三十六過，以應天關轉輪九天之氣三百六十度之數也。以其日行道，皆九天書名，得過陽九百六之運，身免洪波大劫之災，九年乃得晏飛綱而上步，乘空紀而超足也。

《九晨玄圖[12]金簡文》曰：修飛步九晨之道，亦當依步天綱之日兼而行之，益求飛天之速[13]，玄斗屢鑒也。若兼修者，當先行九晨，而後行步天綱也。此二法呪，呪爲異，原同一法。

步天綱

太微帝君昔授皇清洞真君，步天綱，飛地紀，據玄斗，攀星魁，接九真，乘飛龍，遊三命，浮三[14]生，固三寶，出六害，隱六陰，入六紀[15]，鎮天英，守延期，存无輔，躡大弼。用[16]流丹房，上升文昌，展轉九道，位爲九老。行之二十年，受書爲上清真人。凡人望七星爲近，不知步之甚遠。道士苟知天綱之可步，而不知魂魄不追其身。非身之不將魂魄也，魂魄畏七星之威不敢追身而上行也。故三魂不攝，七魄蕩散，徒以空尸步綱，而神不我從，實徒勞也。子欲步綱，澄心虛靜，不思哀憂，不念榮味。於是迴行三匝，登星啟祝。使魂魄二神，俱過靈關。豁然縱體，奄忽自忘。盛潔乃步，恒如蹈空。一年辟非，二年辟兵，三年辟死，四年地仙。千害萬邪，衆莫敢干。自此以往，福慶無端。致神使靈，駿駕飛龍，太極賜芝，玉帝給童，行二七年爲上清真人。步法勿橫行干綱也，直畫連星之界分曰綱也，犯橫天綱，皆伐斷天道，大禁也。步綱勿躡真人星，大忌。犯此二者，皆脫巾叩頭謝。綱象以布帛爲之，長九尺，廣六尺，羅列星位於帛上，以青筆爲星，丹筆爲綱，盛之潔箱。每欲施行，燒香出之。侍書有玉女七人，衛星有玉童七人。婦人步綱用絳帛[17]。

太微帝君教授步天綱之經，謹案神真上法，先燒香於行事之所，閉氣七[18]，迴行斗星之外三匝，始於陰精，匝於陽明，畢乃通氣，始得足躡於七星身上，步於陽明耳。於是向陽明星又閉氣，而心祝曰：＂陽明大魁，玄極文昌，使某魂魄，俱遊天綱。＂祝畢，乃左足躡陽明，又進右足躡陰精，心祝曰：＂陰精北極，太上璇璣，使某魂魄，俱過神津。＂次左足躡北極，心祝曰：＂北極天光，迴適玄辰，使某魂魄，俱至玄關。＂次右足躡天關，進左足前與并，乃通息，大祝之[19]，一閉息。不竟綱者，可於丹元星上通息更閉，微祝曰：＂金木水火土，五行相推。七星煥煥，天綱最威。輔星鎮盛，弼星却衰。九真太上，太極太微。三府玉帝，三尊辟非。天動地轉，魂魄相隨。使我飛仙，真光徘徊。名入金房，玉門乃開。乘龍陟空，日月同輝。遊行上清，鳴鈴翠衣。左躡流電，右御奔雷。地上萬邪，伏死敢追。惡心視我，使爾斬摧。帝命玉女，營侍以歸。魂真魄神，合形升飛。"

倒行法

止於天關，倒向北極，微祝曰："太上元辰，華蓋紫靈，北極玉房，藏景化精。太微玄臺，九真玉城。願某飛仙，得行雲庭。反步天綱，魂魄俱生。乘龍華宮，得道之英[20]。左佩玉璫，右腰金鈴。虎帶龍裙，嘯攝天兵。乘景三素，飛登上清。"祝畢，乃閉氣舉左足躡北極，右足躡丹元，次舉左足躡玄冥，前右足與左足併，而向真人之星通息微祝曰："太極九精，上皇高真。出登元清，入隱玄陰。育某長某，使某好仙。玉臺忽開，金堂八門。乞某佩書，絳龍青裙。上佐紫微，後聖之君。乘十飛龍，玄蓋景靈，列名元圖，日月同并。"祝畢，因又閉氣，左足躡弼星，進右足躡陰精，又進左足躡陽明，前右足與左足併，乃通息微祝曰："天魁正陽，斗運低昂。前轉元機，後動靈綱。制魄以寧，拘魂以康。魂魄與身，俱行天堂。向見金關[21]，高上太皇。右扶仙母，左扶仙公。紫翠飛華，龍袍虎裳。帶真巾玉，項生圓光。手把神鈴，腰佩金鐺，口詠洞真，七變妙章。先自虛無，生而爲王。飛行九道，據斗攀綱。前從太一，後從玄朗[22]。告某口訣，坐在立亡。反行至要，位爲仙卿。五藏自生，與天相迎。所願如念，所求剋昌。萬邪伏害，易地隱藏。惡我天伐，水滅火喪。"

反行法

又閉氣，右迴斗星之外三匝，始於陽明，匝於陽明，通息祝曰："高上太真，七耀至尊。反行尋生，上步天元。使某飛仙，得入紫門。"因又閉氣，左足躡陽明，右足躡陰精，先前右足躡玄冥，左足躡丹元，次右足躡北極，左足躡天關，右足前與并，乃通息祝曰："七變返旋，上行玉宿。六紀輔我，三綱合步。玉帝左昹，高上右顧。教我乘星，騰登玄路。乞賜飛仙，不死之祚。遊行上清，乘華三素。金青翠裙，出入九舍。北皇見揖，南真見謝。名書仙臺，千變萬化。得友聖君，太平輔佐。所願從心，萬事成就。有惡我者，刀刑火墓。"順行、倒行、反行三道都畢。

乃又舉兩足俱上陽明星，以右手撫心，左手指玄冥星，閉氣三息，叩齒三七，咽液三九，名曰據斗。微祝曰：「陽明太素，立辰黃房[23]，中有大神。左拊上皇，右把高真。龍銜翠衣，飛錦虎文。腰帶玉符，首戴蓮冠。出無入虛，金真玉光。靈尊巍峩，號曰陽明。足躡朱煙，口詠洞章。賜某隱書，見教步綱。周行三復，據斗自忘。使某飛仙，超虛浮空。名書上清，乘玄駕龍。意有所之，願樂皆從。三尊合德，魂魄內通。致給神官，玉女玉童。有惡某者，刑之電風。姦謀斷舌，裔之十方。」祝畢，存心中忽然忘身，良久而下。

據斗之道既畢，又兩足俱上陰精星，以左手撫心，以右手指真人星，閉氣三息，叩齒三通，咽液三過，名曰攀魁入太微[24]。微祝曰：「陰精玄素，華闕生門。中有玉帝，北極至尊。鳳繡華領，龍翠碧裙。腰虎佩鈴，扶芝丹冠。號曰陰精，太上之君。授某隱書，使步七元。攀魁上升，遂遊靈關。外拘七魄，內制三魂。魄鍊俗累，魂寶胎神。魂魄守身，與之俱仙。飛行上清，還氣嬰顏。所向如心，萬欲無難。有惡某者，形死三官。威攝六天，役使羣神。」

攀魁之道既畢，乃又兩足俱上弼星，併足向真人星四拜畢，跪閉氣四息，叩齒四通，咽液四過，名曰接真。跪微呪曰：「太極九精，上元明真。正機把衡，吐納紫煙。金光玉映，威照十天。攝御三光，調陽和陰。理元賦氣，改易故新。上治中宿，玄關之玄。金室玉戶，北掖四便。出駕八景，浮遊太元。龍錦鳳衣，虎翠飛裙。絳旂綠帔，紫羽七緣。腰帶神符，首戴扶冠。上棲九虛，下翔天淵。自號玉皇，九天極真。哀某好道，授某隱篇。躬登弼魁，朝拜靈君。乞願丹書，為生之緣。治天三五，飛行八玄。五藏自生，上品飛仙。得翼玉帝，後聖之臣。位高大夫，乘雲飛輪。所願皆合，眾邪莫干。有惡我者，暴形破門。」

接真之道既畢，乃又兩足俱上玄冥星，以右手撫心，以左手指丹元星，閉氣三息，叩齒三七通，咽液三過，名曰步斗。微祝曰：「洞天神光，迴隱玄冥。氣盈太虛，去來無形。隱天藏地，周灌無生。忽登天綱，上步紫庭。北視雷房，南顧電城。眩惑萬變，非復故形。恍惚流景，觸手立成。欲求藏身，得我姓名。虛無傲兀，九變玄冥。坐起六甲，謁署六丁。賜某隱書，步斗行星。仰見上皇，披丹巾青。手把靈光，腰帶玉鈴。上乞飛仙，與天俱生。名書太微，浮化上清。下乞變化，藏景錄形。萬事如願，所向皆平。有惡我者，戮以神兵。"《太極真經金根上文》曰："子登玄冥，步斗隱形。子欲變化，當得我名。迴天動地，萬物立成。"步玄冥時及欲隱時，當心存此名字。

步斗之道既畢，乃又兩足俱上丹元星，以左[25]手撫心，以右手指北極星，閉氣三息，叩齒三通，咽液三過，名曰躡紀。微祝曰："太上九臺，丹元玄紀。外管北樞，內正天理。金闕映外，玉庭耀裏。中有至尊，號曰赤子。治在丹元，絳房之中。翠雲繡華，龍帔虎裳。右執皇籙，左把魁綱。足躡景雲，首巾紫冠。右佩流鈴，左帶玉璫。賜某隱書，躡紀遊行。上乞飛仙，乘玄駕龍。書名丹臺，太極玉堂。所向所求，福祿來迎。有惡某者，願爲滅亡。給侍神官，玉女玉童。"

躡紀之道既畢，乃又兩足俱上北極星，以右手撫心，以左手指天關星，閉氣三息，叩齒三通，咽液三過，名曰步綱。微祝曰："玄上太微，北極紫蓋。下有太真，遊翔九外。翠華飛裙，金鈴青帶。腰佩玉光，玄雲奄藹。賜某隱書，上行七氣。登清戲煙，真人合會。乞丐飛仙，書名丹室。所向如願，無災無害。有惡我者，令彼傷敗。"

步綱之道既畢，乃又兩足俱上天關星，以右手撫心，左手指天關，閉氣三息，叩齒三通，咽液三過，名曰乘龍。微祝曰："太上七極，紫微絶辰。寶玄金房，外有玉門。周運九宮，調和天關。中有尊神，號曰紫皇。授某隱書，携某乘龍。上遊九天，下飛地元。景雲丹輿，玄華翠裳。腰佩龍策，頭巾虎文。包生萬物，教訓飛仙。脫某死名，天地長存。乘龍步斗，所向受恩。有惡我者，風刀火然。"乘龍之道既畢，乃又兩足俱上輔星，閉氣一息，叩齒三通，咽液一過，名曰遊行三命，旋步天英也。微祝曰："太極輔星，精在紫關。養生育命，寶守神魂。金房再開，奉見輔君。賜某隱書，使某遊旋。列名聖皇，飛仙九天。巾金佩真，出入洞門。"

遊行三命既畢，乃迴行詣弼星，兩足俱上，閉氣一息，叩齒三通，咽液一過，名曰徘徊三陽，出入三生。微祝曰："太虛泥丸，紫宫天尊。玄空真紐，爲帝之先。在道玉皇，在身泥丸。馮感欻生，氣貫霄元。精入明堂，强胎益魂。朱山再開，奉近靈元。左採日華，右掇月根。流火萬丈，金羅碧裙。腰帶天骨，首戴華冠。賜某隱書，得行天關。乞願飛仙，役使萬神。萬向皆會，福德如山。"行事時，皆北向執隱書而爲之也。亦可案文視星，不必闇誦而作也。

春步七星名曰步三綱，夏步七星名曰躡六紀，秋步七星名曰行六害，冬步七星名曰登六絕。

【校記】

〔1〕"神"，《道藏》本收此經作"晨"。
〔2〕"軿"，《太上飛行九晨玉經》（下稱《九晨玉經》）作"軒"。
〔3〕"爛"，《道藏輯要》本作"爛"。
〔4〕"皇"，《九晨玉經》作"黄"。
〔5〕"九"前疑脱"帶"字。
〔6〕"有"前疑脱"門"字。
〔7〕"亨"，《九晨玉經》作"享"。
〔8〕"列"，上書作"刊"。
〔9〕"輔"原作"轉"，據《道藏輯要》本改。
〔10〕"下"字原無，據《九晨玉經》增。
〔11〕"玉"，上書作"上"。
〔12〕"圖"原作"岡"，據上書改。
〔13〕"速"原作"遠"，據上書及《道藏輯要》本改。
〔14〕"三"原作"二"，據《洞真上清太微帝君步天綱飛地紀金簡玉字上經》（下簡稱《玉字上經》）改。
〔15〕"紀"，上書作"絕"。

〔16〕"用"，上書作"周"。

〔17〕以上七字，上書作"女子步綱以絳（帛）爲綱象，男子步綱以布帛爲綱象"。

〔18〕"七"，上書作"左"，連下讀。

〔19〕"大祝之"三字，上書無。

〔20〕"英"，上書作"名"。

〔21〕"關"，上書作"闕"。

〔22〕"朗"，上書作"郎"。

〔23〕以上八字，上書作"陽明紫炁，太素玄辰，金闕黄房"。

〔24〕"入太微"三字疑爲衍文。又本書卷二四引《玄門寶海經》云"第九尊星號太微玉帝君"，或係指此。蓋下云"兩足俱上弼星"。

〔25〕"左"原作"在"，據《玉字上經》及《九晨玉經》改。